데일 카네기의
주도권 수업

Take Command

DALE CARNEGIE

최고 버전의 나를
만드는 인생 로드맵

Take Command

데일 카네기의
주도권 수업

조 하트 & 마이클 크롬 공저 | 이미숙 옮김

니들북

목차

Part. 02

결정적인 순간에는 언제나 인간관계가 있다

: 관계의 주도권을 쥐는 법

Part. 03

우리의 삶은 세상에 흔적을 남긴다

: 미래의 주도권을 쥐는 법

당신에게 강력한 영향을 끼치며 최고의 모습을 이끌어 낸 사람은 누구인가? 아마 부모님이나 친구, 직장 동료 등이 있을 것이다. 어쩌면 유명 인사나 스포츠 영웅, 전문가 등에게 영감을 받았을지도 모른다. 그런 의미에서 나와 공동 저자 마이클 크롬의 삶에 가장 큰 영향력을 행사한 사람은 《카네기 인간관계론》과 《카네기 자기관리론》의 작가이자 세계적으로 유명한 교육 전문가 데일 카네기이다.

내가 10대였을 때, 아버지가 데일 카네기에 대해 얘기해 주던 기억이 난다. 우리 집 주방 옆에는 골방이 하나 있었는데, 어느 날 아버지가 거기에 나를 앉혀 놓고 모종의 진지한 대화를 시작했다. 아버지는 이렇게 얘기했다. "조이, 인생에서 가장 중요한 건 개인적으로 성장하고 돈독한 인간관계를 맺는 거란다. 이 책이 네게 도움이 될 수 있을 거야." 아버지는 《카네기 인간관계론》의 꽤나 낡은 보급판 한 권을 건넸다. 나달나달해진 책장을 홀홀 넘기다가, 나는 아버지야말로 이 책에 담긴 원칙의 살아 있는 표본이라는 사실을 깨달았다. 어디를 가든 간에 아버지는 환한 미소를 짓고 상대방의 이름을 부르면서 인사를 건넸다. 그는 만나는 사람들을 진심으로 좋아했다.

수년이 지나 풋내기 변호사로 일하던 시절, 나는 데일 카네기 강좌를 수강하기로 결심했다. 배운 내용에 한껏 고무되고 새롭게 얻은 자신감과 비전에 벅차오른 나는 법조계를 뒤로하고 사업계로 진출해 이러닝 회사를 창업했다. 당시 카네기 연구소는 내 첫 고객이었다.

이후 내가 첫 회사를 매각하고, 힘겨운 도전들을 헤쳐 나가고, 두 번째 회사를 설립하는 동안에도, 데일 카네기의 원칙들은 내게 더할 나위 없이 소중한 동반자였다. 그의 원칙들 덕분에 나는 더 세심하고 자상하며 지원을 아끼지 않는 아버지, 남편, 친구, 그리고 리더로 거듭날 수 있었다. 내가 거둔 성과 가운데 상당 부분은 데일 카네기와 그의 지혜 덕분이며, 현재 나는 데일 카네기의 회사인 카네기 연구소 대표 겸 CEO로 근무하는 특권과 영예를 누리고 있다.

데일 카네기의 손자이자 이 책의 공동 저자인 마이클의 사연은 약간 다르다. 데일 카네기의 가족들은 카네기의 원칙들을 사업뿐만 아니라 가족 관계에도 적용하려 애썼고, 그런 분위기 속에서 성장한 그의 유년 시절은 즐거움이 넘쳤다. 마이클의 아버지 올리는 청년 시절에 데일 카네기의 회사에 입사해 현장 트레이너로 일하다가 조직의 CEO가 된 분이었는데, 원래의 마이클은 이런 아버지와 달리 소심한 성격이었다고 한다. 마이클은 아버지를 존경했고 언제나 그의 발자취를 따르고 싶었지만, 나서기를 싫어하는 성격 때문에 주변에 다른 사람들이 있으면 불편함을 느꼈다. 그런데 열다섯 살 때 데일 카네기 강좌를 수강하면서 모든 게 달라졌다. 대학 졸업 후 그는 데일 카네기 회사에 입사했다. 우편 담당자, 소프트웨어 개발자, 교육 설계자로 일하다가 미국 전역의 세일즈와 매니지먼트를 담당하는 부서로 자리를 옮겼고, 마침내 카네기 연구소의 부사장 겸 최고 학습 책임자로 부임했다. 현재 그는 데일 카네기 이사회를 포함해 몇몇 이사회의 임원으로 일하면서, 교회와 지역 사회에서 활약한다. 그가 가장 중요하게 생각하는 것은 아버지와 남편으로서의 역할이지만, 다른 사람들이 자신의 잠재력을 발견하도록 도우면서 큰 의미와 성취감을 얻고 있다.

데일 카네기에 대하여

그렇다면 데일 카네기는 어떤 사람일까? 데일 카네기는 미주리주 농촌의 한 농장에서 태어났다. 그의 부모님은 농장에서 살아남기 위해 고군분투했지만, 해가 바뀔 때마다 불행이 찾아왔다. 물난리가 농작물을 쓸어가 버리고, 가축이 병에 걸려 죽고, 빚이 불어났다. 결국 그의 가족은 농장을 팔아야 했는데, 이런 힘든 일들을 겪고도 데일 카네기의 가족은 사랑이 넘쳤다. 데일 카네기와 그의 동생 클리프턴에게 좀 더 안락한 삶을 선물하고 싶었던 부모님은 두 아들이 인근의 사범대학에 진학할 수 있도록 이사를 했다. 그곳에서 토론과 그와 유사한 단체활동을 하면서, 데일 카네기는 화술에 관심을 가지게 된다. 대학을 졸업한 후 그는 통신 강좌 세일즈에 도전했는데 초기에는 성과를 거두지 못했다. 이후 육류제품으로 판매 분야를 바꾸고 전국 최우수 세일즈맨으로 뽑혔으나, 경영진에 합류하는 대신 배우가 되겠다는 꿈을 좇아 뉴욕으로 이사했다. 배우로서 성공적인 경력을 쌓지 못하고 몇몇 직장을 전전하던 그는 마침내 자신의 진정한 목표, 즉 교육에 대한 열정을 깨우친다.

데일 카네기는 수강생들과의 소통을 통해, 두려움과 의심, 걱정이 얼마나 우리 삶의 걸림돌이 되는지를 깨달았다. 그리고 화술이야말로 잠재력을 발휘할 열쇠라고 보고, 1912년에 대중연설 공포증이 있는 사람들을 도울 목적으로 데일 카네기 강좌를 만든다. 그는 이 과정에서 성공의 결정적인 요인인 인간관계를 잘 맺으려면 '말하기'가 특히 중요하다는 사실을 발견하게 된다.

데일 카네기는 사이먼 앤 슈스터 출판사에서 일하던 한 수강생의 설득에 따라 《카네기 인간관계론》을 집필했다. 이 책이 곧바로 국제적으로 베스트셀러가 된 것은 데일 카네기에게 몹시 놀랍고도 기쁜 일이었다. 훗날 그는 또 다른 베스트셀러 《카네기 자기관리론》을 발표했다. 이 같은 책과 프로그램에 힘입어 데일 카네기는 카네기 연구소를 세계적인 조직으로 키울 수 있었다. 데일 카네기의 강좌는 선풍적인 인기를 얻었고, 그 결과 110년이 지난 오늘날 전 세계 수백만 명의 사람들이 데일 카네기의 프로그램을 수강하면서 더욱 풍요롭고 충만한 삶을 영위하고 있다.

우리가 이 책을 쓴 이유

데일 카네기로부터 그 모든 것을 배웠으니 마이클과 나는 그에게 큰 은혜를 입은 셈이다. 우리는 사람들이 데일 카네기의 가르침을 실천하게 되면, 개인적인 성장은 물론 주변 사람들과 돈독한 관계를 맺으며 본인이 원하는 삶을 창조할 수 있다고 믿는다. 그래서 우리 둘은 사람들이 데일 카네기의 지혜를 잘 활용하도록 돕는 일에 열정적이다.

그런데 아쉽게도 많은 젊은 세대에게 데일 카네기는 생소한 이름이다. 이전에 데일 카네기를 접한 적이 없는 사람이라면 그의 철학이 오로지 사업이나 직장생활과 관련된 것이라는 인상을 갖고 있을 수도 있다. 회사의 교육 프로그램이나 워크숍 때문에 우리 강좌를 처음 알게 된 사람들이 특히 그렇다.

또한 1900년대 초반이 배경인 그의 이야기에 공감하기 어려운 이들도 분명 있을 것이다. 데일 카네기의 원칙들은 100년 전이나 다름없이 오늘날에도 속속들이 적용되지만, 오늘날 우리가 사는 세상은 매우 달라졌다. 현대의 우리들은 독특한 문제를 마주하고 있다. 기술적으로는 서로가 밀접하게 연결되어 있지만, 사회적으로는 단절된 세상에 살고 있다. 바람직한 삶의 방식에 대한 기본 개념도 상실되고 있다.

마이클과 나는 이런 점들을 염두에 두고 지금을 사는 모든 이들에게 데일 카네기의 지혜를 전하고자 이 책을 쓰기 시작했다. 원칙을 따르는 의식적인 삶을 실천한 것은 우리에게 강력하고 긍정적인 영향을 미쳤으며 당신에게도 그러기를 바란다. 우리는 세계 각지에 있는 감동적인 인물 수백 명과 면담을 했고, 그들의 사연을 공유할 수 있어서 가슴이 설렌다. 특히 마이클은 개인적으로 100명에 가까운 30세 미만의 사람들을 인터뷰했는데, 모두 젊은 나이에 인상적인 업적을 성취한 이들이었다. 이렇게 우리는 나이와 배경, 경험과 직업이 다른 개인들의 다양한 이야기를 담고자 노력했으며, 이 모든 이야기에서 당신은 삶과 미래의 주도권을 쥐는 법을 배울 수 있다.

이 책은 세 부분으로 구성된다. 1부가 가장 안쪽, 3부가 가장 바깥쪽에 있는 3개의 동심원이라고 생각하면 된다.

○ 1부 거의 모든 문제는 나로부터 비롯된다 : 생각과 감정의 주도권을 쥐는 법

: 강인하고 낙관적인 사고방식을 기르기 위한 습관을 개발하고, 내면의 힘을 키우는 방법을 중점적으로 다룰 것이다. 스트레스를 처리하고, 용기와 자신감을 높이고, 변화에 대처하고, 후회를 극복하는 방법을 만나 보자.

○ 2부 결정적인 순간에는 언제나 인간관계가 있다 : 관계의 주도권을 쥐는 법

: 우리가 아끼고 매일 상호작용하는 사람들과의 관계(신뢰를 쌓고 회복하는 방법, 까다로운 사람을 대하는 방법, 돈독

한 관계를 유지하는 방법, 다른 사람의 관점으로 보는 방법)를 탐구할 것이다.

○ 3부 우리의 삶은 세상에 흔적을 남긴다 : 미래의 주도권을 쥐는 법

: 가치관을 정의하고, 목적을 추구하고, 삶의 비전을 창조하는 문제를 다룰 것이다. 특히 세계의 젊은 리더들로부터, 꿈을 추구하고 그 과정에서 지속적인 변화를 일으킨 방법을 들어 본다.

이 책은 생각과 감정, 인간관계와 미래의 주도권을 되찾으라는 초대장이다. 이 책을 읽은 다음 그저 '재미있었다'나 '정말 마음에 들었다'라는 말만 하고 실천하지 않는다면 그것은 우리가 실패했다는 뜻이다. 이 책의 원제가 《배워라Learn》나 《공부하라Study》가 아니라 《지휘권을 쥐어라Take Command》인 까닭은, 뭐든 실천하라고 격려하기 위함이다. 이 책에 실린 개념들을 실천하는 일은 단순한 지적 추구에 그치지 않는다. 이것들이 효과를 거두려면 우선 이해하고, 조치를 취하고, 시도하고, 실수로부터 기꺼이 배워야 한다. 우리의 목표는 강력한 전략을 제시하는 동시에 의식적인 삶을 살도록 격려하는 것이다.

그런 의미에서 개개의 원칙을 한 가지 도구라고 생각할 필요가 있다. 우리는 특정한 목적을 위해 도구를 사용한다. 망치로 못을 박고, 톱으로 널빤지를 자른다. 드라이버로 나사를 조인다. 마찬가

지로 자신에게 효과적인 방식을 찾아 이 개념들을 서로 섞어 조합할 수 있다. 각 원칙을 더 많이 이용할수록 원리를 더욱 정확히 이해하고 활용하는 실력이 향상될 것이다.

데일 카네기는 아는 것이 힘이라고 말하지 않았다. 아는 것을 '적용하는' 것이 힘이라고 했다. 무엇이 옳은지를 알면서도 실천하지 않는다면 그것에 따르는 혜택을 받지 못하는 것은 당연한 일이다. 뭔가를 이루는 일은 안전지대 안에 안전하게 숨겨져 있는 것이 아니라 대개 안전지대 밖에서 가능하기 때문이다.

데일 카네기와 마찬가지로 마이클과 나는 '본연의 위대함'이라는 개념을 믿는다. 이는 정체성, 직업, 지적 능력, 사회경제적 집단, 그 밖의 다른 요인과는 상관없이 당신 내면에 위대함이 담겨 있다는 뜻이다. 이 위대함을 개발하기로 선택할 때 무엇을 할 수 있는지, 어떤 사람이 될 수 있는지, 다른 사람들에게 어떤 긍정적인 영향을 끼칠 수 있는지는 아무도 모를 일이다. 본연의 위대함이라는 개념은 빙산의 일각과 비슷하다. 이 일각은 실제 빙산의 10퍼센트에 지나지 않는다. 발견해야 할 많은 것이 수면 아래에 잠겨 있다. 삶의 주도권을 가진다는 말은 본연의 위대함을 발견하고 개발해 삶을 충만하게 산다는 뜻이다. 이 여정을 시작하는 당신도 그러기를 바란다.

Part. 01

DALE CARNEGIE

Take Command

거의 모든 문제는
나로부터 비롯된다

생각과 감정의
주도권을 쥐는 법

삶의 주도권을 되찾는 첫걸음은 최대 잠재적 걸림돌인 자신을 마주하는 일이다. 대부분의 문제는 나로부터 비롯된다. 자신의 능력을 의심하고, 쓸데없는 걱정을 하고, 두려움에 모험을 피한다. 자기 자신을 운명에 영향을 미치는 주체가 아니라 운명의 희생자로 본다. 이 모든 생각과 감정은 내 마음에서 생겨나 존재하며 그것을 변화시키는 능력 또한 마찬가지다. 그렇다면 어떻게 해야 변화시킬 수 있을까? 어떻게 해야 내게 힘을 주는 사고방식을 가질 수 있을까? 어떻게 하면 감정이 내게 독이 아니라 약이 되도록 관리할 수 있을까?

1부에서는 생각과 감정부터 시작할 것이다. 쉬운 일처럼 보일지 모르지만, 이것은 인생 최대의 도전이 될 수 있다. 올바른 프레임워크와 툴이 없다면 이런저런 부정적인 생각이나 감정에 쉽사리 휘말릴 수 있다.

현대 과학이 사고 패턴과 감정적 행동을 이해하는 데 일조했으나 그럼에도 우리는 명확한 해답을 얻지 못했다. 생각이나 감정 가운데 무엇이 먼저인지 그리고 그것들이 서로 어떤 영향을 미치는지에 대해 진화론자와 저명한 심리학자, 철학자들이 제각기 다른 견해를 내놓는다. 그런데 솔직히 말해서, 친구와 한창 논쟁을 벌이느라 생각과 감정이 마구 날뛴다면, 우리가 어떤 이론을 믿는지가 뭐가 중요하겠는가? 중요한 것은 내가 생각과 감정과 협력해서 원하는 삶을 향해 나아가기 위한 결정을 내리는 일이다.

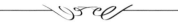

생각

생각을 통제하는
사람의 비밀

나는 지금 당신과 내가 대처해야 할
최대 문제(사실 우리가 대처해야 할
거의 유일무이한 문제)는
올바른 생각을 선택하는 것이라고
일말의 의심 없이 확신한다.
만일 그럴 수만 있다면
우리의 모든 문제가 해결되는
탄탄대로가 열릴 것이다.

데일 카네기

코로나19바이러스가 세계적으로 확산하면서 발병과 사망, 그
리고 록다운 사태를 일으킬 때였다. 데일 카네기의 CEO를 맡은
지 5년째 되던 그해, 나는 전 세계의 우리 지사가 하나둘씩 문 닫
는 모습을 손 놓고 지켜볼 수밖에 없었다. 매일 새벽 3시쯤 깨어
다시 잠들지 못했고, 내 마음은 온통 암담한 생각과 걱정뿐이었다.
107년 전통의 우리 회사가 하필 내가 통솔하는 중에 파산할까 봐
두려웠으며, 수천 명의 직원들이 받는 스트레스 때문에 고민이 많
았다. 먼 타지에서 홀로 지내시는 여든여섯 살의 어머니가 염려스

러웠고, 내 친구와 가족, 그리고 목숨이 위태로운 사람들이 떠올라서 무서웠다. 몇 날 며칠 동안 4시간 넘게 자 본 적이 없었다. 내 평생 가장 암울한 시기였다.

그러던 어느 날 밤중에 잠에서 깼을 때 한 가지 아이디어가 떠올랐다. 나는 《카네기 자기관리론》을 집어 들고 영감을 얻기 위해 훑어보았다. 예전부터 스트레스가 쌓이는 상황에 놓일 때마다 이 책에서 도움을 받은 적이 숱하게 많았건만, 왜 진작 이 책을 찾아볼 생각을 못 했을까? 그 순간, 나는 이 장 처음에 소개한 바로 그 문장을 만났다.

"나는 지금 당신과 내가 대처해야 할 최대 문제(사실 우리가 대처해야 할 거의 유일무이한 문제)는 올바른 생각을 선택하는 것이라고 일말의 의심 없이 확신한다. 만일 그럴 수만 있다면 우리의 모든 문제가 해결되는 탄탄대로가 열릴 것이다."

마치 데일 카네기가 내 침대맡에 서서 내게 직접 말을 거는 느낌이었다. 나는 잠시 멈추어 몇 주 동안 나를 들들 볶은 생각들에 대해 생각하기 시작했다. 그제야 내가 얼마나 비관적이고 못난 생각을 하고 있었는지가 똑똑히 보였다. 왜 나는 일어난다는 보장도 없는 일에 골머리를 앓고 있었을까? 왜 내 마음은 최악의 결과로 향했을까? 왜 나는 이 해로운 부정성에 사로잡혀 속을 끓였을까? 나는 알 만큼 알면서도 공포에 볼모 잡히도록 스스로 버려뒀고, 그것이 내 잠과 건강, 삶을 좀먹고 있었다.

스트레스와 걱정에 관한 데일 카네기의 원칙을 마음속 깊이 믿고 있음에도 불구하고, 위기가 한창인 순간 나는 그것을 잊어버리고 말았다. 일어날지도 모를 온갖 끔찍한 결과를 곱씹으며, 내 생각과 감정에 주도권을 넘겨주었던 것이다.

나는 생각했다. '조, 너도 알지? 네 문제는 코로나19가 아니야. 네 생각이 문제라고. 올바른 생각을 선택해. 그러면 이 상황을 이겨 낼 수 있을 거야.' 그러자 이런 생각이 들었다. '상황을 180도 뒤집어 보면 어떨까? 내가 통제할 수 없는 일들을 곱씹는 대신에 통제할 수 있는 일에 집중하면?' 그때 깨달음의 순간이 나를 찾아왔다. '모든 일에는 반작용이 있기 마련이지. 엄청난 위기 속에도 틀림없이 대단한 기회가 존재할 거야. 그렇다면 지금 기회는 어디에 있을까?'

팬데믹이 발생하기 전에 우리 회사는 이미 교육 프로그램을 대면에서 비대면 온라인 방식으로 전환하기 시작했는데, 80여 개 국가의 200개 지사에 수천 명의 직원을 둔 회사라는 사실을 감안하면 이는 결코 녹록한 일이 아니었다. 나는 여기에 주목했다. 전환의 속도를 높일 수 있다면 어떨까? 어떻게 하면 이 계획을 성공시키기 위한 우리의 노력을 강화할 수 있을까? 전 세계의 고객과 리더, 그리고 지금 일어나고 있는 모든 일에 불안감을 느끼는 직원들을 어떻게 지원할 수 있을까? 어떻게 하면 그들의 힘을 키워 줄 수 있을까? 내 마음가짐은 바뀌기 시작했다. 나는 지휘권을 잡고, 일을 처리하고, 회사를 이끌어 이 위기를 헤쳐 나가고, 팬데믹 동안 성장할 방법을 모색하면서 점점 가슴이 설레었다. 지혜로운 한 친구가 내게 나누어 준 조언이 떠올랐다. 사회 초년병 시절에 나는 불경기 탓에 악영향을 받을까 봐 두려운 나머지 사업에 동참하는 것을 망설였는데, 그때 친구가 이렇게 말했다. "잊지 마, 조, 잔잔한 바다가 아니라 폭풍우 치는 바다가 노련한 뱃사공을 만들지. 넌 힘든 시기를 거치면서 성장할 거고 더 훌륭한 사람이 될 거야."

그 후 몇 달에 걸쳐 나는 경외심과 감사함을 느끼며 우리가 용기를 가지고 단결하는 모습을 지켜보았다. 아울러 어떻게 하면 가족과 친구에게 도움이 될지도 생각했다. 건강 조심하라는 영상 통화를 하는 동안 내가 어머니에게 잔소리꾼처럼 굴었던 점은 인정하지만, 그래도 어머니는 고마워하셨다. 나는 전 세계에 있는 친구와 동료에게 연락해서 안부를 묻고, 귀를 기울이고, 그들이 내게 얼마나 소중한 사람인지 전하기 위해 애썼다. 아내와 아이들을 위해 훨씬 더 많은 시간을 할애했다. 당시는 하루 24시간을 한 집에 갇혀 있었으니 그리 어려운 일은 아니었으나, 함께 보내는 시간을 더욱 계획적으로 꾸리기 위해 노력했다. 또한 더 많이 운동하고, 더 잘 챙겨 먹고, 비타민을 섭취하는 등 면역체계를 기르는 데 도움이 된다면 무엇이든 마다하지 않았다.

나는 그날 밤을 내 인생에서 가장 중요한 순간으로 손꼽는다. 아마 죽을 때까지 그 순간에 감사할 것이다. 데일 카네기의 명언은 생각의 중요성을 다시 한번 일깨웠다. 나는 내 생각에 주목하고 행동해야 했다. 나를 어둠과 절망으로 끌고 가 수동적인 상태로 몰아넣는 생각보다는 행동으로 이끌어 힘을 실어 주는 생각을 선택해야 했다. 나는 올바른 생각을 선택한다면 내 모든 문제가 해결되는 '탄탄대로'가 열린다는 사실을 깨달았다. 인간관계, 경력, 목표, 건강, 성취 등 우리 삶의 모든 것은 생각을 통제하는 첫걸음에 따라 달라진다. 희소식이자 이 장의 요점은, 그 첫걸음을 내딛는다면 어떤 상황에서든 평화와 자신감, 내면의 힘을 얻을 수 있다는 사실이다. 이제 그 방법에 대해 살펴보자.

내가 생각하는 방식

당신이 하고 있는 생각에 대해 얼마나 자주 생각하는가? 이는 마음속에 있는 생각에 대해 얼마나 '진심'인지를 묻는 말이다.

우리는 이런저런 일, 대화, 수업, 회의를 하고 이에 대한 반응을 보인다. 우리가 읽는 이메일이 우리를 자극하고, 우리가 보는 소셜 미디어가 우리의 심기를 거스른다. 우리를 웃게 만드는 무언가를 온라인에서 발견한다. 누군가 우리를 모욕하면 싸움도 불사한다. 이런 일이 일어날 때 얼마나 자주 잠시 멈추어 이렇게 되새기는가? '잠깐, 나는 이 일에 대해 진심으로 생각하고 있나? 나는 이 일을 어떻게 보고 있지?'

우리의 정신은 걸핏하면 자동항법장치에 따라 움직인다. 머릿속에서 '나는 못 해'라는 말이 들리면 그 생각을 팩트로 받아들인다. 멈춰 서서 그 생각을 점검하고 이의를 제기하지 않는다. 무심히 받아들이고 계속 움직인다. 또는 누군가를 단정적으로 판단해 버린다. 내 생각이 그렇게 말한다는 이유만으로 그 사람이 나를 위협하고, 싫어하고, 비판한다고 인식한다. 잠시나마 멈추어 상황을 오해하는 건 아닌지 돌아보지 않는다.

내 오랜 친구 엠마가 최근 우리 가족을 만나러 우리 집에 들렀다. 그녀는 내게 한 동료 때문에 힘들다고 말했다. 그녀의 부서에 합류한 줄리라는 동료였는데, 엠마는 그녀가 잘난 척한다고 표현했다. 나는 물었다. "무슨 일이 있었는데? 왜 그렇게 느끼는 거야?"

"알다시피, 나는 회사 내 모든 소셜 미디어 홍보와 관련된 컨텐츠 업무를 맡고 있어. 이를테면 회사 포스트에 실을 이미지와 핵심 메시지를 개발하는 거 말이야. 수년 동안 이 일을 했고 그래서 곧잘 한다고 생각하거든? 그런데 나랑 이야기를 하던 도중에 줄리가 내 작업을 개선할 방법이 있다면서 자기 생각을 막 늘어놓는 거야. 자기가 뭐라도 되는 줄 아나 봐. 내 일은 내가 알아서 하는데!"

나는 "실제로 네 작업을 두고 흠을 잡거나 형편없다고 말했어?"라고 물었다.

엠마는 대답했다. "아니, 그렇지는 않아. 그치만 '이 색상을 노란색에서 담청색으로 바꾸는 건 생각해 보셨나요? 저 이미지의 크기를 살짝 키우면 어떨까요? 다른 글자체를 써 보셨나요?' 같은 질문들을 계속 하더라고."

"그럼 무례하게 굴거나 비난하는 투로 말한 거야? 못마땅하다는 눈빛을 보이거나?"

엠마는 "아니, 그렇진 않아"라고 대꾸했다. "그런 일은 없었어. 하지만 내 디자인이 마음에 들지 않고 자기라면 더 잘할 수 있다고 생각한다는 게 눈에 보였단 말이야."

나는 이렇게 말할 수밖에 없었다. "엠마, 줄리가 그저 너를 돕고 싶었을 가능성은 아예 없는 거야? 만약 네가 줄리에 대해 특정 생각을 스스로 주입시키고 있는 거라면, 그건 어떤 거겠어?"

"글쎄? 내가 일을 못한다고 줄리가 생각한다는 생각?"

"그래, 네 말대로 줄리가 잘난 척을 하는 걸 수도 있어. 하지만 그녀가 무슨 생각을 하는지 정확히 아는 건 아니지. 사실 나도 누군가를 돕고 싶어서 개선할 방법을 제안했던 기억이 꽤 많거든. 그럴 때 그들을 깎아내릴 생각은 절대 없었어. 줄리가 나처럼 선의를 품고 있다고 생각하면 어떨까? 네가 한 말을 모두 고려해 보면, 그녀가 널 도우려고 애쓰는 걸로 생각해 볼 수도 있을 것 같은데."

엠마는 나를 쳐다보며 "글쎄"라고 말하더니 훌쩍 자리를 떴다. 나와 이야기를 하면서 마음이 더 상한 데다가 자신이 부당한 대우를 받았다고 확신하는 모양이었다. 그로부터 얼마 뒤, 엠마는 내 아내 케이티와 같은 문제를 놓고 대화를 나눴고, 다시 나를 찾아와 말했다. "있잖아, 네가 한 말에 대해 한동안 생각해 봤는데 그녀에 대한 내 생각이 오해일 수도 있겠어. 줄리가 나쁜 사람은 아닌 것 같아. 사실 오히려 꽤 친절해. 내 심사가 뒤틀린 건 어쩌면 그녀의 전달방식 때문이었을 거야. 아니면 그냥 타이밍이 안 좋았을 수도 있고. 솔직히 줄리랑 그런 대화를 나누던 날 내 컨디션이 그다지 좋지 않았거든. 대화를 시작할 때부터 이미 짜증 난 상태였지. 줄리가 날 비난한다는 생각이 들자마자 바짝 긴장해서 상당히 방어적으로 변했던 것 같아. 그녀가 선의로 한 말이라고 한번 믿어 보려고."

우리는 살면서 일어나는 많은 일들에 대해 생각을 통해 의미를 부여한다. 좋든 나쁘든 상관없이, 그 의미는 우리가 생각하고, 느끼고, 행동하고, 반응하는 방식에 영향을 미친다. 예를 들어 어떤 일이 일어나든 상관없이 불행한 사람들이 있다. 그들은 관계가 돈독한데도 소중한 사람이 자기를 떠날 것이라고 걱정한다. 직장에서 승진 가능성이 높아져 책임이 하나씩 늘 때마다 불평을 늘어놓는다. 그런가 하면 고약한 상황에서도 흔들리지 않고 쾌활한 사람들이 있다. 살면서 어떤 일이 일어나는지는 그들에게 중요하지 않다. 그들의 사고방식은 긍정적이다. 어째서 그럴까? 이 두 부류의 사람들에게는 어떤 차이가 있을까? 결정적인 차이는 사고방식이다.

똑같은 일을 겪어도 부정적으로 생각하는 경향이 있는 사람이라면 위협감이나 절망감을 느끼고, 낙관적으로 생각하는 경향의 사람들은 다른 이들이 보지 못하는 기회를 보면서 미래를 더 강하게 확신한다. 우리가 어떤 생각을 하든지 간에 생각이 만사에 영향을 미친다. 고대 로마의 철학자 마르쿠스 아우렐리우스는 "우리의 삶이란 우리의 생각이 이루어 내는 것"이라고 말했다. 이때의 유일한 걸림돌은 많은 사람들이 자신의 생각과 그것이 창조하는 삶을 좀처럼 인식하지 못한다는 점이다. 우리는 생각이 존재한다는 사실을 안다. 하지만 우리가 암담하거나 두렵거나 비이성적인 걱정거리에 초점을 맞춤으로써 스스로를 구속한다는 점은 제대로 알지 못한다. 생각은 분노와 좌절감, 분개심을 일으킬 수 있다. 그러므로 생각의 주인이 되어야 한다. 그렇지 않으면 생각이 우리의 주인이 될 것이다. 그것이 현실이다.

모든 일의 출발점은 사고방식에 주목하는 것이다. 한 가지 도전 과제를 제시하도록 하겠다. 앞으로 자신에게서 어떤 확고한 사고 패턴이나 감정이 발견되면, 이를 기록하고 관찰하면서 스스로에게 다음과 같은 질문을 던져라.

- 지금 내가 품고 있는 생각은 무엇이며 나는 어떤 식으로 그것을 경험하는가?

  : 내면의 목소리를 듣는 사람이 있는가 하면 그림과 이미지로 생각하는 사람도 있다. 그 순간 생각이 어떤 식으로 떠오르는지에 주목하라.

- 그 생각이 내게 어떤 느낌을 불러일으키는가?

- 지금 나는 없는 말을 지어내거나 상황을 전체적인 맥락에서 고려하지 않으면서 지레짐작을 하지는 않는가?

- 이것은 이로운 생각인가? 만일 그렇지 않다면 무엇으로 대체할 수 있을까?

랠프 월도 에머슨은 "하루 종일 품고 있는 생각이 곧 그 사람이다"라는 명언을 남겼다. 내가 받아들이는 생각은 내가 먹는 음식과 같다. 모든 끼니가 그렇듯이 소화를 시켜야 한다. 내가 보는 모든 영화, 읽는 모든 책, 훑어보는 모든 소셜 미디어 피드가 내 생각에 영향을 미친다. 어떤 사람과 어떻게 시간을 보내는지가 생각에 영향을 미치며, 따라서 이런 영향에 주의를 기울여야 한다.

갑작스러운 깨달음의 순간에서든 아니면 일정 기간에 걸쳐서든 상관없이 솔직하게 내 생각을 들여다보면, 생각이 어떤 식으로 내 삶을 결정하는지 이해할 수 있다. 사고방식을 바꾸기로 선택할 때는 그런 투명함이 보탬이 된다. 올바른 생각을 선택하는 일은 녹록지 않을 뿐더러 어떤 사람에게는 인생 최대의 도전이 될 수 있다. 물론 처음에는 어렵겠지만 생각하는 습관은 삶의 주도권을 되찾는 토대가 된다. 부정성을 지속적으로 피하고 자신에게 이로운 생각을 선택할 때 성공의 밑거름이 되는 건강한 사고방식을 얻을 것이다.

왜 우리는 부정적인 생각에 사로잡히는가

안타깝게도 우리는 애초에 부정적으로 생각하도록 설계되어 있다. 초기 인류에게는 한 가지 목표가 있었다. 바로 생존이다. 조금이라도 위험에 대한 경계를 늦추면 굶주린 포식자들을 따돌릴 수가 없었다. 하루하루가 먹을 것을 구하기 위한 투쟁이었고 그래서 자신이 속한 유목 부족의 일원이 아니면 아무도 믿을 수 없었다. 위험을 경계하는 것이 목숨을 연장하고 유전자를 물려주는 데 유리했다. 바꾸어 말하면 부정적인 생각을 곱씹는 본능은 우리 뇌가 우리를 안전하게 보호하는 방식이다. 이것이 이른바 '부정 편향negative bias'이다.

부정 편향이란 긍정적인 사건보다는 슬프거나 충격적인 사건을 기억하는 경향이 있다는 뜻이다. 모욕은 뇌리에 새겨지지만 칭찬을 기억하려면 애를 써야 한다. 우리는 거의 모든 상황에서 자연스럽게 최악을 가정한다. 상사가 면담을 요청할 때 대부분 사람들의 첫 반응은 '내가 뭘 잘못했지?'라는 생각이다. 언젠가 불쑥 마음이 동해서 몇 년 동안 연락하지 않던 친구에게 안부 전화를 건 적이 있었는데, 전화를 받은 친구의 첫 질문은 "무슨 일 있어?"였다. 그는 내가 나쁜 소식을 전하려고 전화를 걸었다고 짐작했다. 나쁜 것으로 향하는 이런 자연스러운 편향은 의사결정에도 영향을 미친다.

이런 생각은 '못 해'나 '하지 말아야 해', 혹은 '할 수 없었어'로 운을 떼고, 스스로를 갉아먹는 이유를 댄 다음, '때문이야'로 끝을 맺는다. 아래와 같이 자신을 구속하는 생각의 몇 가지 예를 살펴보자. 이 가운데 어떤 것이 내게 해당되는지 스스로에게 물어보라.

○ "모든 일을 완벽하게 해내지 못하면 난 실패작이야."

: 이는 극단적 사고의 일례이다. 회색 지대가 사이에 존재한

다는 사실을 인정하지 않고 성패나 승패가 양분된다는 듯이 '모 아니면 도'라는 식으로 생각한다.

○ "데이트 신청을 못 하겠어. 나를 거절하고 비웃을 거야."

: 나는 이를 '임박한 재앙에 초점 맞추기'라고 일컫는다. 재앙이 구석구석에 도사리고 있다고 믿는다면, 단 한 번의 달갑지 않은 사건이나 단 한 마디의 비난이 일주일을 송두리째 망칠 수 있다.

○ "프레젠테이션을 망쳤어. 그러니 틀림없이 해고당할 거야."

: 부정적인 면을 부각시키고 훌륭한 성과를 거둔 분야보다 실수에 더 초점을 맞추면, 상황의 실상을 확대해석하게 된다. 또 다른 예를 들자면 A학점을 받는 데 익숙한 사람이 B+를 받았다고 자신을 지나치리만큼 혹독하게 몰아붙이거나, 혹은 관심이 있는 사람과 대화를 나누다가 '엉뚱한 말'을 했다고 자책하는 경우를 들 수 있다.

○ "더 많이 일했어야 했는데…"

: '해야 한다'를 지나치게 강조하거나 이상적인 인물을 비교 대상으로 삼는다면, 우리는 항상 부족한 상태에 머물 것이다. '해야 할 일 목록'을 완수하기 힘든 정당한 이유가 있는데도(애초에 비현실적인 목록이었는데도) '실패했다'고 자책한다.

○ "난 멍청이야. 그러니 전부 내 탓이야."

: 비합리적인 사고에 자신을 가둘 때 우리는 스스로 비참해

진다. 특히 좌절하거나 감정적으로 고갈된 상태일 때는 객관적인 진실과는 거리가 멀어도 이런 부정적인 생각에 쉽사리 휩싸인다.

○ "그건 내 잘못이 아니야. 난 희생자라고."
: 만사에 자신을 탓하는 지금까지의 구속적인 생각과는 달리 이 경우는 어떤 일에도 자신을 탓하지 않는다. 무언가 잘못되면 언제나 다른 사람에게 책임을 떠넘긴다. 설령 그게 사실이라고 해도, 이런 믿음은 우리로부터 힘을 빼앗아 무력감을 안길 수 있다.

비극과 불의가 진짜로 일어나지 않는다는 말이 아니다. 나쁜 일은 실제로 일어난다. 눈가리개를 쓰고 목전에 놓인 도전들을 못 본 척해야 한다는 말도 아니다. 오히려 그러지 말아야 한다. 다만 우리는 최악의 상황에서도 무엇을 생각할지 결정할 수 있고, 그런 결정이 어떤 행동을 하거나 하지 않을 것인지를 좌우한다고 말하고 싶을 뿐이다. 내게 닥친 비극을 지나치게 오랫동안 곱씹다 보면 새 출발을 할 수 없고 그러면 삶의 멋진 순간들을 수없이 놓치게 될 것이다.

이 시점에 선택의 힘이 등장한다. 인정하건대 우리가 특정한 방식으로 설계되었을 가능성이 있다. 하지만 그렇다고 해서 생각을 전혀 통제할 수 없다는 의미는 아니다. 생각에 주목하는 연습을 실천하면 개별적인 생각이 내게 영향을 미치는 방식을 파악하고 나아가 특정한 상황에 그 생각이 이로운지 판단해서 더 고무적인 생각을 선택할 수 있다.

얼마 전 한 대규모 비영리단체가 마이클에게 기조연설을 요청했다. 요청을 수락할 때 그는 기분이 좋았다. 그런데 행사가 다가올수록 후회가 밀려 왔다. '대체 내가 왜 이 요청을 수락한 거지? 제대로 할 수 없을 것 같아. 이런 단체에서 이런 주제에 대해 연설해 본 적이 없는데 그들은 어째서 내게 요청한 걸까? 더 훌륭한 연사를 선택했어야 했는데.' 이런 사고 패턴이 인식되자마자 마이클은 스스로 제동을 걸고 이렇게 혼잣말을 했다. '잠깐 기다려 봐. 난 수백 번 강연한 경험이 있어. 대부분은 꽤 잘했고. 이 단체가 나를 선택한 데는 이유가 있겠지. 그들의 선택이 옳았다는 증거를 그들과 나 자신에게 보여 주려면 뭘 해야 할까?' 마이클은 열심히 준비를 시작했다. 그 단체에 대해 조사하고 준비에 매진했다. 사회자에게 연사로 소개받았을 때 마이클은 청중을 바라보고 미소를 지으며 진지하고 진심 어린 기운을 담아 연설을 시작했다. 어느 시점에 이르자 '멋지게 해내고 있잖아! 더 자주 해야겠는걸!'이라는 내면의 목소리가 들렸다. 그 순간 마이클은 청중과 깊은 유대감을 느꼈다. 주최 측에서는 마이클에게 지금껏 가장 감동적이라고 손꼽을 만한 연설이었다고 말했다. 마이클이 사기를 꺾는 스스로의 생각을 차단하고 힘을 실어 주는 생각으로 바꾸지 않았다면 그날의 성공은 기약할 수 없었을 것이다.

━━◦━━ 올바른 생각 선택하기 ━◦━━

건설적인 생각을 선택하기가 어려울 수 있다. 절망스러운 상황이라고 느낄 때면 더더욱 그럴 것이다. 하지만 의기소침해지는 생각을 극복하는 일은 생각하는 방식을 바꾸는 일만큼 단순하기 때문에 지금 당장 시작할 수 있다. 더 바람직한 생각을 선택하려면, 다음 세 가지 전략을 명심하라. 한 번에 한 가지 전략만 선택해 실천할 것을 권한다.

> ○ 전략 1 : 부정적인 생각을 조기 경보 시스템으로 이용하기.
>
> ○ 전략 2 : 생각을 재구성하기.
>
> ○ 전략 3 : 확언을 실천하기.

전략 1 : 부정적인 생각을 조기 경보 시스템으로 이용하기

자동차 대시보드에서 깜빡거리는 주유 경고등처럼, 이따금 부정적인 생각이 도움이 될 수 있다. 경고등이 켜지면 반갑지는 않다. 하지만 경고등은 조치를 취하지 않을 경우 훨씬 더 큰 문제가 발생할 것이라고 알려 주는 고마운 존재다. 부정적인 생각과 감정도 이와 똑같은 식으로 이용할 수 있다. 이런 생각이나 감정이 인식되면 잠시 멈추어 이렇게 물을 수 있다. '이 생각이나 감정이 내게 무엇을 알려 주고 있을까? 상황이 악화되지 않도록 막으려면 무엇을 해야 할까?'

필라 테크놀로지스의 CEO이자 공동 창업자인 알렉스 슈바츠코프는 뛰어난 성과를 내야 한다는 엄청난 압박감에 시달렸다. 그의 회사는 건설 현장용 위험 관리 기술을 개발하는 성과를 거두었지만, 일주일에 60시간 넘게 일하면서 버그 수정 작업을 하는 생활이 몇 달 동안 계속되자 갈수록 정신이 혼미해졌다. 그는 무언가 바뀌어야 한다고 판단했다.

알렉스는 자신의 생각과 감정에 주목하기 시작했고, 이따금 부정적인 생각의 고리를 묵인한다는 사실을 발견했다. 한 가지는 자존감에 초점을 맞추고 있고('난 이 일에는 소질이 없어. 감당이 안 돼'), 다른 한 가지는 엄격한 자기판단을 더욱 부채질했다('난 최악이야. 제대로 하는 일이 없어'). 객관적으로 볼 때 그의 삶은 매우 양호한데도 그는 더 많은 것(성공, 돈, 친구)을 가진 것 같은 다른 사람들과 자신을 비교했다.

생각의 고리를 관찰하자 이런 생각이 들었다. '내가 자연스럽게 이런 생각을 지어내고 있군. 이 이야기와 생각이 날 불안하게 만들고 있어. 하지만 난 그게 진실이 아닌 걸 알아.' 여느 사람들과 마찬가지로 알렉스는 그때껏 부정적인 생각을 진실이라고 믿는 습관에 빠져 있었다. 실상 그것은 스스로 지어낸 거짓 이야기였다.

우리가 거짓 이야기를 무턱대고 믿을 때, 그것은 내 결정과 감정에 영향을 미친다. 고리를 끊어 내려면 더 이상 이런 부정적인 이야기를 현실로 받아들이지 말고 힘을 실어 주는 곳에서 행동해야 한다.

번아웃을 두 차례 경험한 후에야 알렉스는 비로소 도움이 필요하다는 사실을 인정했다. 그는 그런 기분을 느끼고 싶지 않을 뿐더러 무언가 손을 써야 한다는 사실을 알았다. 그래서 몸과 마음을 리셋하기 위해 한적한 곳으로 떠났다. 돌아와서는 18개월 동안 다른 유형의 치료를 받으면서 부정적인 생각 패턴의 뿌리를 찾았다. 이런 과정을 통해 그는 하등 쓸모가 없는 패턴을 인식할 몇 가지 도구를 배웠다.

현재 알렉스는 불안감이 엄습하기 시작하면 그것을 사이렌이 울리고 적색등이 깜빡이는 상태라고 생각한다. 어느 날 아침 그는 걱정스럽고 우울한 기분으로 잠자리에서 일어났다. 예전이었다면 하루 종일 갈팡질팡했을 것이다. 하지만 불안을 조기 경고 신호로 보는 법을 배운 터라 그는 팀원들을 소집했다. 생각을 곱씹기보다는 그를 괴롭히던 고객 서비스 문제에 관해 본인이 아는 내용을 공유하고 팀원들에게 도움을 청했다. 팀원들이 알렉스를 도와 해결책을 모색하고 문제에 대처하려고 나서자 그의 불안감은 곧바로 가라앉았다. 부정 편향을 스스로 인식하고 조치를 취하는 연습을 거듭할수록, 부정적인 사고 패턴을 떨쳐 낼 수 있다는 자신감이 커졌다. 부정적인 생각을 곱씹으면 하향곡선이 그려지듯이, 긍정적인 생각에 초점을 맞추면 자신감이 커지는 상향곡선이 그려지게 된다.

앞으로 부정적인 생각이 감지되면 경고 신호로 생각하고, 잠시 멈추어 스스로 물어라. '이 생각이 내게 무슨 말을 전하고 있는가?' 그런 다음 다시 물어라. '지금 무엇을 해야 하는가?' 경고 신호를 해제시키기 위해 어떤 조치를 취해야 할지 결정한다.

전략 2 : 생각을 재구성하기

올바른 생각을 선택하는 또 다른 방법으로는 '수정하기'가 있다. 한마디로 말하면, 부정적인 생각이 들 때 이렇게 묻는 것이다. '어떻게 하면 이를 내게 이로운 것이라고 바꾸어 생각할 수 있을까?'

아티스 스티븐스는 고등학교 스타 미식축구 선수였는데, 조지아대학교에서 선수로 뛰겠다는 꿈을 가지고 있었다. 수년 동안 훈련하며 이 목표에 올인했고 러브콜도 많이 받았지만, 안타깝게도 다리에 치명적인 부상을 입었다. 부상 때문에 다시는 예전 기량을 되찾을 수 없다는 의학적 소견마저 받았다.

아티스는 그 얘기를 들었을 때, 모든 꿈이 연기 속으로 사라지는 것 같다고 느꼈다. 우울증에 걸린 그를 위해 친구와 가족, 지역 사회가 함께 나섰고, 사람들은 그의 자아상에 이의를 제기하면서 현재 상황을 새로운 시각으로 보라고 격려했다. 다행히 그는 미식축구가 아닌 학교생활에서 자신의 목표를 발견할 수 있었다. "생각과 성공의 정의를 바꾼 것이 전환점이었어요. 그때까지 난 성공이란 경기장에서 승리하는 일이라고 생각했었죠. 하지만 성공의 의미를 바꾸어 생각하는 순간, 그때껏 해오던 모든 일이 헛되지 않았음을 깨달았어요. 운동선수로서 성공하려고 노력했던 것들을 학업에 이용할 수 있었으니까요." 아티스는 운동이 아니라 학업 성적으로 조지아대학교에 입학했고 그것은 그가 올바른 접근방식을 택했다는 증거가 되었다. "원하는 목표를 성취하려면 엄청나게 노력해야 한다는 사실엔 변함이 없었어요. 꿈을 이룬다는 생각은 그대로였어요. 방법만 달라졌을 뿐이죠."

아티스가 성공의 의미를 새롭게 정의하는 순간 완전히 새로운 가능성이 열렸다. 그는 뛰어난 성적으로 대학을 졸업했을 뿐만 아니라 사회에서도 빠르게 자리를 잡았다. 현재 아티스는 빅 브라더스 빅 시스터스 오브 아메리카의 대표 겸 CEO로, 조직에도 똑같은 통찰을 적용하고 있다.

살다 보면 누구에게나 특정한 상황에 대해 생각하는 방식을 재구성해야 할 순간을 경험한다. 성공과 실패에 관한 사고방식만이 아닐 것이다. 어쩌면 기회나 인간관계에 대한 관점을 재고해야 할 때가 올지도 모른다. 생각의 재구성은 평생 갈고닦아야 할 기술이다. 그렇다면 어떤 방법으로 생각을 재구성할 것인가? 몇 가지 아이디어를 살펴보자.

○ 첫째, 현재의 내 생각을 명확히 인식한다.

: 아티스는 미식축구 선수로서의 성공이 곧 인생의 성공이라고 믿었다. 현재의 내가 어떤 생각을 하는지 인식해야만 생각을 재구성할 수 있다.

○ 둘째, 생각에 이의를 제기한다. '이 일을 다르게 볼 방법은 없을까?'라고 자문해 보는 것이다.

: 아티스가 처음에 '내 성공은 미식축구에 좌우된다'고 믿었다 하더라도 '내 성공은 미식축구에 좌우되지 않는다'고 말한 뒤, 마지막에 '왜냐하면'을 덧붙일 수 있다. '내 성공은 미식축구에 좌우되지 않는다. 왜냐하면…' 그런 다음 이 문장을 완성할 수 있는 몇 가지 이유를 떠올린다. 이를테면 다음과 같이 생각할 수 있다. '내 성공은 미식축구에 좌우되지 않는다. 왜냐하면 운동이 내 인생의 전부가 아니니까. 난 다른 재능이 많다. 똑똑하고, 성실하고, 끈기가 있다. 난 친구와 가족을 도울 수 있다.'

○ 셋째, 방금 만든 문장을 뒷받침할 수 있는 한 가지 일을 실천한다.

: 거창한 일이 아니어도 괜찮으니 어떤 일이든지 실천하면 된다. 한 가지 행동이 다음 행동으로 이어져 추진력을 일으킬 수 있다. 아티스의 사례를 이용하자면 친구나 가족에게 그의 재능이 무엇이라고 생각하는지 의견을 물을 수 있다. 혹은 조지아대학교의 입학요건을 온라인으로 확인할 수

있다. 아니면 단순하게 위의 문장을 글로 적어 되새길 수 있다. 다시 말하지만, 새롭고 생산적인 방향으로 이끄는 거라면 어떤 행동인지는 상관없다.

생각의 재구성은 근육 단련에 비유할 수 있다. 많이 반복할수록 더 강력해진다. 스스로를 구속하는 믿음이나 부정적인 생각이 포착될 때마다 재구성을 계속 시도하면, 그로 인한 변화를 눈으로 확인할 수 있을 것이다.

전략 3: 확언을 실천하기

요즘은 '확언affirmation'이라는 단어에 많이들 익숙해한다. 이는 오랫동안 존재했으며 거기에는 그럴 만한 이유가 있다. 요컨대 효과가 있다. 간단히 정의하면, 확언이란 얻고 싶은 믿음을 강화하고자 되뇌는 단어나 문장이다.

아령 운동으로 근육을 키우듯이 이렇게 하면 정신을 단련할 수 있다. 확언은 원하는 생각을 강화하고 스스로를 가로막는 생각을 물리칠 한 가지 방법이다.

확언을 선택할 때 명심해야 할 몇 가지 요점이 있다. 첫째, 스스로 되뇌는 확언에 믿음을 가져야 한다. 실현될 것이라고 믿지 않는다면 확언은 효과가 없다. 둘째, 이미 일어나고 있는 일처럼 현재

시제로 기록해야 한다. 셋째, '부정문'으로 만들지 않는다. 예컨대 '불안감을 이제 그만 느낄 거야'라고 되뇌지 말고, 대신 '나는 평온하고 평화롭다'고 표현한다. 마지막으로, 매일 확언을 되뇌면서 최대한 활용하도록 한다. 건강하려면 규칙적으로 운동하고 끼니때마다 잘 챙겨 먹어야 하듯이 매일 확언을 되뇌어야 한다. 다음과 같은 확언의 몇 가지 예를 고려해 보자.

- ○ 나는 강인하고 삶의 목표를 성취할 능력이 있다.
- ○ 매일 나는 발전한다.
- ○ 나는 힘이 있다.
- ○ 성공에 필요한 모든 것이 이미 내 안에 있다.

문장을 한 단어로 축약할 수도 있다. 예를 들어 마이클은 여러 해 동안 열정, 행동, 기쁨, 연습 등의 단어 중에서 하나를 선택해 1년 내내 집중한 바 있다. 사랑하는 사람들을 대신해 확언을 만들어 줄 수도 있다.

카밀 창 길모어의 두 아들은 각각 네 살과 다섯 살일 때 모두 자폐스펙트럼 장애라는 진단을 받았다. 진단을 전해 듣는 순간 카밀은 마음이 무너져서 아무도 모르는 곳으로 숨고 싶었다. 바닥에 주저앉아 눈물을 흘리며 '왜 하필 나야?'라고 생각했다. 한동안 슬퍼하던 그녀는 부정적인 생각을 떠올리는 자신을 인식했다.

카밀은 정신을 가다듬고 두 아들을 돕기 위해 나섰다. 그들이 받을 수 있는 최고의 의료 서비스를 찾고 훌륭한 교사를 구했다. 하지만 무엇보다 중요한 것은 그녀가 아이들과 확언을 나누기로 선택했다는 사실이었다. 매일 그녀가 "너희들은"이라고 운을 떼면 아이들은 "위대한 인물이 될 운명을 타고났어요!"라고 답했다. 아이들은 어린 시절 내내 이 말을 목청껏 외쳤다.

카밀의 두 아들은 이제 20대 청년으로 장성해 대학에 다닌다. 어머니의 격려와 교사의 뒷받침, 적절한 기관의 지원을 받은 그들은 자신감과 자기확신을 바탕으로 성공을 거두었다. 카밀은 부정적인 생각에 매몰당하지 않으려고 열심히 노력하며 아이들이 긍정적으로 성장하도록 이끌었다.

사람들에게 영감을 주고 싶다는 꿈이 있다면 이렇게 되뇌어 보자. '나는 다른 사람들이 풍요로운 삶을 살도록 영감을 줄 것이다.' 확언을 만들 때는 최대한 활기찬 단어를 사용해야 한다. 울림을 주는 단어여야 한다.

확언을 적어 본 경험이 있는가? 경험이 없다면 지금 당장 이 책을 덮어라. 그리고 스스로 자신감을 한껏 불어넣을 수 있는 한 가지 확언을 정해서 기록하고 아침에 한 번, 밤에 한 번, 다른 시간에 최소한 세 번씩, 하루에 다섯 번 되뇌라. 나 역시 몇 년 전부터 매일 이 방법을 실천하고 있다. 확언은 삶의 주인이 되어 자신감과 회복탄력성을 키우는 핵심 요소다.

데일 카네기 원칙 훈련법

○

생각에 주목하고 그것과 협력하는 법을 익히는 것은 평생 실천해야 하는 일이다. 생각을 적극적으로 선택하겠다고 매일 결심해야 한다. 이를 실천한다면 데일 카네기가 말했듯이 "우리의 모든 문제가 해결되는 탄탄대로가 열릴 것이다."

원칙

나에게 힘을 주는 생각을 선택하라.

행동 단계

○ 생각에 주목한다.

: 당장 지금부터 내 생각을 인식할 시간을 가져라. 주의를 기울이면 무엇이 뚜렷해지는가? 내게 이로운 생각인가, 해로운 생각인가? 나는 모든 상황에서 최악을 보는가? 아니며 최선을 찾는가? 어떤 패턴이 보이는가?

○ 나를 구속하는 생각을 인식한다.

: 위의 목록을 다시 읽고 내가 어떤 종류의 부정적인 생각에 빠지는지 찾아보자. 최악의 상황을 상상하는가? 부정적인 면을 극대화하는가? 그런 사고 패턴에 빠지면 어떤 느낌인가? 이런 생각을 내게 이로운 무언가로 바꾼다면 삶에 어떤 일이 일어날까?

○ 올바른 생각을 선택하는 연습을 한다.
: 이는 단 한 번의 시도로 끝나는 솔루션이 아니라 매일 반복해야 할 도전이다. 매일 실천함으로써 근육을 키워 보자. 연습이 거듭될수록 근육이 더 튼튼해질 것이다.

· 부정적인 생각을 조기 경고 시스템으로 이용한다. 부정적인 생각을 인식할 때 그것이 무엇을 알리고 있는지 생각해 보는 것이다. 지금 삶의 어떤 문제가 나를 괴롭히고 있는가?

· 생각을 재구성한다. 상황을 바라보는 다른 방식을 선택할 수 있다. '어떻게 하면 이 상황을 다른 방식으로 볼수 있을까?'라고 자문해 보자.

· 확언을 실천한다. 원하는 생각을 강화할 수 있는 희망적인 문장을 만들어 본다.

성공 마인드

성공하려면
루틴부터

당신이 원하는 사람이 되는 과정을
시작하지 않았다면,
당신이 원하지 않는 사람이 되는 과정에
자동적으로
참여한 것이나 다름없다.

데일 카네기

30대에 내게 행동하라고 자극을 준 것은 전설적인 야구선수 미키 맨틀의 명언이었다. "내가 이만큼 오래 살 줄 알았다면 자기관리를 더 잘했을 것이다." 그 말을 듣는 순간, 수십 년이 흐른 어느 날 늙고 병들어서 다이어트와 운동을 더 일찍 시작하지 못했다고 후회하는 내 모습이 눈에 선했다. 나는 운동에 소질이 없었지만 그것을 변명으로 내세울 수는 없었다. 그래서 건강 관리를 위해 달리기를 시작했다. 내 평생 손에 꼽을 만큼 어려운 일이었다.

처음에는 달리기 실력이 형편없었다. 겨우 몇 킬로미터를 달리는 데도 애를 먹었다. 걸핏하면 멈추어야 했고 다리가 아프고 숨이 찼다. 기분이 몹시 나빴다. 극단적인 생각에서 헤어나지 못했다. 머릿속에서 아주 또렷하고 또박또박한 목소리가 끊임없이 속삭였다. '그만둬! 넌 결코 해낼 수 없을 거야.' 에릭 에더라는 한 좋은 친구가 아니었다면 틀림없이 나는 그 부정적인 생각에 귀를 기울였을 것이다. 여담이지만 포기하지 않기 위해서는 이따금 좋은 친구들이 필요하다.

처음으로 9킬로미터, 그런 다음 13킬로미터, 그러고 나서 20킬로미터를 달렸을 때 얼마나 감격스러웠는지 지금도 기억난다. 불가능해 보였던 일이 현실이 되었다. 에릭이 토론토 스코티아뱅크 마라톤 대회에 참가하자고 제안했던 것은 그 무렵이었다. 초기였다면 상상도 할 수 없었겠지만 이제 20킬로미터까지 달려 본 터라 '22킬로미터 더 달리는 게 뭐 대수겠어?'라는 생각이 들었다(돌이켜 보니 딱히 좋은 생각은 아니었다…).

이미 알고 있긴 했지만, 마라톤을 완주하려면 불편함 따위는 무시하겠다는 마음가짐과 끈기만으로는 부족했다. 계획과 루틴이 필요했다. 나는 코치를 고용했고 코치는 마라톤 훈련은 달리기 훈련과 다르다고 짚어 주었다. 매우 구체적인 방식으로 나를 단련해야 했다. 이를테면 적절한 영양공급, 휴식, 수분공급과 더불어 2주간의 조직적인 달리기 훈련(고강도 스피드워크 트랙 훈련, 꾸준한 고속 템포 달리기, 주간 장거리 달리기, 천천히 달리기 3회를 포함해 1주 6회 달리기)이 필요했다. 코치는 이렇게 말했다. "농담 아닙니다. 이 운동에는 (매달, 매주, 매일, 매시간) 꾸준함이 필요하겠지만 계획을 잘 지키면 괜찮으실 거예요." 나는 시키는 대로 했다. 코치의 조언을 그대로 따랐고 그 결과 생애 첫 마라톤을 단 3

시간 반 만에 주파했다. 걸음도 제대로 걸을 수 없었지만 상관없었다. 아주 짜릿했다.

마라톤 완주에 일정 기간 동안 지속적인 훈련이 필요하듯이, 인생의 목표를 확실히 이루려면 성공 마인드를 길러야 한다. 계획을 세우고 지켜야 한다. 생각을 재구성하거나 한두 번 확언을 되뇌는 것도 대단하지만, 습관적이고 자동적으로 실천할 수 있어야 한다. 살면서 언제 어디서 어떤 일이 일어나든 간에 자신감과 용기, 회복 탄력성으로 무장하고 본능적으로 직면해야 한다. 다시 말해, 내게 이로운 '마인드셋'을 개발해야 한다. 이 목적을 달성할 수 있는 한 가지 효과적인 방법은, 매일 최고의 모습을 이끌어 낼 루틴을 구성하는 것이다.

성공 마인드를 길러 주는 루틴의 힘

우리가 정의하는 루틴이란 건강한 마인드셋을 개발할 수 있는 일련의 성장 지향적인 관행이다. 루틴은 삶의 '선택' 사항이 아니라 '필수' 사항이다. 일과에 일종의 체계를 정하면 내려야 하는 결정의 수가 적어져서 스트레스가 줄어들고 집중력이 높아지며 그 결과 전반적으로 평온감과 안정감을 얻을 수 있다. 인간은 수백 년 동안 루틴을 실천했다. 벤저민 프랭클린, 마야 안젤루, T. S. 엘리엇, 모차르트, 제인 오스틴, 파블로 피카소 등 누구에게나 루틴이 있었다. 벤저민 프랭클린은 새벽 4~5시쯤 기상해서 목욕을 하고 아침을 먹었다. 그는 '오늘은 무슨 좋은 일을 할까?'라고 생각한 후에 8시에 일과를 시작했다. 정오에는 2시간 동안 점심 식사를 하면서 책을 읽었고, 점심 식사가 끝나면 다시 일을 시작해 6시까지 계속했다. 이따금씩 휴식을 취하고 긴장을 풀었다. 창문을 열고 창가에 벌거벗고 앉아 시원한 '공기욕'을 내내 즐기다가 9~10시에 잠자리에 들었다. 잠들기 전에는 아침에 했던 질문을 다시 떠올리며 '오늘은 무슨 좋은 일을 했나?'에 답하곤 했다.

좀 더 최근의 사례로는 세계적인 베스트셀러 작가 무라카미 하루키가 있다. 그는 새벽 4시에 일어나 대여섯 시간 동안 글을 쓴다. 그런 다음 달리기나 수영을 하고 나서 (아니면 두 가지를 모두 하고 나서) 책을 읽고 음악을 듣는다. 그리고 오후 9시에 잠자리에 든다. 무라카미는 이렇게 말했다. "이 루틴을 바꾸지 않고 매일 지킵니다. 반복 자체가 중요해지죠. 그건 일종의 최면입니다. 더욱 깊은 마음 상태에 이르도록 스스로 최면을 거는 거예요."

루틴은 세대와 지역에 따라 달라지겠지만 핵심 동기는 다르지 않다. 자신의 몸과 마음, 정신을 성공에 대비시키는 것이다.

또한 루틴은 불안과 스트레스 관리를 도와 정신 건강을 향상시킨다. 이때 스스로 통제할 수 있는 일에 초점을 맞추는 방식이 일조한다. 루틴은 특히 스트레스가 많은 시기에 하루 일과의 체계를 세워서 예측 가능성을 열어 준다. 아울러 루틴을 완수하면 성취감까지 덤으로 얻는다. 스포츠 심리학자들은 경기 전 의식이 성적을 향상시키고 불안을 줄인다고 전한다.

정신 단련을 위한 루틴을 설계하지 못하면 우리의 일과와 생각은 사건과 환경의 지배를 받을 것이다. 루틴은 집의 골조와 마찬가지로 삶을 떠받치는 체계이다.

루틴이 없는 생활이란

지금의 마이클을 만난다면, 당신은 그를 여태껏 만난 가장 친절한 사람이라고 생각할 확률이 높다. 하지만 20대의 자기 모습을 설명할 때, 그는 자신을 증명하려고 끊임없이 애를 쓰면서 누군가 성가시게 굴면 성질을 내는 청년이라고 묘사했다. 열심히(어쩌면 약간 지나치게 열심히) 일했고 휴식의 가치를 아직 이해하지 못했다. 입신양명을 위해 노력했다. 삶의 균형이 깨졌다는 점만 빼면 그래도 문제가 없었다. 그는 약속을 지키느라 바삐 움직였고 스트레스를 받으면서 늦게까지 일했다. 그의 일과에는 원하는 삶에 대해 생각하기는커녕 감정을 돌아보거나 감정을 해소할 시간도 따로 없었다. 한마디로 그에게는 루틴이 없었다. 마이클은 다음과 같이 말했다. "루틴이 없다는 것은 마음가짐을 점검할 여유가 없다는 뜻이에요. 일과를 준비하거나 반성할 시간이 없는 거죠." 그 결과 그는 이따금 막다른 구석에 몰려 감정적으로 반응한다고 느꼈다.

당시 마이클은 데일 카네기 한 지부의 관리자였는데, 회사 내 개인 매출 2위를 달성한 프레드가 그의 부하 직원으로 있었다. 그런 이력 때문에 마이클은 프레드가 필요한 존재라고 굳게 믿었고 프레드도 이 사실을 알았다. 그는 마이클에게 이래라저래라 간섭하기 시작했고, 급기야 카리브해로 2주간 휴가를 가겠다며 하루 전날 통보하는 사태까지 일어났다. 마이클은 그때를 돌아보며 다음과 같이 말했다. "만일 그가 지부 매출의 80퍼센트를 올리는 상황이 아니었다면, 내가 소심하고 자신에 대한 확신이 없는 스물다섯 살짜리 풋내기가 아니었다면, 난 그를 바로 해고했을 겁니다." 하지만 마이클은 자신을 증명하느라 여념이 없었고 자신감이 없었을 뿐더러 그저 능력껏 최선을 다해 생활하기에 급급했다. 그러던 어느 날 프레드가 큰 손해를 입었다고 고래고래 소리를 지르며 마이클의 사무실로 뛰어들어 왔을 때 마침내 일이 터졌다. 거의 그를 한 대 칠 뻔한 지경에 이르렀던 마이클은 프레드에게 그런 태도를 보이려면 당장 나가서 다시는 눈에 띄지 말라고 소리쳤다.

이 경험이 마이클에게는 깨달음의 순간이었다. "스물다섯 살의 나는 (정신적으로나 감정적으로) 이 사내를 다룰 만한 깜냥이 되지 않았던 거예요. 난 내 부족함을 채우기 위해 무언가 손을 써야 하며 그렇지 않으면 제2의 프레드 때문에 고생할 거라는 걸 깨달았어요. 자신감과 인간관계 기술을 키우지 못하면 내 커리어가 성장하지 못할 게 뻔했죠." 마이클은 자신에게 필요한 것(일과를 돌아보고 계획하며 주변 사람들과 협력할 방법을 결정할 여유)에 대해 깊이 생각했다. 그는 시간을 내어 순조로운 일과 개선이 필요한 일을 돌아보고 더 훌륭한 리더로 거듭날 방법을 매일 궁리했다. 뿐만 아니라 사명 선언문을 작성(3부 참고)하기로 마음먹고, 사명 선언문에 자신이 원하는 인간상을 자세히 묘사했다. 자신의 재능과 재주를 이용해 사람들의 삶에 중대한 변화를 일으키겠다는 확언과, 생각과 감정을 통제해 조직에서 긍정적인 리더가 되겠다는 확언을 사명 선언문에 넣었다. 이후 마이클은 어디에나 선언문을 가지고 다니면서 매일 들여다봤다. 그러면서 선언문은 긍정적인 확언과 함께, 반성하고 계획하고 일을 시작하는 일간 루틴의 중요한 요소가 되었다. 이 새로운 루틴은 수십 년 동안 변함없이 마이클에게 커다란 도움이 되어 주었다.

나는 어떤 루틴을 가지고 있는가

제시카 산티아고는 오랫동안 더 현명한 선택을 해야 한다고 생각했으나 언제나 생활이 발목을 잡았다. 운동을 하고 싶었지만 일이 급선무였기 때문에 여력이 없었다. 건강에 더 좋은 음식을 먹고 싶었으나 요리할 시간이 없었다. 몸 상태가 좋지 않다고 느낄 만큼 스트레스가 많았지만 손을 쓸 수가 없었고 마침내 건강이 정말 나빠지기 시작했다.

제시카의 주치의는 단도직입적으로 말했다. "약을 쓸 수 없는 곳에 감염이 생겼어요. 치료할 수 있는 방법은 더 건강하고 균형

잡힌 삶을 사는 것뿐입니다." 게다가 제시카는 식습관 때문에 당뇨병 전증 진단을 받았다. 무언가 바꾸어야 한다는 경종이 크게 울린 것이다.

제시카는 혼자서 할 수 없는 일이라고 판단하고 친구에게 도움을 구했다. 두 사람은 가장 먼저 머리를 맞대고 앉아 제시카의 식습관을 개선할 계획을 세웠다. 그녀는 말했다. "우리는 내가 즐겨 먹는 음식에 대해 얘기를 나눈 다음에 내가 좋아하는 음식을 끊되, 한 번에 하나씩 건강에 좋은 음식을 추가시키기로 결정했어요." 우선 아침 루틴을 정해 아침에 일어나자마자 건강에 좋은 음식을 먹었다. 자연스러운 수면 리듬을 만들려고 매일 같은 시간에 알람을 맞추었다. 몇 주가 지나 루틴에 익숙해지자 운동을 추가했고 식사를 마치면 곧바로 산책에 나섰다.

2주일이 채 지나지 않아 아침 루틴의 효과가 확실히 나타났다. 잠에서 깨었을 때 일과를 몇 시에 시작할지 고민할 필요가 없어졌고, 피곤이 풀리지 않아 반복 알람 버튼을 연거푸 누르는 일도 더는 없어졌다. 루틴 덕분에 모든 것이 이미 결정되어 있으니 마음에 여유가 생겼다. 다음 할 일을 '생각해 내느라' 시간이나 에너지를 허비할 필요가 없었다. 나아가 루틴은 그녀의 목표와 새로이 찾은 건강한 삶의 가치에도 보탬이 되었다. "내가 덜어 낸 작은 결정들이 큰 변화를 일으킨 거죠. 그런 결정들이 얼마나 많은 시간과 정신적 공간, 에너지를 잡아먹는지 미처 몰랐어요."

루틴을 실천한 후에 제시카의 감정 상태는 판이하게 달라졌다.

루틴은 새로운 근육을 키우고 강화하는 일과 다름없었고 덕분에 자신감과 '할 수 있다'는 믿음이 커졌다. "그저 내가 실천하는 것, 그러니까 건강에 좋은 음식을 먹고 운동하는 게 전부가 아니었어요. 가장 중요한 부분은 내가 느끼는 자신감이었죠. 지난 3~4년 동안 줄곧 운동해야 한다고 마음속으로 되뇌었지만 행동에 옮기지 못했거든요. 어려운 일들을 해낼 수 있다고 스스로 믿기 시작하니까 마음가짐이 긍정적으로 변했어요. 삶의 다른 도전에 대처할 때면 이렇게 생각하기 시작했죠. '아, 이런 일이 일어났군. 난 할 수 있어. 한 번에 한 걸음씩 내딛으면 성장하고 변화할 수 있어'라고요."

데일 카네기 강좌에서 가르치는 가장 중요한 요소는 목적 지향적인 삶의 중요성이다. 이 개념에 대해서는 3부에서 심층적으로 다룰 예정이므로, 지금은 건강한 루틴을 만들고 실천하는 것이 목적 지향적인 삶에 중대한 요소라는 점만 강조하고 싶다. 루틴이 있느냐 없느냐의 차이는 방향키가 있는 배와 없는 배의 차이에 비할 수 있을 것이다. 몸과 마음을 아울러서 자기관리를 하면 에너지가 증가하고 긍정적인 태도를 유지하며 스트레스를 관리하는 데 효과적이다. 일과를 돌아보고 계획할 시간을 가지면 마침내 자신이 원하는 사람으로 거듭날 것이다.

성장형 마인드셋과 고정형 마인드셋

마이클과 제시카는 루틴을 이용해 삶을 향상시켰을 뿐만 아니라 새로운 마인드셋을 창조했고 그 결과 자신감과 회복 탄력성, 효과적인 인간관계 기술을 향상시킬 수 있었다. 도전적인 상황이 닥쳤을 때 두 사람의 대응은 긍정적인 동시에 반사적이었다. 스탠퍼드대학교 심리학자 겸 연구원인 캐럴 드웩은 획기적인 저서《마인드셋》에서 이 주제를 다루었다. 스스로 인식하든 못하든 간에 우리는 특정한 세계관을 가지고 있다. 드웩에 따르면 '고정형' 마인드셋의 소유자는 능력과 지능, 성격이 확정되어 변하지 않는다고 믿는다. 이는 능력이나 재능, 혹은 지성이 선천적이라는 관점이다. 이와 대조적으로 우리의 삶과 능력은 유동적이며 교육과 노력을 통해 결정될 수 있다고 믿는 것은 '성장형' 마인드셋이다.

한 가지 마인드셋만 가진 사람은 드물다. 직장에서 성장형 마인드셋을 소유한 어떤 사람이 대화를 나누는 데는 소질이 없다고 스스로 생각할 수 있다. 이런 경우라면 일에 대해서는 성장형 마인드셋이지만 사회적 기술에 대해서는 고정형 마인드셋이다.

어떤 마인드셋이든 상관없이 그것은 삶에 지대한 영향을 미친다. 연구를 실시한 결과 성장형 마인드셋의 소유자가 동기를 부여받고 성공할 확률이 더 높은 것으로 나타났다. 또한 불안과 우울, 번아웃의 수준이 낮은 경향이 있다.

삶에 대한 성장형 마인드셋 접근방식은 삶의 주도권을 되찾는 과정에 결정적인 요소다. 그렇기 때문에 올바른 루틴이 그토록 중요한 것이다. 생각과 감정, 경험을 생각하고 검토할 여유를 주는 루틴이 있으면 효과적으로 행동방침을 선택할 수 있다. 루틴을 고려하고 창조할 때는 내가 무언가를 할 능력이 있거나 혹은 없다고 속삭이는 생각에 주의를 기울여라. 우리는 성장형 마인드셋을 창조할 수 있으며 이 과정은 생각이 내게 미치는 영향에 주목하는 일에서부터 시작된다.

효과적인 루틴을 만드는 방법

루틴을 만드는 목적은 자신이 원하는 사람이 되기 위함이다. 더 건강한 사람, 기다려 주는 부모, 공감하는 교사, 성실한 작가, 약속을 잘 지키는 사람 등 무엇이든 스스로 중요하다고 생각하는 사람으로 거듭나는 것이다. 루틴은 개개인의 필요와 생활에 맞춰 만들어야 한다. 그러니 시간을 가지고 어떤 루틴이 내 성공에 유리한 환경을 조성하는지 파악해 보자.

내 루틴은 수년에 걸쳐 발전했다. 나는 오전에 집중력과 에너지와 창의력이 더 풍부하기 때문에, 밤 11시에 잠자리에 들고 아침 6시에 일어나 하루의 첫 45~60분을 일과의 토대로 삼는다. 예전에는 엄청난 방해요소였던 휴대폰을 이 시간에는 되도록 보지 않는다. 이메일과 문자, 다른 메시지는 나중에 보아도 된다. 아침에 일어나면 뜨거운 녹차 한 잔을 타고(더 진한 카페인 음료가 필요한 날도 있겠지만) 침실에서 나와서 내 책상이 놓인 작은 방으로 들어간다. 명상하고, 반성하고, 기도하고, 계획하고, 일기를 쓴다. 전날을 돌아보고 이렇게 자문한다. '어제 일어난 일 중에 고마운 일은 무엇인가? 순조로웠던 일은 무엇인가? 어떤 일을 효과적으로 처리했는가?' 그런 다음 개선이 필요한 부분으로 넘어간다. '내가 원했던 만큼 순조롭지 않았던 일은 무엇인가? 바로잡아야 할 만한 말이나 행동을 했나? 만일 그랬다면 언제 바로잡을 것인가?' 예를 들어 어제의 상호작용을 돌아보았는데 누군가에게 예민하거나 경솔하게 굴었다면 오늘 그 사람과 대화를 나누고 화해할 것이다. 그런 다음 내 꿈과 목표를 돌이켜 보고 오늘 하루를 생각한다. '오늘 처리해야 하는 중요한 일은 무엇인가? 언제 할 것인가? 성공할 수 있는 환경을 어떻게 조성할 것인가?' 나만의 시간을 끝낼 무렵이면 이 시간에 얻은 중요한 통찰을 일기에 적곤 한다. 이 루틴을 통해 나는 컨디션이 최상일 때 내 생각과 행동을 돌아보고 계획을 세울 시간과 공간을 얻는다. 처음부터 내가 저절로 루틴에 따라 움직인 것은 아니었다. 아침에 일어나기가 힘들었고 집중이 잘 되지 않았다. 그러나 시간이 흐르면서 루틴은 자동적인 과정으로 자리 잡았다. 아침 루틴을 끝내면 나는 상쾌해지고, 집중력이 생기고, 하루의 방향을 선택할 수 있다고 느낀다.

일간 루틴은 그저 하루를 위한 설정이나 종착점이 아니라 다른 마인드셋으로 향하는 경로다. 그러므로 루틴을 지키는 습관을 길러야 한다. 나쁜 습관을 피하는 것은 물론이고 정신력과 명료성에 긍정적인 영향을 미치는 습관을 기르겠다고 의식적으로 선택해야 한다. 《아주 작은 습관의 힘》의 작가이자 연구원인 제임스 클리어 는 10년 넘게 긍정적인 습관을 기르는 방법에 대해 조사하고 글 을 썼다. 클리어는 새로운 습관을 기를 때 다음과 같은 방법을 고 려해야 한다고 말한다.

○ 아주 작은 습관부터 시작한다.

: 처음부터 난이도가 높은 일을 시도하면 실패할 확률이 커 진다. 이를테면 '나는 긍정적인 생각만 하겠다'는 목표를 세 우지 마라. 이것은 출발점으로는 너무 거창한 목표이기 때 문에 불가피하게 힘든 순간이 닥쳤을 때 실망감을 느낄 수 밖에 없다. 대신 '매일 긍정적인 확언 하나를 되뇌겠다'처럼 쉬운 습관부터 시작한다.

○ 조금씩 습관을 추가한다.

: 1퍼센트씩 늘이면 금세 쌓인다. 매일 조금씩 새로운 습관 을 길러라. 예를 들면 확언을 되뇌는 습관을 익혔다면 이때 거울을 보는 연습을 추가한다. 일주일 후에는 30초 동안 확 언에 대해 명상한다. 조금씩 습관을 길러 나가면 목표를 실 현하는 데 효과적이다.

○ 습관을 소분한다.

: 가령 명상하는 습관을 길러 더 명료하고 바람직한 생각을

선택하고 싶다고 하자. 아침과 저녁에 각각 10분씩 이 습관을 둘로 나누면 시간 투자에 대한 부담감이 덜어질 것이다.

○ 습관을 실천하지 못했다면 되도록 빨리 되돌아간다.

: 아무리 훌륭하게 실천하던 중이라 해도 누구나 궤도에서 벗어날 때가 있다. 연구 결과에 따르면 한 번 습관을 빼먹는다고 해서 장기적인 발전에 차질이 생기지는 않는다. 그러나 하루를 빼먹고 나서 '음, 연속 실천이 깨어졌으니 전부 물거품이 되었어'라고 생각하면 문제가 심각해진다. 이따금 궤도에서 벗어날 수 있다는 사실을 받아들여라. 그래도 괜찮다. 전반적인 꾸준함이 완벽함보다 더 중요하니, 바로 다음 날 궤도로 돌아가도록 한다.

세월이 흘러 내 생활이 바뀌면서 루틴도 따라 바뀌었다. 하지만 내가 매일 실천한다는 사실은 전혀 바뀌지 않았다. 수년 전, 수십 년 전의 내 일과를 돌이켜 보면, 건전한 마인드셋을 함양하기 위해 성장 지향적인 루틴을 이용한 결과 어떤 변화가 일어났는지 확인할 수 있다. 이 변화에 투자한 시간을 통해 나는 귀중한 것들을 얻었다. 강인한 정신력과 자신감, 반성하는 습관을 얻었고 더 다정해졌다(희망사항이다). 사람마다 효과적인 루틴이 다르다. 우리의 필요는 저마다 다르기 때문이다. 이를테면 매일 오후 5시에서 5시 20분까지 정확히 20분만 시간을 낼 수 있는 사람이 있다고 하자. 그렇다면 이 시간을 이용해 전날을 돌아보거나 다음날을 준비할 수 있다. 일기, 명상, 운동, 스트레칭 등에 시간을 투자하거나 아니면 생각하기를 멈추고 휴식을 취할 수도 있다.

지금의 루틴을 돌아보자. 매일 반복하는 활동을 의식적으로 결정하는가 아니면 그냥 움직이는가? 내가 직접 만든 루틴인가 아니면 다른 사람의 필요에 의해 결정된 루틴인가? 누구에게나 의무가 있다. 마이클과 나는 당신에게 한 가지 도전을 제시하고 싶다. 매일 아침(저녁이 더 효과적이라면 매일 저녁) 시간을 할애해 건설적인 마인드셋을 높이는 연습을 해 보자. 삶의 소망을 성취할 수 있는 마인드셋을 창조하려면 시간과 노력을 투자해야 한다. 당신이 직접 가장 효과적이었던 마인드셋을 판단해야겠지만 다음과 같은 일련의 질문을 과제로 삼기 바란다.

○ 내 삶에서 순조롭게 진행되는 것은 무엇인가? 고마운 것은 무엇인가?

: 이런 질문을 통해 기쁨과 행복을 느끼는 일에 먼저 집중할 수 있다.

○ 순조롭지 않은 일은 무엇인가? 삶의 어떤 부분을 바꾸고 싶은가?

: 이런 일들의 순위를 매기면, 어디부터 시작해야 할지 결정할 수 있다. 이때 개선이 가능한 요소들을 구체적인 목록으로 만들어야 한다. 이를테면 '어머니와의 관계가 힘들다'보다는 '두 사람만의 시간을 더 많이 가지면 관계가 좋아질 수

있다'고 되뇌어라.

○ 내게 가장 중요한 영역을 개선하려면 어떤 믿음이 필요한가?

: 가령 어머니와의 관계가 고민이라고 했을 때 이런 걱정의 이면을 살피면, 관계 개선이 불가능하다는 믿음이 숨어 있을지 모른다. 이 문제를 어떻게든 개선하려면 어머니와 마음이 통하는 친밀한 관계를 맺을 수 있다고 믿어야 한다.

○ 새로운 마인드셋을 스스로 일깨우려면 무엇을 해야 할까?

: 이때 확언을 이용하거나 (이를테면 어머니를 매주 만날 시간을 정하는 등) 문제에 대처하기 위한 구체적인 조치를 취할 수 있다.

어떤 연습을 선택하든 간에 스스로 원하는 사람이 되는 데 보탬이 되어야 한다.

루틴은 현실적이어야 한다

기억하라. 내가 떠받치는 루틴이 아니라 나를 떠받치는 루틴을 창조해야 한다. 우리는 십중팔구 완벽하지 않으며 궤도에서 벗어날 때도 분명 있을 것이다. 하지만 그랬다고 해서 죄책감을 느끼거나 속상해할 필요가 없다. 루틴을 만들거나 지키려고 노력하는 동안에도 여행이나 휴가를 떠날 수 있다. 한밤중에 아픈 아이를 돌보거나 아니면 본인이 몸져누울 수 있다. 야밤에 친구들과 외출하거나 야근을 하거나 계획한 루틴을 지키지 못할 숱한 상황을 만날 수 있다. 인생이란 그런 것이다. 정당한 이유가 있어서 궤도에서 벗어났다면 자신을 못살게 굴지 말아야 한다. 스스로에게 여유를 허락하고 되도록 빨리 루틴으로 돌아오면 된다. 성공할 때까지 부단히 노력하고 포기하지 마라. 반면에 게으름을 피우거나 어설픈 변명을 대면서 루틴을 건너뛰는 사람이라면 방금 우리가 한 말은 모두 무시하라. 이제 발걸음을 내딛고, 주도권을 잡고, 루틴에 따라 움직여야 할 때가 왔다.

데일 카네기 원칙 훈련법

○

핵심은 루틴 자체가 아니라 루틴을 통해 원하는 사람으로 거듭날 환경을 만든다는 점이다. 하루를 어떻게 시작하고 보내고 끝낼지를 의식적으로 결정하는 것이 성공 마인드를 기르는 과정이다. 이 과정이야말로 원하는 삶을 살 수 있는 열쇠다.

원칙

효과적인 습관을 이용해 마인드셋을 개발하라.

행동 단계

○ 루틴을 만든다.

: 하루를 어떻게 시작할지 생각해 보자. 현재 도움받고 있는 습관이 있는가? 명상하거나 일기를 쓰거나 계획을 세우거나 기도하거나 책을 읽거나 운동을 하는가? 어떤 습관을 가져야 이를 토대로 발전할 수 있을까? 어떤 습관을 루틴에 포함시킬 수 있을까?

○ 습관을 효과적으로 일과에 추가할 계획을 세운다.

· 작은 습관부터 시작한다.

· 습관을 조금씩 늘린다.

· 습관을 소분한다.

· 습관을 실천하지 못했다면 되도록 빨리 돌아가고 그것 때문에 자신을 못살게 굴지 않도록 한다.

○ 이 루틴을 이용해 성장형 마인드셋을 기른다.

: 직접 필기하거나 애용하는 글쓰기 앱을 이용해 다음과 같이 자문해 보자.

· 내 삶에서 순조로운 일은 무엇인가? 고마운 일은 무엇인가?

· 순조롭지 않은 일은 무엇인가? 삶의 어떤 부분을 바꾸고 싶은가?

· 내게 가장 중요한 영역을 개선하려면 어떤 믿음을 가져야 하는가?

· 새로운 마인드셋을 스스로에게 일깨우려면 무엇을 해야 할까?

○ 마인드셋에 주목한다.

: 루틴을 실천할 때 그것이 마인드셋에 어떤 영향을 미

치는지 눈여겨보자. 마치고 나면 어떤 기분인가? 건너
뛰면 기분이 어떤가? 루틴을 어떻게 조정해야 원하는
마인드셋을 성취할 수 있는가?

감정

치솟는 감정들과
친해지는 법

사람들을 대할 때
그들이 논리의 동물이라고
착각하지 마라.
상대는 감정의 동물이다.

데일 카네기

데보라 앤 맥은 거의 10년 동안 드라이클리닝 사업체를 운영하고 있었다. 그녀는 2004년 수거배달 서비스로 창업해서 그야말로 가가호호를 방문하며 마케팅을 했다. 1명도 없었던 데보라의 고객은 불과 몇 년 만에 900명을 넘어섰고, 이런 성장세 덕분에 그녀는 친환경 공장형 드라이클리닝업체로 사업을 확장하기로 결정했다.

데보라는 리모델링이 가능한 허름한 임대용 건물을 구했으나 건설 회사를 운영하던 건물주가 그녀가 지급한 수리 비용을 날려 버렸다. 이제 데보라에게 남은 것은 다 쓰러져 가는 낡은 건물과 나흘 동안 처리해야 할 세탁물이었다. 그녀는 건물주가 사태를 수습하기를 기다리는 대신 돈을 더 융통해서 다른 임대 공간에서 빈손으로 다시 시작했다. 가진 돈을 전부 건물에 써 버린 터라 드라이클리닝 장비를 설치하거나 직원을 고용할 돈이 없었다. 데보라는 직접 사용설명서를 펼치고 남동생과 친구 몇 명에게 전화를 걸어 작업에 착수했다.

이 무렵 그녀는 좌절하고 분노하고 불안했다. 하지만 막대한 자금을 투자한 사업이기 때문에 그만두겠다는 생각을 결코 할 수 없었다. 대안이 없었으니 어떻게든 돌아가게 만들어야 했다. 다행히 남동생과 친구들이 장비 제작자의 도움을 받아 용케 공사를 끝낼수 있었고, 마침내 일이 진척되는 듯했다. 데보라가 평소처럼 오전 5시 30분에 출근해 문을 열고 공장이 물바다가 된 것을 발견하기 전까지는 말이다. 알고 보니 송수관이 터진 상황이었고, 데보라는 옴짝달싹 못한 채 그냥 그 자리에 얼어붙었다.

그녀는 오렌지색 대걸레 통을 물난리가 난 공장의 한복판에 뒤집어 놓고 털썩 앉았다. 패배감이 밀려왔다. 그녀는 이렇게 혼잣말을 했다. '더 이상 나빠질 게 남았나? 난 물난리가 난 현장에 있어. 일을 처리하기 위해 노력하고 있었지. 한 번에 하나씩 차례로. 다시 일어나려고 여기에 왔는데 송수관이랑 건물주가…' 데보라는 절망에 빠졌다.

그녀는 울어 보려고 애썼다. 애쓰고 또 애썼다. 그런데 눈물이한 방울도 나지 않았다. 그녀 인생에서 최악의 난장판 한가운데 있는데 눈물 한 방울 흘릴 수가 없다는 사실이 갑자기 우스꽝스럽게 느껴졌다. 그녀는 대걸레 통에 앉아서 배가 아프고 숨을 쉴 수 없을 때까지 웃었다. 웃음을 참지 못한 상태로 남편에게 전화를 걸어서는 이렇게 말했다. "여보, 믿기지 않을 거야. 여기가 다 물에 잠겨거든. 송수관이 터졌어!"

남편은 "여보, 근데 왜 웃고 있는 거야?"라고 물었다. 데보라는 "재미있잖아!"

불과 몇 분 만에 데보라의 감정은 충격과 부정, 자포자기, 절망, 좌절에서 놀람과 기쁨, 자유로움으로 변했다. 수년 동안 그렇게 열심히 일했는데, 할 수 있는 일이라고는 자기 처지가 너무 우스워서 웃는 것뿐이었다. 온갖 감정이 한꺼번에, 사실 숨을 쉴 때마다 쏟아져 나왔다. 데보라는 감정들이 차고 넘치도록 내버려 두었다. 패배감과 좌절감에 빠져 모든 걸 당장이라도 그만둘 수 있었지만, 그녀는 감정이란 밀려왔다가 밀려간다는 사실과 이로운 방향으로 감정과 협력하는 법을 알고 있었다. 그녀는 대걸레 통에서 일어나 새롭게 용기를 내고 다시 일하기 시작했다.

공장이 완공되었을 때 데보라는 계산대 직원, 드라이클리닝 기계공, 수거배달 서비스 전담 운전기사를 고용했다. 그녀는 몇 년 동안 사업체를 성공적으로 운영한 뒤 매각했고, 대학에 진학해 패션디자인을 공부했다. 현재 그녀는 자신의 이름을 딴 고급 패션 브랜드를 창립하고 디자이너로 일한다.

모든 사람이 사업체가 물에 잠기는 경험을 할 리는 없겠지만, 이따금 힘겨운 감정 때문에 괴로웠던 때는 분명 있을 것이다. 외모 문제 때문에 불안해하거나 열등감을 가질 수 있다. 가정불화로 분노하거나 좌절할 수 있다. 친구 사이에 문제가 있어서 고립되고 쓸모없는 존재라고 느낄 수 있다. 만성질환 탓에 지치고 겁이 날 수 있다. 삶이 고될 수 있다. 하지만 1장과 2장에서 생각을 관리했 듯이, 감정을 관리하는 방법을 배우지 않으면 내 삶의 주인이 되 지 못할 것이다.

부정적인 감정에 사로잡혀 무력감을 느꼈던 때를 떠올려 보자. 아마 분노, 질투, 분개, 좌절, 두려움, 불안을 느꼈을 것이다. 어쩌 면 이 책을 읽는 지금이 그런 상황일 수 있다. 그런 감정에서 자유 롭다는 것은 어떤 의미일까? 감정과 협력하는 법을 배워서 내 감 정을 통제한다고 느낄 수 있다면 어떨까? 생각은 지나가는 구름이 고 감정은 번개와 천둥을 동반한 폭풍이라고 생각해 보자. 하늘은 구름이나 폭풍에 매달리지 않는다. 그저 왔다가 가도록 내버려 둔 다. 이 장에서 나눌 이야기가 바로 그것이다.

우리는 왜 감정을 가지고 있는가

학자 대부분은 감정이 우리가 생존하고, 번식하고, 먹을 것을 찾 고, 안전을 확보하기에 유리하도록 진화했다고 믿는다. 감정은 우 리가 세상과 상호작용하는 방식에 영향을 미친다. 대체로 '부정적' 이라고 분류하는 감정은 우리에게 경보를 발령하고 위협이나 도 전에 대응하거나 아니면 도피하도록 돕는다. 슬픔은 친구가 필요 하니 주변 사람들을 돌보라는 사실을 전하는 반면에, 분노는 누군 가 경계선을 넘었으니 대처해야 한다는 신호일 수 있다. 이 같은 감정은 초점을 좁혀 당면 과제에 대처하도록 이끄는 효과가 있다. 긍정적이라고 분류하는 감정들은 인식 범위를 넓히고 기회와 가능성을 드러낸다. 집중력과 기억력을 높이고 새로운 아이디어를 고려하며 배우도록 돕는다.

하지만 중요한 포인트가 있다. 감정은 생각하는 방향에 따라 긍정적이거나 부정적이라고 분류된다. 여기에는 그만한 이유가 있다. 생각과 마찬가지로 감정은 이해하기 어렵고, 이 모든 과정은 각기 다른 뇌 영역의 통제를 받는다(이를테면 편도체는 감정을 분류해 전전두피질로 보내고 전전두피질은 이를 적절하게 처리한다).

학자들은 즐거움, 슬픔, 분노, 두려움, 혐오를 포함해 최소한 다섯 범주의 감정을 확인했다. 우리는 이것들을 '유쾌하다'나 '불쾌하다'라고 분류할 수 있지만 사실 목적은 똑같다.

- ○ 즐거움이란 익숙하거나 새로운 경험에서 비롯되는 좋은 느낌을 뜻한다.
- ○ 분노는 방해를 받거나 부당한 대우를 받는다고 느낄 때 맹렬히 일어나는 불길이다.
- ○ 두려움은 안전에 대한 위협을 예상하게 한다.
- ○ 혐오는 우리가 옳다고 느끼는 것이 무엇인지 알려 준다.
- ○ 슬픔은 상실에 대한 반응으로 일어난다. 슬프다고 느낄 때 우리는 속도를 늦추고 위로가 필요하다는 사실을 다른 사람에게 알릴 수 있다.

감정적인 반응은 첫째, 감정을 인식하는 방식과 둘째, 몸이 감정을 경험하는 방식, 그리고 셋째, 감정에 반응하는 방식 등 세 부분으로 구성된다. 어떤 감정을 느낄 때 우리는 행동방식을 선택해야 한다. 아래 4단계 과정을 이용해 감정을 살피고 이해하는 법을 배워 보자. 스스로에게 다음과 같이 물어라.

- 1단계: 어떤 느낌이 드는가?
- 2단계: 이 느낌은 내게 무엇을 전달하는가?
- 3단계: 이 느낌이 나를 돕고 있는가?
- 4단계: 어떻게 이 감정에 대처하고 앞으로 나아갈 수 있는가?

1단계 : 어떤 느낌이 드는가?

사람들은 대부분 감정을 확인하거나 이해할 때 애를 먹는다. 작가 겸 사회사업과 연구교수인 브레네 브라운은《마음의 지도》에서 감정을 표현하는 일반적인 방식을 설명한다. "인간의 방대한 감정과 경험이 '화가 난다', '슬프다', '행복하다'로만 표현된다면 그것은 어떤 의미일까? 수치, 실망, 경탄, 경외, 혐오, 당혹, 절망, 만족, 권태, 불안, 스트레스, 사랑, 압도, 경악, 그리고 인간에게 특정한 의미가 있는 다른 모든 감정과 경험은 어떤가? 어떤 경험에 이름을 붙인다고 해서 그 경험에 더 큰 힘이 생기는 것은 아니지만, 이름을 붙이면 우리에게 이해와 의미의 힘이 생긴다."

즉, 감정을 묘사할 방법을 배우면 회복 탄력성과 자기인식을 키울 수 있다. 지금 일어나고 있는 감정이 무엇인지 규정할 수 없다면 어떻게 해결책을 모색하겠는가?

강렬한 느낌이 일어나면 잠시 시간을 가지고 그 경험을 글로 적어 보는 것도 좋다. 지금 경험하는 감정은 한 가지인가 아니면 여러 가지인가? 감정과 그것이 내게 미치는 영향을 묘사할 수 있는가? 이때 감정을 판단하거나 바로잡으려고 애쓰지 않도록 한다.

감정이 너무 압도적이라고 느껴져서 글로 쓰고 싶지 않다면 그냥 관찰하려고 노력하는 것으로 충분하다. 데일 카네기 연구소의 프레젠테이션 강좌에서는 수강생들이 다른 사람들 앞에서 개별적으로 프레젠테이션을 해야 한다. 프레젠테이션을 끝내면 곧바로 검토실로 들어가 우리가 녹화한 프레젠테이션 영상을 시청하는데, 이때 단서가 붙는다. 트레이너는 수강생에게 영상 속의 인물을 전혀 모르는 제3자인 양 지켜보라고 말한다. 그러면 당신은 속으로 이렇게 묻게 된다. 이 사람은 뭘 잘하고 있는가? 못하고 있는 건 무엇인가? 말하는 동안 이 사람은 무엇을 느끼고 있는가? 그들의 표정이나 보디랭귀지는 무엇을 전달하고 있는가? 잠시나마 나를 객관적으로 바라보면 내가 전달하는 신호를 관찰하고 내적 경험을 묘사할 수 있다. 예를 들어 '나는 슬프다' 대신에 '내가 슬프다고 느낀다는 것이 눈에 보인다'라고 묘사할 수 있게 된다. 나는 감정과 별개의 존재이며 그 감정과 나를 동일시할 필요가 없다.

내 감정을 이해하는 또 다른 유용한 방법은 심리치료다. 20년 전에 비해 오늘날 심리치료에 대한 이해도가 높아졌다는 점은 반가운 일이다. 이따금 우리는 심리치료를 심각한 트라우마에 대처하는 마지막 수단으로 여기지만, 심리치료는 '필요성'과는 별개로 삶의 모든 시기에 누구에게나 쓸모가 있다. 전문 카운슬러와 상담하면 힘든 감정을 풀어놓을 수 있는 집중도 높은 시간과 공간이 생긴다.

2단계 : 이 느낌은 내게 무엇을 전달하는가?

힘든 감정에도 배울 점이 있다. 그러니 감정이 사라지기를 바라기보다는 이해하려고 노력해야 한다. 홀로코스트 생존자이자 외상 후 스트레스 장애 전문 심리학자인 에디트 에거는 다음과 같이 말했다. "감정을 억누르면 그것에서 벗어나기가 더 어려워질 뿐이다. 우울증depression의 반대말은 표현expression이다." 일단 어떤 느낌을 인정하면 적절히 대처할 수 있다. 내 잠재력을 마음껏 발휘하지 못하는 삶이 슬프다고 느낄 수 있고, 내 가치관을 지키지 못해서 분노를 느낄 수 있다. 원인이 무엇이건 간에 느낌은 중립적이고 일시적이라는 사실을 잊지 마라. 바꾸어 말하면 단순히 무언가를 느끼는 것은 잘못되거나 나쁜 것이 아니며 그런 느낌이 평생 지속되는 것도 아니다.

우리가 수강생들에게서 자주 듣는 얘기는 감정을 '바로잡고 싶다'는 소망이다. 슬플 때면 그들은 슬프다는 느낌을 중단시켜야 한다고 생각한다. 분노, 질투, 공포, 좌절, 죄의식 등도 마찬가지다. 긍정적인 감정이라면 머물러도 좋지만 고통스러운 감정은 밀어내야 한다고 생각한다. 감정의 크기가 클수록 그것을 직면하기보다는 무시하거나 억누르는 편이 더 쉽게 느껴지기도 한다. 하지만 느낌에는 메시지가 담겨 있다. 이 장의 앞부분에 살펴보았듯이 두려움이나 외로움 같은 힘든 감정은 대개 변화가 필요하다는 암시다. 실제로 감정을 마주하고 인내심을 발휘해서 그 느낌의 밑바닥에 닿을 때까지 계속 '왜?'라고 질문하다 보면 그것에 담긴 메시지를 발견할 수 있다.

이 장의 핵심은 감정을 '바로잡는' 것이 아니라 감정과 협력하는 것이다. 이를 위해 가장 좋은 방법은 느낌에 이름을 붙인 다음 그것이 어떤 메시지를 전달하는 것처럼 보이는지 글로 적는 것이다. 왜 그런 느낌이 들까? 이런 감정은 나로 하여금 무엇을 하고 싶도록 혹은 하고 싶지 않도록 만드는 걸까?

내게 일기는 내 감정을 정의하고 이해하고 객관적으로 살펴보는 중요한 과정이었다. 때때로 우리는 처음에 어떤 감정을 (이를테면 '걱정스럽다'처럼) 피상적으로 정의하지만, 깊이 들여다보고 글로 적으면 그것이 전부가 아님을 발견한다.

일기를 쓰면 내가 느끼는 감정에 대한 더 중대한 질문('왜')에

도달할 수 있다. '왜'에 도달하려면 솔직한 자아성찰이 필요하다. 스스로에게 묻고 그 답변을 깊이 들여다보는 형태의 내적 대화를 해야 한다. 아무것도 숨길 필요가 없다. 일기를 쓰면 몇 주, 몇 달, 몇 년 후에도 예전의 느낌과 생각을 되돌아보고 내가 어떻게 성장해서 변화했는지를 균형 잡힌 시각으로 확인할 수 있다. 그러면 상황이 더 선명하게 보인다.

3단계 : 이 느낌이 내게 이로운가?

'이 느낌이 내게 도움이 되는가?'라고 자문할 때는 반드시 유연성을 발휘해야 한다. 남아프리카공화국의 심리학자이자 《감정이라는 무기》의 작가인 수전 데이비드 박사에 따르면, (이를테면 감정을 '좋다', '나쁘다'라고 묘사하거나 그런 식으로 느끼지 말아야 한다고 되뇌는 것처럼) 자신의 감정에 경직된 반응을 보이는 성향은 이롭지 않다. 비록 긍정적인 것이라 해도 어떤 감정에 매이게 되면 상황에서 벗어나지 못한다. 내게 긍정적이고 낙관적인 감정만 허용한다면 내 두려움이나 슬픔, 분노에 귀를 기울일 수 없기 때문에 해로운 관계나 업무 환경에 계속 머물 수 있다.

우린 누구나 항상 행복하기를 원하지만, 지속적인 행복은 가능하지 않거니와 건강에도 좋지 않다. 뿐만 아니라 우울이나 불안을 경험한 적이 있는 사람이라면 이따금 우리가 그런 감정 상태에 머무는 이유를 알고 있다. 그것이 익숙한 감정이고 다른 감정을 느끼는 법을 거의 잊었기 때문이다. 무엇이든 느껴도 괜찮다. 그리고 그 느낌을 흘려보내도 괜찮다. 데이비드 박사는 다음과 같이 말한다. "현재 연구 결과에 따르면 (혼란스럽고 힘든 감정까지 포함해) 내 감정을 모두 온전히 받아들이는 것이 회복 탄력성과 성장, 진정한 행복의 초석이 된다."

어떤 감정이 내게 이로운지 살필 때 삶에 어떤 일이 일어나는지 지켜보라. 원치 않는 일을 상사가 맡겨서 답답하거나 화가 난다고 느낀다면 그런 감정에 매달려 봐야 득이 될 것이 없음을 인정하라. 사랑하는 사람을 잃고 슬픔을 경험하는 중이라면 이 감정을 더는 느끼고 싶지 않겠지만, 슬픔에서 회복하는 데는 시간이 필요하다.

스스로에게 이렇게 물어라. '이 느낌은 내가 원하는 사람이 되도록 돕고 있는가?'

4단계 : 어떻게 이 감정에 대처하고
앞으로 나아갈 수 있을까?

일상적인 감정 경험은 단순하기에 회복할 방법을 쉽게 찾을 수 있다. 하지만 무게감이 더 큰 감정이라면 감정에 갇혀 버릴 수 있으니 벗어날 방법을 찾아야 한다. '어떻게 이 감정에 대처하고 앞으로 나아갈 수 있을까?'라고 스스로에게 물어야만 확실한 해답을 찾아 다음 단계로 넘어갈 수 있다. 내가 원하는 결과에 초점을 맞춘다고 해서 감정을 버린다는 의미는 아니다. 끈질기거나 힘든 감정이라면 더더욱 그렇다. 목표는 내게 이롭지 않은 감정적인 공간에 머물지 않는 것이다. 감정의 여정을 자동차 여행이라고 생각하자. 어떤 지점은 빠른 속도로 지나가고, 다른 지점에서는 정처 없이 돌아다닐 것이다. 즉 어떤 감정 상태에서 다른 감정 상태로 움직일 것이다. 이때 길을 잃고 낯선 곳에 이를 수도 있으나 그렇다 해도 운전자는 여전히 나다. 감정은 본질적으로 일시적이다. 감정의 이정표들 사이를 하염없이 옮겨 다닐 필요가 없다. 생각을 재구성할 수 있듯이 감정 역시 재구성할 수 있다.

가령 발표를 준비하는 중인데 사람들 앞에 서는 일이 긴장된다고 해 보자. 발표를 시작하기 직전에 심장 박동이 빨라진다고 느낀다. 여느 사람처럼 이런 느낌을 두려움이나 무대 공포증이라고 묘사한다 해도 틀린 말은 아닐 것이다. 하지만 빨라지는 심장 박동을 도전할 준비가 되었다는 신호라고 해석할 수 있다. 긴장된 에너지가 사실은 확고한 의지라고 스스로 되뇐다면 자신감을 얻고 앞으로 나아갈 수 있다.

감정에서 벗어나 새 출발을 할 준비가 되었다면 90초 동안 멈추어 보라. 하버드대학교 뇌 과학자 질 볼트 테일러는 다음과 같은 글을 남겼다. "어떤 사람이 환경 속에서 무언가에 반응할 때, 몸에서는 90초 동안 화학적인 과정이 일어난다. 그 시간이 지난 다음에 남은 감정적 반응은 감정의 고리에 머물기로 한 그 사람의 선택이다. 이는 90초 동안 감정이 일어나는 것을 지켜보고, 느끼고, 사라지는 것을 목격할 수 있다는 뜻이다."

그러니 환경을 바꾸어 보자. 친구와 대화를 나누거나 산책을 나서거나 일기를 쓰거나 가장 즐기는 취미활동을 하거나 혹은 운동을 하는 것도 좋다. 감정에서 떠날 준비를 마치고 마침내 벗어나는 것이다.

데일 카네기 원칙 훈련법

감정과 협력하겠다고 결심했다면 전투에서 이미 절반은 승리한 것이다. 감정을 온전히 경험하기보다 무시하거나 억누르라고 부추기는 세상에서는 감정을 인정하는 일마저도 일종의 성취다. 나도 모르게 감정을 밀어내고 있다면 감정과 협력하겠다고 선택해야 한다. 그러면 어떤 상황이든지 마주할 수 있는 내면의 힘이 커진다.

원칙

내 감정과 친해져라.

행동 단계

O 감정과 협력한다.

: 나를 압도하거나 구속하는 부정적인 감정에 대해 생각해 보자. 그 감정에서 벗어난다는 것은 어떤 의미일까? 그것이 내 삶에 어떤 영향을 미칠까?

O 감정에 반응하는 과정을 이용한다.

: 앞으로 분노, 슬픔, 좌절, 혹은 질투 같은 강렬한 감정이 느껴질 때마다, 다음 네 가지 질문을 찬찬히 생각해 본다.

· 어떤 느낌이 드는가?

· 이 느낌은 내게 무엇을 전달하는가?

· 이 느낌이 내게 이로운가?

· 어떻게 이 감정에 대처하고 앞으로 나아갈 수 있는가?

○ 감정이 치솟는 순간 멈춰서 관찰한다.

: 대화나 힘겨운 경험이 한창 진행될 때 어떤 뚜렷한 감정을 느낀다면, 90초 동안 멈춰서 내 감정을 돌아본다.

○ 내 상태를 바꾼다.

: 감정을 곱씹는 대신 환경을 바꾸자. 친구와 대화를 나누거나, 산책에 나서거나, 취미 활동을 하거나, 운동을 하는 등 다양한 방법이 있을 수 있다.

chapter
4

자신감

행동으로 옮길 때만
얻을 수 있는 것

거의 모든 수습 조종사는
첫 단독 비행이 끝나면 실력이 일취월장한다.
사실 창공에 홀로 날던 그 10분 동안
새로 배운 것은 없겠지만
그는 참으로 중요한 무언가를 얻었다.
바로 자신감이다. 자신감의 비결은
성공의 기록을 얻기까지 두려워했던 일을
실제로 해 봤다는 데 있다.

데일 카네기

○—○

때는 2014년 3월. 나는 미시건주 로열 오크에 있는 마크 리들리의 '코미디 캐슬' 무대 뒷문 옆에 서 있었다. 사회자가 나를 호명하고, 문이 열리고, 내가 무대로 걸어 올라가 스탠딩 코미디 무대에 데뷔할 시간이 10분도 채 남지 않았다. 유일한 문제는 내가 얼어버렸다는 사실이었다. 불안감 때문에 가슴이 두근거리고 속이 울렁거려서 근처의 비상구가 눈에 띄었을 때 도망치고 싶다는 생각밖에 나지 않았다. 아직 늦지 않았으니 도망칠 수도 있을 것 같았다. 수년 동안 강연 무대에는 수없이 섰지만 술을 마시며 내가 웃겨 주기를 기대하는 200명의 관객 앞에 선다는 것은 완전히 다른 일이었다. 머릿속에 떠오르는 것은 오로지 실패뿐이었다. 완전한 무반응과 멍한 시선, 형편없는 내게 보내는 야유, 나를 향해 던지는 맥주병 등이 자꾸만 연상됐다. 부담감이 어마어마했다.

내게 스탠딩 코미디 강좌에 등록하라고 권한 사람은 우리 아버지였다. 아버지는 70대에 스탠딩 코미디 무대에 섰는데 무척 신났다고 하면서, 그것이 내 사업에도 이로울 것이라고 덧붙였다. 당시 세일즈를 많이 다니던 내게 아버지는 이렇게 말했다. "사람이면 누구나 웃겨 주는 사람을 좋아하는 법이야. 더 호감 가는 사람이 되렴. 그러면 판매 실적이 올라갈 거야!" 그 무렵 나는 내 삶에 어느 정도 만족하고 있었다. 그런데 불현듯 안전지대를 벗어나 보자는 도전의식이 생겼다. 고민 끝에 스탠딩 코미디 아니면 스카이다이빙을 도전 과제로 삼기로 결심했다. 그때 스카이다이빙을 선택했다면 얼마나 좋았을까.

그 순간 건물을 가득 채우는 사회자의 쩌렁쩌렁한 목소리가 들렸다. "우리의 다음 코미디언을 위해 기도해 주십시오. 조 하트입니다!" 나는 문을 열고 걸어 나가서 마이크를 잡고 6분짜리 코미디를 시작했다. 대부분 우리 가족 이야기였다. "전 아이가 여섯입니다. 네 딸은 열다섯 살, 열네 살, 열두 살, 열 살이고 쌍둥이 아들은 둘 다 여덟 살이죠…." 알고 있다. 진부하기 짝이 없는 서두였다. 그런데 정말 감사하게도 몇 사람이 낄낄거렸다. 내 마음이 더 편안해지자 더 재미있는 이야기와 더 큰 웃음소리가 이어졌다. 그간 두려워했던 일은 일어나지 않았다. 사실 정반대였다. 정말 재미있었다. 그리고 신났다. 아드레날린과 자신감이 마구 샘솟았다.

결과가 항상 좋지는 않았으나 그날 밤 이후 스탠딩 코미디 경험이 쌓일수록 자신감이 커졌다. 완전히 망친 날도 있었다. 같은 날 두 번의 무대에서 정확히 똑같은 이야기를 똑같은 방식으로 전달해도 어떤 때는 관객이 웃고 어떤 때는 맥 빠지게 침묵했다. 야유를 받은 적도 두 번이었다. 한 번은 내게 할애된 시간을 넘기는 바람에 무대에서 끌려 내려왔다. 그래도 최악의 상황조차 내가 상상한 만큼 나쁘지 않았다. 시간이 흐를수록 실력이 늘었다. 더 능숙하게 관객의 마음을 읽고 그들과 교류했다. 대본대로 읽는 경우는 점점 적어졌다. 더 자연스러워졌고 몰입도도 높아졌다. 웃음소리가 길어지면 이야기의 속도를 조절했다. 편안한 관객보다 까다로운 관객이 내 실력을 더 키워 주었고, '실패한' 공연 덕분에 '성공한' 공연이 많아졌다. 이 모든 경험을 통해 내 안전지대가 넓어졌고 덕분에 얻은 자신감은 삶의 다른 측면까지 이어졌다.

삶의 주인이 되려면 먼저 나의 주인이 되어야 한다. 그러려면 자신감이 필요하다. 오만함이 아니라 진짜, 진정한, 꾸밈없는 자신감 말이다. 이는 역경을 헤쳐 나갈 추진력을 일으키는 로켓 연료와 같다. 건강한 방식으로 다른 사람과 교류하고 위험을 감수하며 기회를 잡을 수 있다. 자신감은 풍요로운 삶에서 가장 중요한 요소로 손꼽힌다. 이와 상반되는 삶(두려움과 의심, 불안과 걱정으로 가득한 삶)은 나를 파괴할 수 있다.

그렇다면 어떻게 자신감을 키울 수 있을까? 지금 내 모습에서 원하는 모습으로 변하기 위해 무엇을 해야 할까? 무엇보다 필요한 것이 두 가지 있다. 바로 자기효능감과 자기가치감이다.

─◦── 할 수 있다는 느낌, 자기효능감 ──◦─

자기효능감이란 무언가를 할 수 있다는 신뢰감이다. 이는 스스로 세운 목표를 성취할 능력과 직결된다. 자기효능감이 높은 사람은 어려움을 위협이 아니라 도전으로 여긴다. 자신의 능력에 대한 믿음이 있고 어떤 일이든 간에 성취할 것이라는 자신에 대한 신뢰가 있기 때문이다. 설령 목표를 달성하지 못했다 해도 더 성장하고 향상될 것이라고 생각한다.

자신을 의심하는 사람이 너무 어려워 보이는 작업을 피하고 실패와 부정적인 결과를 곱씹는 반면, 자신의 능력을 긍정적으로 인식하는 사람은 도전을 완수해야 할 작업으로 생각하고 관심사에 더욱 전념하며 실망스러운 경험에서 재빨리 회복할 수 있다. 그렇다면 어떻게 해야 자기효능감을 기를 수 있을까? 지금은 부족하다고 느껴져도 모험을 계속할 때, 소소한 성공을 자축할 때, 그리고 영감을 주는 주변 사람들의 행동을 모방할 때 자기효능감이 커진다.

우리에겐 모험이 필요하다

스탠딩 코미디 무대에 오르는 것이 내게는 모험이었고 관객들의 웃음을 통해 할 수 있다는 믿음이 생겼다. 이때 중요한 것은 하고 싶지 않은 일(두려운 일)이 자신감을 키워 준다는 점이다. 스스로 할 수 없다고 생각하는 무언가를 실행할 때 자신감의 근육이 커지기 때문이다.

그러므로 어떤 것이 나에게 모험인지를 파악해야 한다. 나는 마라톤 훈련이나 스탠딩 코미디가 모험처럼 느껴졌다. 하지만 다른 사람에게는 그렇지 않을 수 있다. 가정교육이나 능력, 과거 경험이나 체질에 따라 사람들이 생각하는 모험은 다르기 마련이다. 어린아이에게는 놀이터에서 미끄럼틀을 타는 것이 대단한 모험이지만 좀 더 큰 아이는 주저 없이 미끄럼틀을 타고 내려간다. 자발적인 행동을 두려워하는 사람이 있는가 하면 체계를 두려워하는 사람도 있다. 노련한 암벽 등반가는 절벽을 오를 때 모험이라고 여기지 않겠지만 나라면 대체 무슨 일에 뛰어든 거냐고 자책하며 발도 못 뗀 채 서 있을 것이다. 그리고 한 가지 더, 어떤 일을 모험이라고 생각하든 상관없이, 자기효능감과 자신감을 키우려면 결과를 확신할 수 없을 때라도 행동해야 한다.

때로는 자신감을 기르는 일이 개인의 발전을 위해 가족의 믿음을 저버리는 일처럼 보일 때도 있다. 타라 웨스트오버는 아이다호주의 산촌에서 자랐다. 생존주의자[응급치료와 자기방어 기술을 훈련하고 식품과 식수를 비축해 유사시 자급자족할 수 있는 생활방식을 신봉하는 사람들-옮긴이]였던 그녀의 부모님은 자기들 삶에 정부가 개입하는 것을 병적으로 싫어했고 이것이 타라의 양육 방식에 지대한 영향을 미쳤다. 타라와 형제자매들에게는 학교에 다니거나 출생 신고를 하거나 의료 서비스를 받는 것이 허용되지 않았다. 부모의 뜻을 거스르면 어김없이 언어적, 신체적 학대를 받았고 부모의 규칙에 어긋나는 모든 시도는 엄중한 결과가 따르는 중대한 모험처럼 느껴졌다. 타라는 자신의 베스트셀러 《배움의 발견》에서 다음과 같이 썼다. "내 삶은 다른 사람들에 의해 서술되었다. 그들의 목소리는 강하고 단호하고 절대적이었다. 내가 그들만큼 강한 목소리를 낼 수 있다는 생각은 한 번도 해 보지 못했다."

타라의 아버지는 여자란 모름지기 결혼해서 아이를 키우는 것을 삶의 목표로 삼아야 한다고 믿었다. 그는 딸에게 몸매가 드러나지 않도록 헐렁한 옷을 지어 입혔고 공부 대신에 그의 고철 공장에서 일을 시켰다. 그녀는 지하실에서 오래된 교과서 몇 권을 가지고 남몰래 읽기와 산수를 간신히 독학했으며, 마침내 ACT[대학 입학 학력고사]를 치를 수준에 이르렀다. 타라는 대학에 입학하게 되면 평생 집을 떠나야 할 수도 있다는 걸 알았다. 어렵고도 겁나는 일이었다. 그녀는 다음과 같이 썼다. "내가 익히고 있던 기술은 중대한 것이었다. 그건 아직 이해가 되지 않는 것을 읽는 인내심이었다."

그녀는 브리검영대학교의 장학금을 받을 수 있었고, 가족의 신조를 거스르며 고향집에서 탈출했다. 케임브리지대학교에서도 장학생으로 역사학 박사학위를 취득했다. 모험을 거듭할 때마다 타라의 자기효능감은 점점 커졌다. 가족은 그녀를 믿지 않았지만 그녀는 자신의 능력을 믿었고, 상황을 변화시키기 위한 작은 발걸음을 내디뎠다.

작가 키이스 페라지를 내 팟캐스트에 초대했을 때, 우리는 두려움과 자신감의 상관관계에 대해 이야기를 나누었다. 그는 이렇게 말했다. "어떤 불안과 두려움이든지 연습하면 극복할 수 있어요. 실제로 '효과적으로 예측하는 죽음 현저성effective forecasting mortality salience[사람들이 죽음에 관한 이미지에 노출되었을 때에 훨씬 더 극단적인 판단을 내리게 되는 현상-옮긴이]'이라는 심리학 용어가 있는데, 그건 '나는 저 일을 할 수 없을 거야. 내가 죽을 수도 있어'라는 뜻을 근사하게 표현한 겁니다. 그런데 일단 무언가 시도하다 보면, 죽지 않는다는 걸 알게 되죠."

소소한 성공을 거두고 자축할 것

모험하는 연습을 시작한 다음에는 몇 번 정도 소소한 성공을 이뤄야 한다. 자신에 대한 믿음을 흔들어 놓는 버거운 도전을 앞두고 있다면 코끼리를 먹어 치우는 방법을 떠올려 보자. 즉 한 번에 한 입씩 먹는 것이다. 한 입 베어 물 때마다 할 수 있다는 느낌이 점점 커질 것이다. 예를 들어 새로운 기술을 익히고자 고군분투하는 중이라면 각 단계를 좀 더 쉽게 성취할 수 있는 분량으로 쪼갤 수 있다. 새로운 언어를 배울 때도 마찬가지다. 유창하게 구사하려면 오랜 시간(이따금 몇 년)이 걸리니 버거운 목표처럼 보일 수 있다. 그러나 이를 몇 주 동안 성취할 수 있는 목표로 쪼개어 우선 그 언어에서 가장 많이 쓰이는 200개 단어를 익히겠다고 마음먹으면 성취할 가능성이 한결 높아질 것이다. 이처럼 두렵거나 힘든 일을 작은 목표로 쪼개면 접근하기가 한층 쉬워진다.

목표를 성취한 다음에는 성공을 인정하고 자축해야 한다. 어려운 일을 완수하거나 가능하리라고 여기지 않았던 무언가에 성공했을 때를 돌아보라. 그때 기분이 어땠는가? 대개는 성공의 순간을 적당히 넘기고 다른 목표로 넘어간다. 하지만 의미 있는 방식으로 소소한 성공을 자축할 시간을 가져야 한다. 이를테면 친구들과 특별한 외식을 즐길 수 있다. 아니면 하루 휴가를 내서 본인이 좋아하는 일을 할 수 있다.

아울러 그 소소한 성공을 거둔 과정을 살펴보자. 어떻게 성공에 이르렀는가? 실제 활동보다는 성공에 다가간 방식, 스스로 성공으로 이끌었던 방식에 초점을 맞추어야 한다. 성공에 이른 방식을 돌아보고 명확히 파악하면 성공을 재현하는 데 도움이 된다.

나의 역할 모델을 누구인가

자신 있게 행동하는 다른 사람을 보면서 나도 할 수 있다는 믿음을 강화할 수 있다. 이때 영향력을 높이는 한 가지 방법으로, 나와 비슷한 누군가를 모델로 삼을 수 있다. 경험이 비슷한 모델일수록 자신감이 커질 가능성이 높다. 뿐만 아니라 내가 존경하는 사람, 특히 나를 알고 사랑하는 사람의 지원을 받는 방법도 효과적이다. 왜 내가 그 일을 해낼 수 있다고 믿는지 사람들에게 물어볼수도 있다. 마지막으로, 정적 강화positive reinforcement를 반드시 이용하라. 1장에서 만든 확언을 기억하는가? 확언은 내가 목표로 삼은 어려운 일을 수행할 능력이 충분하다는 사실을 일깨워 준다.

충분히 소중하다는 느낌, 자기가치감

자신감을 키우는 또 다른 방법으로 자기가치감에 초점을 맞출 수 있다. 자기효능감과 자기가치감은 같아 보이지만 중요한 차이점이 있다. 자기효능감은 행동하고 성취할 수 있다는 내 능력에 대한 믿음인 반면에, 자기가치감은 내가 사랑받을 만큼 충분히 훌륭하고 소중하다는 느낌이다. 자기효능감의 핵심은 '무엇을 할 수 있느

냐'이고 자기가치감의 핵심은 '어떤 사람이냐'다. 흔히 자기가치감을 자신감이나 자존감과 혼동하지만, 후자는 대개 성공과 실패 같은 외부 요소에 따라 달라진다. 이와 달리 자기가치감은 오로지 내면에서 나온다. 사전적 정의에 따르면 자기가치감은 '내가 존경을 받을 가치가 있는 훌륭한 사람이라는 느낌'이다.

어린 시절에 받은 대우나 고통스럽고 실망스러운 사건, 혹은 성격적 특성(완벽주의, 사회적 불안, 남의 비위를 맞추는 성격 등) 때문에 자기가치감이 낮을 수 있다. 근본 원인과는 상관없이 자기가치감이 낮다는 것은 단순하게 말해 내가 충분히 훌륭하지 않다고 믿는다는 뜻이다. 자신감이나 자기효능감은 새로운 도전을 경험하거나 새로운 역할을 맡을 때 변할 수 있는 반면에, 사람은 누구나 존경과 친절을 받을 만한 가치를 타고나기 때문에 자기가치감은 변함없이 안정적으로 지속될 수 있다. 이론적으로는 분명 그렇다.

우리는 자기가치감이 변함없기를 바라지만 부정적인 메시지가 차고 넘치는 세상에서 그대로 유지하기가 쉽지 않다. 소셜 미디어의 영향력이 어마어마하다 보니 내 게시물에 달린 혹독하거나 비판적인 댓글을 보고 곧바로 마음에 담아 두는(한 인간으로서 나를 판단하는 말로 받아들이는) 사람이 많다. 하지만 세상에는 비열한 인간이 수두룩하며, 인터넷으로 말미암아 서로 잔인하게 굴기가 더 쉬워졌다. 이런 사람들의 비난이나 평가를 고스란히 받아들일 필요는 없다.

안몰 로드리게스는 두 살 때 어머니와 함께 아버지에게 공격을 당했다. 아버지는 아내가 아들을 낳지 못했다고 화를 냈고, 분을 이기지 못한 채 두 사람에게 염산을 뿌렸다. 안몰의 어머니는 그 일로 목숨을 잃었으며 안몰의 얼굴과 몸에는 지워지지 않는 흉터가 남았다. 아버지는 체포되었고 안몰은 친가에서 버림을 받았다. 뭄바이에 있는 고아원에서 남은 유년기를 보낸 그녀는 친구를 사귀면서 안전하고 사랑받는다고 느꼈다.

어린 시절은 대체로 행복했으나 대학 시절에는 학생들이 수군대면서 어색한 표정으로 안몰을 쳐다보곤 했다. 안몰은 대학을 졸업한 후에 소프트웨어를 개발하는 일자리를 구했지만 두 달 만에 해고를 당했다. 이유가 무엇이었을까? 그녀는 단 한 가지 이유도 전달받지 못했다. 훗날 직장 동료들의 이야기를 통해 그녀의 얼굴 때문에 불편해하는 사람들이 있었다는 사실을 알게 됐을 뿐이다.

이런 일을 핑계로 삼아 세상에서 숨어 버린 사람도 많을 것이다. 하지만 이런 비열한 행동은 오히려 그녀에게 근본적인 내적 변화를 일으키는 계기가 되었다. 그녀는 편견의 희생자가 되고 싶지 않았다. 그녀의 자기가치감은 흔들림이 없었다. 자신이 처한 환경을 통제하고 싶었던 그녀는 2016년 소셜 미디어에 자신의 사연을 공유하기로 결심했다.

처음에 친구들은 사람들이 그녀를 위협하고 괴롭힐 것이라고 생각하며 신중하라고 일렀다. 그러자 그녀는 "난 소셜 미디어에 사진을 공유한 최초의 염산 공격 생존자가 될 거야"라고 대꾸했다.

안몰은 여과되거나 다듬어지지 않은 자기 모습을 보여 주고 싶어서 콘텐츠를 대체로 원본 그대로 게시한다. 게시물 때문에 비난을 받거나 부정적인 댓글이 달리는 경우도 종종 있지만, 그녀는 그곳이 가상 공간임을 항상 되새기면서 마음에 담아 두지 않는다. 현재 소셜 미디어 인플루언서인 안몰은 사하스 재단을 설립해 염산 공격의 생존자들을 지원한다. 세계를 누비며 패션쇼 무대에 서고, TEDx[비영리 기술, 오락, 디자인 강연회인 TED가 각 지역에서 개최하는 약 20분 정도의 독자적인 강연회-옮긴이]에서 강연을 하고, 단편영화에 출연한다. 이 영화로 2018년 캐스트트리 영화제에서 최우수상을 받았다. 그녀의 자기가치감은 댓글과 비난, 편견에 흔들리지 않는다. 어떤 것도 그녀의 근본적인 자아상을 바꾸지 못한다.

자기가치감의 특성은 섬세하고 내면적이다. 연구원들은 강한 자기가치감이 자신에 대한 공감에서 생긴다고 믿는다. 자기가치감의 밑바탕은 승진이나 임무 완수 같은 성취나 상황이 아니다. 자기가치감은 감정적 안정성과 밀접한 관계가 있다(그렇기 때문에 내 생각과 감정에 따라 일하는 것이 중요한 것이다!) 실패하거나 실수한다고 해서 흔들리지 않는다. 그리고 다른 사람과 나를 비교하거나 정상에 오르는 일에 좌우되지 않는다. 연습을 통해 자기가치감을 기르려면 아래 내용을 기억하자.

○ 스스로에게 친절히 대한다. 절친한 친구에게 말하듯이 혼잣말을 하고, 확언과 건강에 좋은 루틴을 반복하며 몸과 마

음을 계속 관리한다.

○   내면에서 인정을 구한다. 외부의 확인을 구하려고 해선 안
    된다. 외적인 성공을 통해 자기효능감을 키울 수 있다면 멋
    지겠지만 자기가치감은 오로지 내면에서 비롯된다.

○   정체성과 일을 분리한다. 일이나 신분, 사회적 지위에 자기
    가치감의 토대를 두는 사람이 많은데, 자기가치감의 핵심
    은 외적 성취가 아니라 내적 가치다.

○   다른 사람과 비교하지 않는다. 특히 온라인에서 쉽게 빠질
    수 있는 매우 해로운 함정 가운데 '비교 함정'이 있다. 남과
    비교하다 보면 부정적인 생각의 소용돌이에 빠져 삶의 목
    표에 집중하지 못할 수 있다. 온라인에서든 오프라인에서
    든 남과 나를 비교하는 것은 결코 건강에 이롭지 않다. 무슨
    일이 있어도 비교 함정을 피하라.

⟜ 나는 믿을 만한 사람, 자신감 ⟜

자기가치감과 자기효능감을 결합하면 자신을 믿어도 좋다는 느낌
이나 믿음, 즉 자신감이 커진다. 강한 자신감은 친구나 가족, 직장
동료에 대한 강한 믿음과 비슷하다. 그들을 본연의 자기가치가 있

는 존재로 생각하고 무엇을 하든 간에 내면의 선함을 보게 되는 것처럼, 자기긍정 능력을 갖춘 사람은 무슨 일이 일어나든 상관없이 언제나 내게 든든한 뒷배가 있다고 느낀다.

마케팅 전문가 포르샤 마운트는 중국 상하이에서 한 홍보 회사의 주재원으로 가게 됐는데, 초반에 극심한 가면증후군[유능하고 사회적으로 인정받는 사람이 자신의 능력에 대해 의심하며 언젠가 무능함이 밝혀지지 않을까 걱정하는 심리 상태를 가리키는 용어-옮긴이]에 시달려야 했다. 그녀는 자기 능력을 의심했고 자신이 주재원으로 일한다는 사실이 일종의 사기처럼 느껴졌다. 자기효능감과 자기가치감에 의심의 순간이 찾아온 것이다.

회사에서 근무하는 미국인은 그녀를 포함해 2명뿐이었다. 고객들은 대체로 만족했지만 정작 자신은 일을 잘하지 못할 뿐만 아니라 상하이 사업계의 빠른 속도를 따라가지 못한다고 생각했다. 포르샤는 그때의 심경에 대해 이렇게 말했다. "문화 충격에서 오는 압박감에다 그토록 오랫동안 노력해 온 일에서 실패할지 모른다는 걱정까지 더해졌던 것 같아요. 나는 지금의 나를 회복 중인 과잉성취자[기대나 표준 이상의 성공이나 성적을 거두려는 사람-옮긴이]라고 표현해요. 돌이켜 보면 성공해야 한다는 엄청난 부담감을 쓸데없이 스스로 짊어졌더라고요."

그런 어느 늦은 밤, 포르샤의 전화가 울렸다. CEO의 전화였다. 순간, '밤 10시에 왜 나한테 전화를 거는 거지?'라는 생각이 들었다. 전화를 받자 CEO는 "포르샤. 크리스예요. 그냥 당신이 어떻게 지내는지 궁금해서요. 잘하고 있다는 얘기는 들었지만, 혹시 도움이 필요하면 나한테 연락해도 좋다고 말해 주고 싶어서요."라고 말했다. 하지만 그런 얘기를 들었어도, 그녀의 머릿속에는 '대체 왜 CEO가 전화를 거는 거지? 나를 해고시키려고 스파이라도 심어놓은 건가?'라는 의심이 들었다. 이것이 바로 자기의심의 소행이다. 자기의심에 빠지면 객관적으로 볼 때 100퍼센트 자격이 있는데도 자신의 능력이나 자격을 돌아보게 된다. 다행히 포르샤는 처음의 의심에서 금세 벗어나 그의 말에서 힘을 얻었다. CEO는 그녀가 성공하기를 바랄 뿐만 아니라 그럴 능력이 충분하다고 믿었다. 그녀에게 필요한 건 그냥 머릿속의 두려움을 물리치고, 그녀가 모르는 부분을 받아들이고, 완벽주의를 버리는 일이었다.

하룻밤 사이에 자기의심이 말끔히 극복되지는 않았지만, 포르샤는 시간이 지나면서 중국 생활에 익숙해졌고 도움을 청하는 것도 불편하지 않게 되었다. 뉴욕에 있는 친구들로부터 격려를 받고 상하이의 새로운 동료들과의 관계에서 지지를 얻었다. 본인의 능력에 대한 믿음이 점차 커졌다. 고객과 긍정적인 경험을 쌓았고 혼잣말도 다정해졌다. '나를 너그럽게 대해야지. 난 말도 통하지 않는 낯선 도시에서 동떨어진 세계에 살고 있잖아. 새로운 업무 환경에서 내가 모든 해결책을 내놓을 거라고 기대한 사람은 전혀 없어.'

예전의 혼잣말은 달랐다. '난 사기꾼이야. 내가 입만 열면 모든 사람이 내가 사기꾼이라는 걸 곧바로 알아볼 거야.' 그녀는 혼잣말을 기분 좋은 내용으로 바꾸기로 마음먹었고, 자신감이 떨어져 힘들 때면 예전의 성과를 돌아보며 되새겼다. "가만히 앉아 링크드인의 내 프로필을 보면서 이렇게 혼잣말을 할 수 있죠. '가장 최근의 리뷰 3개를 보렴. 뭐가 보이니? 데이터가 말해 주잖아. 넌 있는 그대로의 너고, 여기 있을 자격이 있고, 유능하고…'라고 말이에요."

포르샤는 긍정적인 혼잣말을 이용해 자신감을 키웠다. 상황을 180도 바꾸기 위해 당장 할 수 있는 일은 바로 이것이다. 내가 사랑하고 존경하는 누군가에게 하지 못할 말이라면 본인에게도 하지 마라. 지금 당장 한 사람을 선택하라. 결코 심술 궂은 말을 건네지 않을 상대를 떠올려라. 그 사람이 실수를 저질러 내게 영향이 미친다면 어떤 말을 건네겠는가? 결코 "넌 멍청해"나 "넌 루저야"라고 말하지 않을 것이다. 그런데 자기에게는 거리낌 없이 이런 식으로 말하는 사람이 무척 많다. 가상의 그 상대에게 말하듯이 혼잣말을 하라. 십중팔구 이렇게 말할 것이다. "실수는 누구나 하는 거잖아요. 어떻게 하면 바로잡을 수 있을지 얘기해 봅시다." 부정적인 혼잣말을 바꾸면, 새로운 일을 시도하고 실수해도 무방한 환경을 스스로 창조할 수 있다.

자기의심이 고개를 들면 본인의 장점을 돌아보라. 예컨대 걱정스러운 과제가 있는데 그것을 완수할 만큼 정보가 충분치 않아서 두렵다면 아는 정보에 초점을 맞추어라. 중대한 도전을 앞두고 있다면 본인의 해결책이 효과를 발휘할 만한 이유를 떠올려 보라. 삶이 우울하다고 느낀다면 지금 당장 감사한 일 쪽으로 생각의 방향을 바꾸어라. 문제에 대한 해결책에 대해 생각하면 부정적인 생각에 매몰되기보다는 긍정적인 생각에 방점을 찍을 수 있다.

실제로 지식이나 경험의 격차에 대처해야 하는 상황이라고 판단된다면 신속하게 조치를 취할 수 있다. 앞서 2장에서 얘기한 것처럼, 마이클은 젊은 시절 지사장으로 재직할 때 가면증후군을 경험했다. 고작 스물다섯 살이었던 그는 지사장이라는 직책을 맡을 자격이 없다고 생각했으며 동료들에게 무능한 사람으로 비칠까 봐 걱정했다. 마이클은 이렇게 말했다. "그때는 어려서 아는 게 부족하다고 생각했어요. 그러다가 내가 선택의 갈림길에 섰다는 걸 깨달았죠. 스스로 형편없다고 계속 생각하거나 아니면 무언가 조치를 취하거나 둘 중에 하나더라고요. 난 '지식이 부족한 게 내 문제라면 최대한 많이 배우는 방법으로 바로잡을 수 있다'고 생각했어요. 그래서 영업사원들에게 고객과 상담할 때 내가 참석해도 되겠냐고 물었죠. 아무도 거절하지 않았어요. 우리 트레이너들이 담당하는 강좌에도 참석했어요. 고객 상담과 트레이닝 프로그램에 동석한 자리에서 영업사원과 트레이너에게 그게 왜 필요한 거냐고 꼬치꼬치 캐묻기도 했죠. 그들은 대단히 뛰어난 인재들이었고, 덕분에 나는 몇 년 동안 배워야 할 분량을 6개월로 압축할 수 있었어요. 배우면 배울수록 자신감이 커졌고 얼마 지나지 않아 내가 무슨 일을 하고 있는지 정확히 알게 되었죠. 나도 모르는 새에 가면증후군이 사라지더군요."

자신감은 자신과 자기만의 능력에 대한 믿음에서 나온다. 그렇기 때문에 비교가 자신감에 치명적인 것이다. 우리는 다른 사람이 아닌 오로지 나일 수밖에 없으며 내게서 최고의 모습을 이끌어 내겠다고 선택할 수 있다.

텍사스 레인저스의 스포츠 캐스터였던 빅터 로하스는 당대 최고의 캐스터 에릭 나델처럼 되고 싶었다. 에릭은 명예의 전당에 올라간 전설적인 캐스터였고 빅터는 최선을 다해 그를 모방했다. 그런데 야구 시즌이 한창이던 어느 날 대화를 나누던 중에 아내가 말했다. "당신은 에릭 나델이 되려고 평생을 레인저스와 보냈잖아요. 이제 당신 자신이 되어야 해요." 그 말을 듣고 빅터는 깨달음을 얻었다. '나는 제2의 에릭 나델이 될 수 없어. 제1의 빅터 로하스가 되어야 해.'

빈틈없이 모방해야 한다고 생각했던 인물과 작별하고 자신을 있는 그대로 인정함으로써 빅터는 10년 동안 로스앤젤레스 에인절스의 스포츠 캐스터로 활약할 수 있었다. 그는 자신의 독특한 목소리를 받아들였다. 그리고 그 자유를 길잡이 삼아 예상보다 훨씬 더 큰 성공을 거두었다. 스스로 전설이 된 것이다.

데일 카네기 원칙 훈련법

○

자신감은 영원히 지킬 수 있는 것이 아니다. 다년간 경험을 쌓아도 누구나 자신감이 떨어지는 순간에 직면한다. 특히나 실패나 고난 후에 그런 순간이 오면 새롭게 자기효능감과 자기가치감의 중심을 잡고 다시 쌓아 올려야한다. 이는 끊임없이 계속되는 과정으로, 어떤 일이 닥치더라도 직면할 준비가 되었다는 느낌, 즉 자신감이 생길 때 정점에 이른다.

자신감을 쌓으려면 시간과 에너지, 연습이 요구된다. 하지만 성장형 마인드셋으로 자신감에 접근한다면 충분히 가능한 일이다. 내 능력, 참모습, 과거의 실패와 성취에 대한 믿음을 바탕으로 나에 대한 신뢰를 키울 수 있다. 생각과 감정과 협력한 후에 자신감을 쌓는 일은 삶의 주도권을 가지기 위해 할 수 있는 가장 중요한 일로 꼽을 수 있다.

원칙

본연의 위대함을 인식하고 인정하라.

행동 단계

○ 자기효능감을 기른다.

· 모험을 피해선 안 된다. 안전지대에서 벗어나 어떤 모험에 나설 수 있는가?

· 성공을 거둘 수 있는 작은 일들을 찾아 소소한 성공을 창조한다. 손닿는 범위 내에 있는 일부터 실천하면 된다. 그러면 성취감을 얻을 수 있다.

· 성공을 자축한다. 하루 일과를 마치면 성취한 일을 자축하는 시간을 가진다.

○ 자기가치감을 높이는 연습을 한다.

· 스스로에게 친절하게 대한다.

· 내면에서 인정을 구한다.

· 정체성과 업무를 분리한다. 가치는 직업이나 직함에서 오는 것이 아니다.

· 다른 사람과 비교하지 않는다.

· 사랑하는 사람에게 말하듯이 나 자신에게도 말한다.

○ 자신감을 쌓는다.

· 스스로에 대해 좋은 말로 표현한다.

- 자신에 대한 믿음이 강한 사람을 역할 모델로 삼는다.
- 확언과 같은 정적 강화를 활용한다.
- 나를 알고 사랑하는 사람들에게 지지와 긍정적인 피드백을 구한다.

chapter
5

변화

인생의 우여곡절을
만났을 때

사람은 일어난 일이 아니라
일어난 일에 대한
스스로의 해석 때문에
상처를 입는다.

데일 카네기

루크 맥과이어 암스트롱은 징 소리와 함께 공기 중에 전달되는 진동을 느꼈다. 때는 새벽 3시. 징 소리는 오전 참선을 할 시간이라는 신호였다. 가사를 입고 묵언하는 수도승들이 방을 나서서 사원으로 움직이자 그도 뒤를 따랐다.

원래 그는 방콕에서 네팔로 여행할 예정이었지만, 갑작스럽게 심한 목 통증이 도져서 계획을 변경할 수밖에 없었다. 병원과 척추 지압소를 여러 차례 찾아갔지만 헛수고였고 통증을 가라앉힐 방도를 찾지 못했다. 그러다 일련의 우연에 따라 사원까지 오게 되었다. 그는 일주일간의 참선이 회복에 도움이 되리라고 생각했다. 묵상을 통해 루크는 내면을 깊이 들여다보았다. 그러면서 그는 자신을 괴롭히는 것이 단순히 육체적 고통이 아님을 깨달았다. 존재하는 줄도 몰랐던 감정들(불안, 공포, 실망, 배신감)을 마음속 깊은 곳에서 발견한 것이다.

그동안 루크는 작가로 성공하고 싶어서 열심히 노력해 왔다. 성공에 필요한 온갖 일을 실천하면서 책을 한 권 쓰고 블로그를 운영했다. 그런데 언제부터인가 극심한 통증이 찾아왔다. 생활이 통증에 잠식당하다 보니 성취하겠다고 노력했던 모든 것이 천천히 파괴되는 것처럼 느껴졌다. 그는 그를 괴롭혔던 그런 감정을 통해서, '나라는 사람은 계획에 변화가 일어나면 받아들이지 못한 채 실패했다고 느끼는구나'라는 걸 깨달았다.

홀로코스트 생존자인 작가 빅터 프랭클은 이런 글을 남겼다. "더 이상 상황을 변화시킬 수 없을 때 우리는 자신을 변화시킨다는 도전을 마주한다." 루크 또한 마찬가지로 환경을 보는 자신의 관점을 바꾸어야 했다. 우선 현실을 받아들였다. 그는 여태 원래 가려고 했던 여행지에 집착하고 있었으며, 그것이 그에게는 탈이 난 목만큼이나 고통을 몰고 왔음을 알게 되었다. 루크의 말을 빌자면 "원하는 삶에 대한 집착을 내려놓을 때 다시 현실로 들어가 지금 있는 그 자리에서 출발할 수 있었다." 그는 매일 요가와 명상을 수련하는 루틴을 만들었으며 이를 바탕으로 삶의 변화에 대해 희망적인 사고방식을 길렀다. 그는 '거룩한 침묵noble silence[석가모니가 말하지 않아야 할 주제에 대한 질문에는 답을 하지 않고 침묵을 취했다는 이야기에서 유래한 말로, 성묵聖黙 혹은 양구良久라고도 한다-옮긴이]'이라는 불교 개념을 채택해 오후 10시부터 오전 8시까지는 일하지도 말하지도 않았다. 벌려 놓은 일의 수를 줄이고 특출하게 잘할 수 있는 몇 가지 일에 집중했다. 개인적인 수련과 성찰의 시간을 늘렸다. 이 모든 수련을 통해, 그는 계획했던 삶에 변화가 일어나면 열린 마음으로 받아들이고 삶이 그의 앞에 무엇을 내려놓든 상관없이 최선을 다할 수 있는 자신감을 얻었다.

변화를 수용하는 그의 자세는 결실을 맺었다. 지난 4년 동안 루크는 과테말라에 예술 및 요가 수련 센터를 설립하고, 책 네 권을 집필하고, 다른 작가들의 출간을 돕고, 음악 앨범을 발표하고, 과테말라 학생 85명을 위해 10만 달러를 모금했다. 변화에 적응하는 능력을 발판으로 삼아 자신과 다른 사람들에게 매우 효과적인 방식으로 미래를 완벽하게 재설계했다.

지금까지 우리는 생각에 주목하고, 감정과 협력하고, 성공 마인드를 기르고, 자신감을 높이는 방법을 배웠다. 이 모든 단계를 통해 우리는 더 강해지지만 그래도 변화를 겪을 때면 궤도에서 이탈했다고 느낄 수 있다. 변화가 내 계획을 탈선시키고 나를 실망시킬지 모른다. 그래서 이 장의 목표는 변화를 수용하고 그 변화에서 기회를 찾는 것이다.

학자이자 베스트셀러 《그릿》의 작가인 앤절라 더크워스는 다음과 같이 말했다. "삶에서 내 통제권을 넘어서는 부정적인 사건이 반복되면, 역경 앞에서 내가 상대적으로 무력하다는 사실을 배우게 된다. 이와 대조적으로 회복 탄력적인 대응이란 만사를 통제할 수 있다고 착각하는 것이 아니라 통제할 수 있는 그 한 줄기 빛을 찾아 나서는 것이다. 회복 탄력성을 갖춘 사람은 언제나 이렇게 생각하려고 노력한다. '이건 효과가 없었어. 이건 효과가 없었어. 저건 효과가 없었어. 하지만 이건 아직 시도해 보지 않았지.'"

변화를 예상한다고 해서 좌절이나 저항을 경험할 가능성이 낮아지는 것은 아니다. 느닷없는 변화를 경험할 때 공포나 북받치는 감정을 느끼는 것은 당연하다. 감정적인 반응은 흔히 기대와 상관관계가 있다. 3장에서 소개한 수전 데이비드 박사에 따르면 "민첩성은 자기수용과 명확한 시각, 열린 마음으로 인생의 우여곡절을 헤쳐 나갈 수 있는 능력이다." 이제 앞으로 변화를 마주하면 다음과 같은 방법을 시도해 보자.

- 방법 1: 저항감을 인정한다.
- 방법 2: 피할 수 없다면 협력한다.
- 방법 3: 할 수 있는 일을 한다.

혼돈의 파도를 타고 변화를 수용한다고 해서 싸우지도 않고 굴복해 온갖 유해한 경험을 받아들인다는 뜻은 아니다. 결코 그렇지 않다. 데이비드 박사는 다음과 같이 썼다. "수용은 변화의 전제 조건이다. 바꾸어 말하면 우주를 통제하려는 노력을 멈출 때 비로소 우주와 평화로울 수 있으니, 이는 세상이 본래의 모습대로 존재하도록 허용하는 것이다. 그리고 일단 전쟁이 끝나면 변화가 시작될 수 있다."

방법 1: 저항감을 인정한다

페이스 스미스 플레이스는 대학을 졸업하기 전에 임신할 것이라고는 상상도 하지 못했다. 그런데 2019년 가을, 그녀는 임신했다는 사실을 확인했다. 그녀의 앞길을 가로막은 것은 한두 가지가 아니었다. 아직 학생 신분이고, 기숙사에서 생활하고, 아기 아빠와 결혼하지 않았다. 그리고 의료보험이 없다. 그녀가 계획했던 미래와 거리가 먼 상황이었다. 도무지 스스로 해결할 수 있는 도전처럼 보이지 않았다. 가장 최악인 것은, 이 일에는 장기적인 결과가 따른다는 점이었다. 당장 학교는 어떻게 해야 한단 말인가? 대학 졸업장이 없다면 경력에 어떤 영향을 미칠까? 임신 때문에 직장을 구하지 못하면 아이를 어떻게 키울 수 있을까?

처음에 그녀는 새로운 현실에 대한 강한 거부감을 느꼈다. 하지만 스트레스와 입덧에 시달리는 와중에 자신에게 선택지가 있다는 사실을 깨달았다. 비록 모든 게 엉망으로 돌아가는 것처럼 보였어도, 그녀는 진행되는 일 가운데 하나씩 선택해서 집중하기로 마음먹었다.

뿐만 아니라 그녀가 인식한 또 한 가지가 있었다. 바로 '다정함'이라는 느낌이었다. 그녀는 절친한 친구이자 아기의 아빠가 그녀 곁을 지키며 함께 가정을 꾸리자고 안심시켰을 때 다정함을 느꼈다. 임신 소식을 전했을 때 말없이 그녀를 안아 주던 아버지와 "가진 건 많이 없지만 우리가 가진 건 모두 네 것"이라고 말하던 어머니에게서 다정함을 느꼈다. 그리고 처음으로 태동을 느꼈을 때 다정함을 느꼈다. 페이스는 "어느 순간 내 상황을 바꿀 수는 없지만 그 안에서 좋은 것을 보기로 선택할 수 있다는 깨달음이 찾아왔다"고 말했다. 그녀는 또한 아기가 태어나기 전에 그동안 성취하기 위해 노력했던 목표에 접근할 방식을 바꾸기로 마음먹었다. 그런데 기말고사가 시작되기 직전에 코로나 팬데믹이 일어나 다니던 대학교가 봉쇄되었다. 대다수 학생에게는 그것이 거대한 장애물이었지만 그녀에게는 횡재였다. 그녀는 출산을 앞둔 마지막 2주 동안 외부와 단절한 채 과제를 마무리하고, 온라인으로 시험을 치르고, 최종 발표를 준비했다. 마지막 온라인 수업을 끝낸 후에 진통이 시작되었고, 아기를 집으로 데려온 지 열흘째 되던 날 학위를 마쳤다.

"지금 나는 생각지도 못했던 꿈의 직장을 가지고 있어요. 아들과 남편, 그러니까 세상에서 내가 가장 사랑하는 두 사람과 함께 하루를 보내거든요. 비록 내 원래 계획과 달라졌고 내가 통제할 수 없는 일이 무척 많지만 기쁨을 주는 일에 집중한다면 어떤 상황이든 헤쳐 나갈 수 있어요. 게다가 이따금 고통스럽던 것들이 실제로 아름답게 변하기도 하죠. 한 번 지켜보세요."

페이스는 삶의 어떤 사건이 발생할 때 처음 일어나는 저항심에 굴복할 수 있었다. '원칙'이라는 개념에 집착할 수도 있었다. 그러나 그러지 않기로 선택했다. 그녀는 삶의 극적인 변화에 대응해 상황에 대한 관점과 접근방식을 바꾸었다.

내면에서 일어나는 그 '전쟁'의 원인은 대개 변화에 대한 저항감이다. 루크는 자신이 처한 상황의 현실과 싸우며 몇 주를 보낸 후에야 마침내 받아들이고 새 출발했다. 페이스는 자신의 저항감을 인정한 다음 삶의 변화를 받아들이기로 마음먹었고 좀 더 순조롭게 자신이 할 수 있는 일을 했다. 두 사람 모두 중대한 도전을 경험했지만, 페이스가 좀 더 편안하게 시간을 보낸 것은 분명한 사실이다. 저항을 그만두면 계획을 세우고 다음에 일어날 일을 주도할 수 있다.

방법 2 : 피할 수 없다면 협력한다

이 책을 쓰는 동안 나는 중대한 한 회의에서 생중계되는 기조연설을 하러 캘리포니아로 날아갔다. 그것은 팬데믹 이후 내 첫 대면 강연이었고 그래서 모든 것을 완벽하게 준비하고 싶었다. 전날 나는 행사장을 찾아가 주최자들과 만나서 준비 상태를 점검했다. 넥타이에 끼우는 소형 마이크를 시험하고(나는 강연하는 동안 손을 즐겨 활용하는데 마이크를 손에 쥐면 그러기가 어려웠다), 천장에 달린 가로세로 약 3미터 크기의 모니터를 보고 흡족해했다. 무대에 섰을 때 뒤편에 있는 대형 화면이나 무대 앞쪽 바닥의 작은 화면을 돌아볼 필요가 없이 고개만 들면 슬라이드가 보였기 때문이다. 모든 것이 완벽한 모양새였고, 주최 측에서는 내게 모든 것이 순조롭게 진행될 것이라고 장담했다.

다음 날 아침 연설할 시간이 되었다. 나는 무대 뒤에 서 있었다. 커튼이 바닥에서 천장까지 이어지고 무대 한쪽 끝에서 다른 쪽 끝까지 쳐져서 나와 관객 사이를 갈라놓고 있었다. 사회자의 소개가 끝난 뒤 무대로 향하는 계단을 서둘러 뛰어오르던 나는 발이 걸리는 바람에 심하게 엎어졌다. 통증도 없었던 데다가 커튼이 여전히 내 앞을 가리고 있었으니 관객은 그 모습을 보지 못했다. 하지만 내가 무대 바닥에 엎어졌을 때 크게 났던 '꽈당' 소리를 관객이 듣지 않았을지 걱정스러웠다. 나는 몸을 일으켜 먼지를 털고 만반의 준비를 끝낸 다음 서둘러 무대로 나갔다. 속으로는 '진땀 빼는 모습을 사람들에게 결코 보이지 마라'고 되새기며 말문을 열었다. "조직에 여러분 같은 리더의 존재가 그 어느 때보다 더 중요해졌습니다."

그 순간 곧바로 소형 마이크가 작동하지 않는다는 사실을 발견했다. 나는 잠시 기다렸다가 다시 시작했다. "조직에 여러분 같은 리더의 존재가 그 어느 때보다 더 중요해졌습니다." 처음보다 한층 힘주어 말했다. 관객들이 나와 서로를 번갈아 가며 쳐다보았고, 결국 누군가가 "안 들려요!"라고 소리쳤다. 나는 무대에 서 있고 AV팀이 마이크를 작동시키려고 애쓰는 사이, 결국 주최자가 무대로 올라와 묵직한 핸드 마이크를 내게 건넸다. 내가 아주 싫어했던 물건, 그들이 소형 마이크가 있으니 사용할 필요가 없다고 장담했던 바로 그 물건이었다. 그러나 나는 데일 카네기 트레이너가 되기까지 거친 과정과 순간적으로 발휘하는 융통성의 가치를 떠올리며 마치 아무 일도 없었다는 듯이 연설을 시작했다. 그리곤 시선을 위로 돌렸을 때 (불과 12시간 전에 그곳에 있었던) 천장 모니터가 사라진 것이 눈에 띄었다. '당신들 지금 장난하는 겁니까?'라는 생각이 절로 났다. 전날의 모든 준비가 허사가 된 것이다.

그래서 나는 2년 만에 처음 가진 대면 강연 무대 위에서 많은 관객을 앞에 두고 좌절과 실망, 분노를 느끼며 서 있었다. 그러다 속으로 되뇌었다. '음, 언젠가 이게 큰 얘깃거리가 되겠네. 이 강연을 멋지게 해치울 시간이 왔어.'

내가 좋아하는 데일 카네기의 한 가지 원칙은 '피할 수 없으면 협력하라'다. 바꿀 수 없는 것을 받아들이고 상황에 접근하는 방식을 바꾸어야 한다. 나는 피할 수 없는 것을 받아들이고 계속 최선을 다하기로 선택했다. 결국 연설은 순조롭게 진행되었다. 내가 무대에서 내려왔을 때 음향 엔지니어가 몇 번이고 거듭 사과했다. 나는 그를 바라보며 이렇게 말했다. "톰, 그거 알아요? 마이크가 먹통이었던 게 오늘 일어났던 최악의 사건이라면 오늘은 꽤 괜찮은 하루잖아요."

이 이야기는 원하는 대로 진행되지 않는 상황일수록 융통성을 발휘해야 한다는 사실을 잘 보여 주는 작은 사례다. 이런 상황에 대처하는 가장 좋은 방법은 순순히 받아들이고 계속 진행하는 것이다.

방법 3: 할 수 있는 일을 한다

모든 변화가 거대한 물결처럼 느닷없이 밀려오는 것은 아니다. 모든 변화를 억지로 떠안아야 하는 것도 아니다. 그리고 삶이 오로지 우리의 정체성을 규정하며 성패를 판가름하는 순간으로만 구성된 것은 아니다. 이따금 우리는 굳건한 변화의 의지를 요구하는 일상적인 순간을 마주하기도 한다.

존과 베티 몹스는 아이다호주 하우저에서 재생농법을 이용해 농장을 경영했다(그들의 농장에서는 제초제나 살충제, 비료를 사용하지 않는다. 모든 동물이 방목장에서 태어나고, 땅은 자연에서 자양분을 얻는다). 존의 조부모님과 부모님은 1972년에 농장을 세우고 본인들이 아는 모든 것을 존에게 가르쳤다. 그래서 관행농법[농약과 화학비료를 사용하는 통상의 현대적 농법-옮긴이]이 미국의 표준농법이 되었을 때도, 존과 베티는 합성화학약품을 이용한 새로운 경작지 관리방법에 대해 계속해서 분석했다.

2018년 참석한 한 재생농업 학회에서 존과 베티는 합성화학물질(비료, 화학약품, 제초제)이 토양을 더욱 비옥하게 만드는 미생물과 곤충을 죽인다는 사실을 배웠다. 그의 조부모님은 화학약품 대신 닭의 배설물을 이용했는데, 존은 이런 20세기 초반의 농법이 여전히 지구에 가장 이롭다는 사실을 깨닫게 되었다. 이 학회에서는 또한 분만기를 자연에 맞춰 바꾸어야 한다고 강력히 주장했다. 존의 농장에서는 항상 2월에 분만기를 시작했는데 그것은 존이 가족에게 그렇게 배웠고 그래서 언제나 그래왔기 때문이었다. 재생 농법을 이용하는 또 다른 목장주가 존과 베티와 이 문제를 의논하던 중에 다음과 같이 말했다. "2월은 겨울이잖아요. 기온이 영하로 떨어지죠. 그러고 나면 진흙 철[늦겨울과 초봄에 눈과 얼음이 녹아서 흙탕물이 되는 시기-옮긴이]이 시작되고요. 자연하고 똑같이 풀이 돋아날 때 분만기를 시작하면 어떨까요?"

존은 그때 많은 고민을 했다. '잠깐만. 우리 할아버지와 아버지는 이런 식으로 목장을 경영했잖아. 계속 그렇게 해야 하는 게 아닐까? 아니면 그 전통을 깨야 할까?' 더 나은 방법이 있을 거라고 생각해 본 적이 없었다. 그는 조부모님과 부모님의 지혜를 존중했기 때문에 변화에 저항감을 느낄 수밖에 없었다. 하지만 생태농업에 대해 제대로 배우면서 그들의 지식에 부족한 부분이 있었고 가축과 농지를 제대로 돌보지 못했다는 결론에 이르렀다. 존과 베티는 '모 아니면 도' 접근방식을 택하는 대신 생태농업과 재생농법을 수용하고 어떤 방법(예컨대 2월에 분만기를 시작하는 것)은 더이상 적합하지 않다는 걸 인정하기로 했다.

변화를 받아들이는 과정에서 우리는 이따금 (편안한 방식에 안주할 것인가 아니면 변화해서 우리와 주변 사람들에게 더 이로울수 있는 새로운 생활방식을 받아들일 것인가를 결정해야 하는) 선택의 갈림길에 선다. 변화가 언제나 먼저 찾아오는 것은 아니다. 때로는 직접 마중 나가서 변화와 정면으로 맞닥뜨려야 할 때도 있다.

하지만 알다시피 변화가 항상 이롭지만은 않다. 유리 크루먼은 스스로 변화에 쉽게 대처하는 사람이라고 자부했다. 아홉 살에 러시아에서 미국으로 이주해서 새로운 언어와 문화를 익혔고, 프랑스 출신 엔지니어와 결혼한 후에 로스쿨에 입학하기 위해 그간 몸담았던 신경과학 분야를 떠났다. 그는 삶의 변화에 능숙하게 대처할 자신이 있었다. 자신의 삶을 (좋은 의미로) 변화의 연속이라고 정의할 수 있을 것 같았다. 하지만 성인이 되고 얼마 지나지 않아 쉴 새 없이 몰아치는 변화에 당황하지 않을 수 없었다. 금융 위기가 한창이던 2009년 그는 25만 달러의 학자금 대출금을 안고 로스쿨을 졸업했다. 일자리가 드물던 시절이라 생계를 유지하기 위해 금융계에서 일했고(그가 기대했던 종류의 경력은 아니었다), 금융이 싫어서 의료서비스, 컨설팅, 스타트업, 제품관리, 인사관리 등 여러 직장을 전전했지만 어떤 일에서도 만족감을 얻지 못했다.

생후 2개월의 딸이 암 진단을 받았을 때 유리의 삶에 급제동이 걸렸다. 그는 그냥 멈춰서 생각했다. '내가 지금 뭐 하고 있는 거지? 지금껏 뼈가 부서지도록 나를 혹사했지. 결혼생활은 삐걱대고, 아이는 암에 걸렸어. 이제부터는 변화하는 상황에 대응하는 데 급급하지 말고 미리 적극적으로 움직여야겠어. 군더더기는 잘라내고 중요한 것에 집중해야 해.'

유리는 스스로 변화에 '소질이 있다'고 생각했다. 하지만 사실상 그는 속도를 충분히 늦추고 본인이 원하는 것과 가족에게 필요한 것을 생각하기보다는 끊임없는 변화를 이용해 삶을 몰아가고 있었다. 의식적으로 선택한 적이 없었다. 변화는 그저 불편함에 대한 반응일 뿐이었다. 이제 그는 변화를 버팀목으로 이용하는 대신에 삶의 주인이 되어 원하는 것을 선택하기로 결심했다.

그 무렵 뉴욕에 살았던 유리의 가족은 건강과 안정이 급선무라고 여기고 이스라엘로 이사했다. 이스라엘에서 그는 더 안전하고, 경제적으로 더 여유롭고, 더 편안해진 느낌이었다. 유리는 변화가 올 때까지 기다리지 않고 미리 대비하기로 했다. 그래서 그는 직장을 전전하는 일을 접고 자신이 좋아하고 잘하는 일을 시작했다. 바로 스토리를 전달하고 사람들에게 힘을 실어 주는 일이었다.

현재 유리는 HR 탤런트 앤 시스템스의 CEO이자 정상급 리더십 코치다. 그는 실제 경험(경험에서 얻은 지혜)을 바탕으로 〈포춘〉지 선정 500대 기업과 스타트업을 위한 기업 학습 및 개발 프로그램을 제공하는 한편, MZ세대가 삶의 방향을 찾도록 돕는 플랫폼을 구축했다.

그는 겉보기에 그럴싸한 뭔가를 이루는 것이 아니라 진리를 추구하는 것을 삶의 목표로 삼아야 한다고 말한다. 여기서 진리 추구란 변화를 수용하는 것은 물론이고 신중하게 변화를 추진하는 것을 의미한다. 자신이 어떤 사람인지, 어떤 일에 소질이 있는지 찾아내고, 그 구심점을 향해 삶의 변화를 추진시키라는 것이다. 동시에 그는 진지한 자세로 변화를 받아들이려면 실패 또한 받아들여야 한다고 말한다. 이따금 우리는 삶의 변화를 해고, 관계의 단절, 놓친 기회 등 실패로 인식하곤 하는데, 이런 실망스러운 일이나 예기치 못한 사건 역시 내가 원하는 곳으로 삶을 이끌어 가는

데 활용할 수 있다. 그러니 이제 변화를 끌어안고, 새로운 것을 향
해 변화를 이끌어라.

데일 카네기 원칙 훈련법

이 모든 이야기의 핵심은 저항을 이겨 내고 변화를 받아들이며 어려움이 있더라도 기쁨과 의미를 느끼는 경험이다. 변화와 씨름할 수 있겠으나 변화라고 반드시 고통스럽지는 않다. 목적의식을 가지고 삶의 변화에 접근한다면 예상치 못한 성장의 기회를 발견할 수 있다. 승리하기 위해서는 앞으로 나아갈 수 있는 의미를 창조해야 하고, 그러려면 계속 열린 마음으로 기꺼이 다가오는 미래를 맞이해야 한다.

원칙

변화에서 기회를 발견하라.

행동 단계

○ 저항감을 인정한다.

: 상황을 더욱 악화시키는 것은 변화에 대한 저항감이다. 내 마음가짐이나 느낌, 생각 속에서 변화는 어떤 모습으로 나타나는가?

○ 피할 수 없다면 협력한다.

: 현 상황에서 피할 수 없는 것에 대해 생각해 보자. 일어나지 않기를 아무리 간절히 기원해도 반드시 일어나고야 말 일은 무엇인가? 손을 쓸 수 없는 것은 무엇인가? 새출발을 하려면 반드시 받아들여야 하는 것은 무엇인가?

○ 어떻게 행동할지 스스로 선택하고 할 수 있는 일을 한다.

: 일단 받아들였다면 할 수 있는 일을 생각해야 한다. 상황을 최대한 활용할 수 있는 방법을 찾아 계획을 세우고 즉시 시작해 보자.

후회

그것은 바꿀 수 있는 일인가

애태우는 걱정과
뼈아픈 후회로 잠식시키기에는
오늘 하루가 너무나 소중하다.
당당하게 고개를 들고,
봄 햇살에 뛰어드는 산골짜기 시냇물처럼
생각을 반짝이게 하라.
오늘을 즐겨라.
결코 돌아오지 않을 날이다.

데일 카네기

앨리 러브는 미국 문화에서 인종이 다른 부부를 선뜻 받아들이지 않던 시절, 흑인 어머니와 백인 아버지 슬하에서 자랐다. 어린 시절 앨리는 휴일을 반으로 나눈 뒤, 오전은 친가에서 오후는 외가에서 보내곤 했다. 열 살이 될 때까지 특별히 이상하다고 여긴 적은 없었다. 그러던 어느 크리스마스 아침이었다. 그녀는 가족과 함께 친가 조부모님 댁에 자동차를 세웠다. 어머니는 그냥 운전석에 앉아 있고 앨리와 여동생, 그리고 아버지만 차에서 내렸다. 그들은 여느 해, 여느 휴일과 다름없이 어머니에게 작별인사를 했다.

그런데 그날따라 앨리는 마음이 편하지 않았다. 그녀는 당시 상황을 이렇게 표현했다. "엄마가 차를 돌려 우리 가족에게서 멀어지는 동안 할머니와 할아버지는 현관에서 두 팔을 벌리고 웃음을 지으며 우릴 맞이하고 있었어요." 그때껏 휴일마다 가족이 헤어져야 한다는 사실에 한 번도 의문을 가지지 않았지만, 불현듯 말도 안 된다는 생각이 들었다. '부모님은 결혼해서 함께 사는데 우리는 왜 휴일을 따로 보내고 있는 거지?' 앨리는 왜 그런 건지, 그게 무슨 의미인지 이해할 수가 없었다.

앨리의 엄마는 차를 몰고 외가로 향했다. 앨리 역시 오후에 외가를 방문했지만, 엄마가 친가에 함께 없었다는 사실에 내내 마음이 아팠다. 그녀는 엄마에 대해 묻지 않는 조부모님께 화가 났고, 속이 상했다. 당시 그녀는 조부모님이 흑인 여성과 결혼하겠다는 앨리 아버지의 결정에 동의하지 않았다는 사실을 몰랐다. 그 흑인 여성은 남자친구의 집에 초대받지 못했던 것이다.

앨리가 대학생이었을 때 할아버지가 돌아가셨고 그 일은 그녀의 삶에서 첫 번째 큰 후회를 남겼다. 할아버지의 입장을 듣고 할아버지가 왜 그런 신념을 가지고 있는지 물어봤다면 얼마나 좋았을까? 왜 불편했는데도 직접 묻지 않았을까? 할아버지는 그녀와 여동생에게 아낌없는 사랑을 주었지만, 정작 그녀는 '왜 우리 엄마를 그렇게 대하는 건지' 물어보지 못했다. 그녀는 할아버지에게 깨달음을 주거나, 그의 관점을 이해하거나, 미국에서 흑인 혼혈 여성으로 산다는 것이 어떤 의미인지 그 경험을 나누지 못했다는 사실이 후회되었다. 비록 시간을 되돌릴 수는 없지만 앨리는 이 후회를 계기로 삼아 불편한 주제라도 가족과 대화를 나누겠다는 용기를 얻었다. 그녀는 친척들의 관점을 이해하려고 노력하는 한편 본인의 견해를 당당하고 솔직하게 전달할 수 있었다. "우리 가족은 마침내 하나가 될 수 있었어요. 아직 살아 계시는 할머니는 내 삶의 일부죠. 세월이 흐르고 시대가 바뀌면서 우리는 더 가까워졌고 함께 성장했어요. 난 한 공동체로서 우리 가족이 자랑스러워요. 기꺼이 경청하고, 발전하고, 변화하고, 단합했다는 사실 때문에요."

우리는 누구나 실수를 저지르고 이따금 후회하며 (혹은 이때 따라오는 죄책감이나 수치심 탓에) 앞으로 나아가지 못한다. 후회와 수치심, 죄책감은 제각기 다른 감정이지만 우리가 어쩔 수 없이 잘못을 저지르는 순간에 대처하고 극복하는 방법에 저마다 한몫한다.

직장에서 사소한 실수를 저질렀을 때 혹은 행동하지 않거나 잘못된 결정을 내려서 원하는 결과를 얻지 못했을 때 우리는 후회를 한다. 과식한 것이 후회스러울 때처럼 사소한 후회를 할 때도 있고, 경솔하거나 못된 말로 사랑하는 사람에게 상처를 주었을 때처럼 중대한 일을 후회할 수도 있다. 후회의 성질과 정도는 다양하지만 핵심은 내가 한 일이나 하지 않은 일이 원치 않은 영향을 미친다는 사실이다. 과거의 후회가 쓰라릴 수 있다. 그것이 지금의 모습과 원하는 삶 사이의 장벽이 되어 자신감을 갉아먹고 스트레스를 키울 수 있다. 그러니 과거의 후회를 해결하면 생각과 감정의 주도권을 되찾기가 훨씬 쉬워진다.

죄책감과 후회가 밀려올 때

작가 다니엘 핑크는 후회에 관한 설문을 실시해 105개국 1만 7천 명으로부터 응답을 받았다. 자신의 책《후회의 재발견》에서 공유했던 이 연구를 끝낸 후, 그는 후회가 오해를 많이 받기는 해도 가장 변혁적인 감정이라고 생각하게 되었다. 이 연구에 따르면, 후회(누군가에게 데이트 신청을 하지 않았거나 창업할 기회를 놓쳤다는 후회)의 표면적인 이유 이면에는 그가 핵심 후회라고 일컫는 것이 존재한다. 핵심 후회는 네 가지 범주로 분류된다.

- ○ 기반성 후회:삶의 적절한 토대를 구축하는 일에 중점을 두는 후회. 학교에 진학하지 않거나 은퇴자금을 저축하지 않았다고 후회한다면 이는 기반성 후회다.
- ○ 대담성 후회:이는 예컨대 창업할 기회를 놓치거나 진심으로 좋아하는 누군가에게 데이트 신청을 하지 않은 것 등 하지 않은 일에 중점을 둔다.
- ○ 도덕성 후회 : 옳은 일을 행할 기회를 놓치거나 옳지 않은 일을 행했다고 느끼는 후회다.
- ○ 관계성 후회:헤어진 관계나 정성을 쏟지 않는 바람에 끝나

버린 관계에 대한 후회다.

핑크는 다음과 같이 썼다. "이 네 가지 후회는 좋은 삶의 부정적인 이미지로 작용한다. 사람들이 가장 후회하는 일을 이해하면 그들이 가장 소중하게 여기는 것 또한 이해할 수 있다. 따라서 후회의 부정적인 감정을 통해 우리는 삶을 살 만하고 가치 있게 만드는 것이 무엇인지에 대한 인식을 얻는다."

후회는 예상보다 훨씬 더 이로울 수 있다. 후회와 그에 수반되는 다른 감정들은 대개 불편하기에, 우리는 그런 감정을 피하고 싶어 한다. 하지만 그것들은 내가 고치거나 바로잡고 싶은 일, 결코 반복하고 싶지 않은 일을 저질렀다는 신호이기도 하다. 그래서 이런 감정들을 통해, 우리는 자신이 저지른 일을 만회하거나, 사과하거나, 아니면 원하는 방향으로 움직일 수 있는 조치를 취하게 된다. 후회와 죄책감이 지침으로 작용해 이런 감정을 다시 느끼지 않을 수 있는 유형의 행동을 파악하는 것이다.

그러므로 다른 감정과 마찬가지 방식으로 후회에 대처해야 한다. 어떤 감정이든 억누르거나 무시하지 말아야 하듯이 후회 또한 부정하지 말아야 한다. '후회 금지' 철학은 '감정 금지'라고 말하는 것만큼이나 쓸모가 없고 현실적이지 않다. 문제는 후회해야 할 것인가, 말 것인가가 아니라 후회가 밀려올 때 어떻게 해야 할 것인가이다.

후회 프레임워크 활용법

죄책감과 후회가 밀려오면 다음 질문에 집중해 보자.

- ○ 내가 한 일이나 하지 않은 일의 영향이 중대한가, 사소한가?
- ○ 바로잡을 수 있는 여지가 있는가, 없는가?

다음의 프레임워크를 살펴보자. 왼쪽에서 오른쪽으로 향하는 x 축은 중요성이다. 후회하는 문제의 중요도가 높은지(오른쪽) 낮은 지(왼쪽) 판단해야 한다. 후회하는 문제에 바로잡을 여지가 있는 지(상단) 없는지(하단)를 고려할 때는 y축을 이용한다.

| 후회 프레임워크 |

```
                    바로잡을 여지가 있다

          조치를                    조치를
          취하라                    취하라

  사소하다 ───────────────────────── 중대하다

        받아들여라                  받아들여라
     마인드셋에 집중하라          마인드셋에 집중하라
          배워라                     용서하라

                    바로잡을 여지가 없다
```

이 프레임워크를 이용해 중대하고 바로잡을 여지가 있는 문제인지, 사소하고 바로잡을 여지가 있는 문제인지, 중대하고 바로잡을 여지가 없는 문제인지, 아니면 사소하고 바로잡을 여지가 없는 문제인지 고려한다. 해당 사건이나 상황이 프레임워크의 어디에 속하는지에 따라 대처방식이 달라질 것이다.

대처방식을 결정했다면 실천해야 한다. 내가 할 수 있는 일을 파악해서 시간을 허비하지 말고 실행에 옮겨야 한다. 그리고 같은 상황이 반복되지 않도록 배운 점을 되새긴다. 어떻게 하면 같은 실수를 반복하지 않을 수 있을까? 마지막으로 (슬픔이나 죄책감, 수치심 등) 어떤 감정이 남았다면 3장을 참고해서 감정을 다시 한번 돌아본다.

이를테면 나는 동료와 전화로 대화를 나누던 중에 마음이 급해진 적이 있었다. 조바심이 난 나머지, 입장을 바꿔 보면 나라도 기분이 나빴을 만한 태도를 보였다. 통화할 때는 내 태도가 크게 영향을 미친 것 같지 않았지만, 전화를 끊고 나니 왠지 후회스러워서 우리가 나눈 대화를 되짚어 보았다. 그리고 위의 프레임워크를 적용해 본 결과 사소하면서 바로잡을 방법이 확실한 사건이라고 판단했다. 나는 동료에게 전화를 걸어 전날 대화를 나눌 때 내 태도가 마음에 걸린다고 말했다. 그것은 나라는 사람과 내가 삶의 지침으로 삼는 원칙을 대변하는 태도가 아니었고 그래서 나는 동료에게 사과했다. 말로는 마다했지만 장담하건대 동료는 사과를 받고 기뻤을 것이다. 이렇게 사소하고 바로잡을 여지가 있는 문제는 곧바로 해결이 된다.

반면에 사소하지만 바로잡을 여지가 없는 상황이 있다. 상황이 미치는 영향은 소소해도 곱씹게 되는 상황이다. 이런 경우도 역시 핵심은 해결책이다. 난생처음 정규직으로 입사한 지 얼마 되지 않았을 때, 웬디 왕은 외부 집단이 참여하는 화상 회의의 진행을 맡았다. 관리자는 웬디에게 회의 준비를 완전히 일임했다. 신뢰를 받는다는 점에는 감사했으나 일정이나 준비에 필요한 표준 운영절차를 받지 못한 웬디는 당황했고, 더욱 난처하게도 고객들이 요청한 화상 회의 소프트웨어는 웬디가 예전에 사용했던 것과 달랐기 때문에 준비 상태가 더욱 미흡해 보였다. 미리 소프트웨어를 시험하며 익히려고 최선을 다했지만 소용이 없었다. 회의는 엉망진창이었다. 인터넷이 계속 두절되고, 소프트웨어는 계속 단절되는 등 기술상 어려움을 겪었다. 이렇게 산만한 상황이 지속되자 프레젠테이션이 진행되는 동안 큰 실수들이 거듭 일어났다. 더군다나 교육 세션을 바로잡을 플랜 B가 마련되지 않아 참가자들은 크게 실망했다. 회의를 지휘한 경험이 전혀 없었던 그녀는 당황할 수밖에 없었다.

비록 그때로 돌아가 프레젠테이션을 다시 시작할 수는 없었지만, 그녀는 이 경험에서 교훈을 얻고 프레젠테이션 방식을 바꾸었다. 다음 교육 세션을 위한 표준운영절차와 일정을 개발했다. 잠재적인 기술 결함의 해결책을 확인했다. 다음 회의를 앞두고 그녀는 완벽하게 준비를 끝냈다고 느꼈다. 후회로부터 교훈을 얻어 수행

방식을 개선했으니 그녀의 후회는 보상을 받은 셈이다.

내 후회가 중대하고 바로잡을 여지가 있는 것이라고 해서 내가 예상하는 방식으로 바로잡을 수 있는 것은 아니다. 론 카터는 현관 카메라용 스트리밍 기술을 개발해 주택 보안 방식을 바꾼 장본인이다. 내 팟캐스트에 초대 손님으로 출연했을 때 그는 크게 후회하는 일과 그 상황에 어떻게 대처했는지를 공유했다. 때는 영상 스트리밍 기술은 꿈도 꿀 수 없었던 2003~04년 무렵이었다. 론은 어머니가 두 차례나 고관절 수술을 받고 현관문을 열러 나갈 수 없는 처지가 되자, 파나소닉 비디오 레코더에 블랙베리 휴대폰을 연결하는 아이디어를 떠올렸다. 그러면 어머니가 영상으로 현관을 확인하고 문을 열어야 할지, 말지를 판단할 수 있을 터였다. 비디오를 구하기까지 하루 반나절이 걸렸지만 그 기기는 완벽히 작동했고, 그는 현재 우리가 사용하는 각종 기기의 토대인 스트리밍 기술을 개발하고자 몇 년의 세월과 평생 모은 돈을 투자했다.

론은 자신의 발명품을 상용화할 목적으로 사업 파트너를 영입했다. 파트너는 대단히 영리한 사람이었던 터라, 론은 그를 전적으로 신뢰했다. 하지만 그게 실수였다. 그 파트너는 줄기차게 책략을 부린 끝에 회사를 장악하더니 론을 쫓아냈고, 그는 믿었던 사람에게 모든 걸 빼앗기고 말았다. 회사를 잃었고 사실상 빈털터리가 되면서도 처음엔 무슨 일이 일어나는지조차 이해할 수 없었다. 그는 아무것도 할 수 없고 선택의 여지도 없다는 무력감을 느꼈다.

저축한 돈을 모두 날려 버린 론은 생계를 유지하려고 UPS[컴퓨터와 주변 장치에 대한 전력 공급을 조절하는 장치-옮긴이] 기사로 일자리를 구했다. 전자상거래가 호황이고 가정에 배달된 제품의 절도가 기승을 부린다는 사실을 발견한 것은 그 무렵이었다. "조사를 해 보니 전자상거래 산업의 규모가 5조 달러더군요. 그래서 택배 물품을 지키고 절도를 예방할 AI 기반 드론 보안 제품을 개발하는 아이디어를 떠올렸어요." 수년간 개발한 끝에 론은 신기술의 특허를 받았다. 출시하자마자 주택 보안 산업의 판도를 바꿀 수 있는 기술이었다. 인공지능은 이전의 현관 카메라 시스템보다 중대한 발전이었다.

론은 후회를 극복하고 앞으로 나아갈 수 있었던 비결로, 수용과 행동을 꼽는다. 그는 암 투병을 하면서 신앙이 더 깊어졌는데, 이를 통해 첫 번째 사업의 타이밍이 좋지 않았다는 믿음이 생겼다. 하나님이 나를 위해 더 좋은 것들을 마련해 두었다고, 그래서 첫 회사보다 더 나은 무언가를 받을 기회가 생겼다고 믿었다. 게다가 자신을 괴롭히는 건 이미 지나간 일이니 이제 내려놓아야 한다는 걸 깨달았다. 후회와 분노, 슬픔에 굴복할 수 있었던 상황에서도, 믿음과 마음가짐을 길잡이로 삼아 상황을 극복하고 매일 전진하며 자신을 용서한 것이다.

마지막으로 중대하고 바로잡을 여지가 없는 상황을 살펴보자. 마이클에게 후회스러운 일은 어머니 로즈메리의 말년이었다. 어느 날 어머니가 갑자기 심한 통증을 느꼈다. 급히 병원으로 호송된 그녀는 난소암이라는 진단을 받았고, 일주일에 한 번씩 병원에 다니며 치료를 시작했다.

마이클은 말했다. "한참 동안 그 일이 현실 같지가 않았어요. 그게 현실일 뿐만 아니라 하필이면 가장 악질적인 암이라는 사실을 받아들일 수가 없었죠. 문제를 한꺼번에 해결할 손쉬운 해결책을 떠올리려고 계속 애를 썼지만 그런 건 존재하지 않았어요." 공교롭게도 그 무렵 마이클은 일주일에 90시간 넘게 일하고 있었다. 그러다 보니 어머니의 암 치료가 시작된 이후에도 어머니와 시간을 보내기보다는 평소처럼 일에 파묻혀 하루 일과를 보냈다. 로즈메리는 뉴욕에 살았고 마이클은 캘리포니아에 살았던 터라 마이클은 고작 한 달에 한 번 이틀 정도 어머니를 만나러 갔다. 여전히 어머니는 괜찮을 것이라고 되뇌면서 말이다.

진단을 받고 넉 달이 채 지나지 않았을 때 로즈메리는 가망이 없다는 사실을 받아들이고 치료를 중단하기로 마음먹었다. 이렇게 상황이 바뀌자 마이클은 크게 동요했고 어떻게든 받아들이려고 안간힘을 다했다. 자신의 처지에 화가 났지만 여전히 일을 놓지 못했다. 어머니가 다른 가족과 생애 마지막으로 유럽 여행을 떠난 동안에도 마이클은 계속 평소대로 생활했다.

그러다 어느 순간 마이클은 부정을 떨쳐 냈다. 어머니의 삶이 끝을 향해 가고 있다는 사실을 마침내 받아들였고, 그러자 그녀와 함께 보내지 못하고 잃어버린 시간이 후회스러웠다. 이는 중대한 후회였고 잃어버린 시간은 바로잡을 여지가 없었다. 대신에 그는 어머니에게 남은 삶의 마지막 몇 주를 함께 보내기로 결심했다. 있는 힘을 다해 매순간 충실하게 사시는 어머니를 지켜보았고, 그녀가 사람들을 다정하고 온화하게 대하는 모습을 함께했다. 그건 매우 특별한 경험이었다. 아직도 그는 어머니 곁을 지킬 수 있어서 다행이라고 말한다.

마이클은 후회를 곱씹으며 자책할 수도 있었다. 하지만 그랬다면 어머니에게 남은 삶의 마지막 몇 주에 집중할 수 없었을 것이다. 그는 현재 순간에 집중해야 한다는 사실을 받아들이고 결국에는 자신을 용서했으며 덕분에 어머니 곁을 지킬 수 있었다.

"그건 예전 버전의 내가 한 일이니까"

이따금 우리는 경험을 순순히 받아들여야 한다. '평온을 구하는 기도'가 떠오른다. 통제할 수 없다고 느끼는 삶의 힘든 경험에서 벗어나 새 출발을 하도록 수많은 사람을 도운 기도다. "주여, 우리에게 우리가 바꿀 수 없는 것을 평온하게 받아들이는 은혜와 바꿔야 할 것을 바꿀 수 있는 용기, 그리고 이 둘을 분별하는 지혜를 허락하소서." 앞 장에서 지적했듯이 이는 이미 일어난 일을 마지못해 받아들이라는 의미가 아니다. 지난 실수들을 끌어안아 받아들인다는 것은 그것에서 배우고 새 출발을 한다는 의미다. 후회나 죄책감, 수치심에 사로잡혀 있는 것은 아무에게도 도움이 되지 않는다.

바로 이때 관점이 더할 나위 없이 중요해진다. 나는 결국에는 가장 좋은 방향으로 일이 해결될 것이라고 믿는 편이다. '다른 선택을 했으면 좋았을걸'하며 깊이 후회할 때조차 이런 관점이 힘든 상황에서 벗어나 다시 출발할 수 있는 밑거름이 된다. 물론 실수를 바로잡을 수는 없지만, 이 시점에 내가 무엇을 할 수 있고 어떻게 하면 상황을 개선할 수 있을지 스스로에게 물어볼 수는 있다.

자신과 다른 사람을 용서하기가 말처럼 쉽지 않을 수 있다. 자신이든 다른 사람이든 상관없이 용서는 대개 힘든 일이다. 팟캐스트 인터뷰에서《노력 끝에 얻은 삶》의 작가 마셜 골드스미스는 '비영구성'이라는 개념에 대해 설명해 주었다. 그는 "깊이 숨을 쉴 때마다 새로운 내가 된다"는 불교의 가르침을 좋아한다며, 숨을 쉴 때마다 우리는 언제나 새로 시작한다고 말했다. 모든 새로운 순간은 새롭게 출발할 기회를 선사한다. 그는 이렇게 전했다. "그 말에서 첫 번째로 가장 유익한 점은 예전에 저지른 과오를 예전 버전의 내가 저지른 실수라고 생각할 때 나를 용서하기가 훨씬 쉬워진다는 사실입니다." 바꾸어 말하면 나라는 인간과 내가 했거나 하지 않은 행동 사이에 거리를 약간 두어야 한다. 그렇게 해도 내가 나쁜 사람이 되지는 않을 뿐더러 오히려 더 나은 모습으로 발전할 수 있다. 그는 "한 가지 더 언급하자면 이 사고방식은 과거 속에 머물지 않도록 막아 준다"고 덧붙였다. 후회나 죄책감 때문에 불가피한 실수를 극복하지 못한다면 그것은 결코 우리가 바라는 바가 아니다.

데일 카네기 원칙 훈련법

후회에서 벗어나 새로 출발하는 법은 자기 삶의 주도권을 지니기 위해 반드시 길러야 할 기술이다. 지금 당장 연습을 시작해 보자. 과거는 돌이킬 수 없어도 마음만 먹으면 원하는 미래를 창조할 수 있다.

원칙

후회를 마주하고, 바로잡고, 새 출발을 하라.

행동 단계

후회스러운 상황을 떠올려 보고 아래 항목에 대한 답변을 적어 보자.

○ 상황을 검토해 완전히 파악한다.
: 무슨 일이 일어났는가? 실제로 일어난 일(사건)과 그것에 대한 자신의 느낌을 분리해야 한다는 사실에 주목하라.

○ 후회 프레임워크를 적용한다.

· 내가 하거나 하지 않은 일의 영향이 중대한가, 사소한
가? 모든 관련자에게 미치는 영향을 고려해 보자. 내 행
동이 다른 사람에게 어떤 영향을 미쳤는가? 나에게는
어떤 영향을 미쳤는가?

· 바로잡을 여지가 있는가, 없는가? 상황을 (조금이라
도) 개선하기 위해 내가 할 수 있는 일이 있는가? 그렇
지 않다면 스스로 솔직하게 인정한다.

○ 내가 할 수 있는 행동을 결정하고 실행한다.

: 사과하거나 바로잡거나 아니면 그냥 나를 용서하거나,
뭐가 됐든 내가 할 수 있는 일은 언제나 존재한다. 상황
에 대처하기 위해 무엇을 할 수 있는지 결정하고 실행
한다.

○ 같은 상황을 되풀이하지 않으려면 무엇을 배워야 할
지 파악한다.

: 바로잡는 작업을 끝낸 후에는 배운 점이 무엇인지 돌아
보자. 같은 상황을 되풀이하지 않으려면 어떻게 해야 하
는가? 새로운 통찰을 얻으려면 행동이나 사고방식을 어
떻게 바꾸어야 할까?

○ 후회를 느낄 때 따르는 감정과 협력하고, 나를 용서
   한다.

: 3장을 참고해서 어떤 경험이 끝난 다음에도 사라지지
않는 감정과 협력해 보자.

chapter
7

스트레스

스트레스가
우리를 지배하기 전에

우리가 느끼는 피로의 원인은
대개 일이 아니라
걱정과 좌절, 분노다.

데일 카네기

나는 목과 왼쪽 어깨 상단에 통증을 일으키는 발진을 가리키며 "대체 이게 뭡니까?"라고 피부과 의사에게 물었다. 의사는 대상 포진인 것 같다고 대답했다.

"네? 대상 포진? 어떻게 그럴 수가 있어요? 대상 포진은 고령자들만 걸리는 거 아닌가요? 전 그럴 나이는 아닌데요."

"음, 중년층도 걸릴 수 있습니다. 최근에 스트레스를 많이 받으셨나요?"

의사의 질문을 듣고 나니 떠오르는 바가 있었다. 그 무렵 나는 연속 12주 동안 세계 각지로 출장을 다녔다. 출장 일정에는 대부분 회의와 프레젠테이션이 포함되어 있었고, 이 가운데 일부는 스트레스가 많은 일이었으며, 시간대를 변경해야 하는 출장도 잦았다. 꾸준히 운동하는 것은 거의 불가능했다. 끼니 대부분을 외식으로 해결했고, 오전과 늦은 오후에는 조금씩 밀려오는 피로를 극복하려고 에너지 음료에 의지했다.

나는 이렇게 대답할 수밖에 없었다. "예, 지난 몇 달 동안 너무 무리했습니다. 근데 스트레스 때문에 대상 포진이라뇨? 대상 포진은 바이러스가 원인이라고 생각했는데요. 스트레스가 바이러스를 발생시키나요?"

"대상 포진은 바이러스가 원인이지만 스트레스가 면역체계를 약화시킬 수 있어요. 그래서 바이러스 감염에 더 취약해지거나 바이러스가 몸에 잠복해 있는 경우라면 다시 활성화시킬 수 있죠."

이 일이 내게 경종을 울렸다. 나는 출장과 업무에서 오는 육체적 피로뿐만 아니라 높은 성과를 거두어야 한다는 압박감, 실수를 저질러 창피당할 것 같은 두려움, 사람들의 시선에 대한 걱정 등 내가 스스로 짊어진 엄청난 스트레스를 솔직히 인정해야 했다. 감정적인 긴장이 대상 포진 같은 신체 반응을 일으킬 수 있다고 생각하니 스트레스에 더 현명하게 대처하고 무리하지 말아야 했다는 후회가 밀려왔다.

우리는 누구나 건강을 위협할 수 있는, 스트레스가 많은 상황을 마주한다. 스트레스를 통제하려면 스트레스로 인한 폐해를 미리 인식하고 적절한 조치를 취해야 한다. 말처럼 쉬운 일이 아니라고 말하는 사람이 있을 것이다. 맞는 말이다. 스트레스가 너무 버겁게 느껴져서 좀처럼 벗어날 수 없을 것처럼 보일 때가 있다. 그렇다 해도 앞선 여러 장에서 우리가 배운 모든 것들, 즉 올바른 생각을 선택하고, 감정에 대처하고, 사고방식과 자신감을 함양하고, 변화를 수용하고, 후회에서 벗어나 새 출발을 하기 위해 노력하는 그 모든 과정은 스트레스에 대처하는 능력과 직결된다.

언제나 선택권이 있음을 기억하라. 스트레스가 많은 상황에서 올바른 생각과 감정을 선택한다면 전투의 반은 이긴 셈이다. 그것이 바로 이 장의 핵심, 즉 스트레스가 우리에게 영향을 미치기 전에 스트레스에 대처하는 법을 배우는 것이다.

스트레스란 무엇인가

스트레스는 인간의 정상적인 반응이다. 그것은 생각이나 기억 같은 내적 사건이나 스트레스 요인이라고도 일컫는 외적 사건에 대한 반응이다. 자극은 내·외부에서 모두 발생하며 감정을 일으키는 원인이 된다. 실제로 생리학적인 반응으로 나타나는 스트레스는 부정적인 감정처럼 느껴질 수 있다. 도전이나 위협을 마주할 때 스트레스를 느끼는 것은 당연하다. 스트레스를 받으면 심장 박동이 더 빨라지거나 숨이 더 가빠지거나 손바닥에 땀이 나거나 아니면 명확하게 생각하기가 어려울 것이다. 누구나 이런 투쟁-도피 반응을 느낀다. 하지만 새로운 상황에 적응해야 하거나 계속 동기를 부여받고 경계할 때는 스트레스가 이로울 수 있다.

스트레스 요인의 형태와 규모는 다양하다. 실직, 이사, 사별, 관계 파탄 같은 중대한 스트레스 요인이 있다. 사소한 스트레스 요인에는 껄끄러운 대화, 과도한 업무에서 오는 부담감, 지각 등이 포함될 것이다.

스트레스와 불안을 구별할 것

먼저 흔히 혼동하는 스트레스와 불안을 구분해 보자. 비록 우리가 스트레스와 불안, 그리고 그 원리에 대해 계속 배우는 중이긴 하지만, 두 경험을 구별할 만큼은 충분히 알고 있다.

스트레스 요인이 사라진 다음에도 비현실적이거나 과장된 걱정이 멈추지 않고 지속되는 경험이 불안이다. 예를 들어 생활비가 부족해서 월급날을 기다린다고 할 때, 이 상황에 대해 스트레스를 느낄 수 있다. 그런데 실제로 일어나는 일들을 과장해서 해석하게 되면 불안이 일어난다. 생활비를 해결한 다음에도 앞으로도 '항상 돈에 쪼들릴 것'이며 생계를 유지하기 힘들다는 걱정이 사라지지 않는 것이다. 불안에 사로잡히면 실제로 위협적이지 않은 상황조차 공포와 두려움으로 느낄 수 있다. 불안은 스트레스를 일으키는 사건이 마무리된 후에도 사라지지 않으며 심각한 수준에 이르면 장애로 악화될 수 있다. (확실히 짚고 넘어가자면, 이 장에서 다루는 것은 의학적 도움이 필요한 불안장애가 아니라 일반적인 스트레스와 불안이다. 불안장애는 평범한 스트레스와는 달리 극심한 고통의 범주에 속한다.) 최악의 상황을 상상하거나, 실수나 스스로 '잘못'이라고 여기는 일을 지나치게 강조하다 보면 불안에 사로잡힐 수 있다.

일반적으로, 스트레스는 단기적이나 불안은 지속적이다. 스트레스는 인식된 위협에 대한 반응인 반면, 불안은 트리거[과거의 경험을 상기시켜 재경험을 유발하는 자극을 의미하는 심리학 용어-옮긴이]가 확인되지 않을 수 있다.

사람마다 스트레스에 반응하는 방식이 다르다. 약속 시간을 지키는 일에 스트레스를 느끼는 사람이 있는가 하면 전혀 그렇지 않은 사람이 있다. 누군가는 다른 사람 앞에서 프레젠테이션을 할 생각만 해도 스트레스가 쌓이지만 다른 사람에게는 그저 일상일 수 있다. 반면에 프레젠테이션을 망칠까 봐 두려워서 밤잠을 이루지 못하고 프레젠테이션이 끝난 다음에도 긴장이 가시지 않는다면 불안 증세일 가능성이 있다.

유익 스트레스로 재구성하기

중요한 것은 스트레스가 만성이 되기 전에 스트레스를 주는 요인을 파악하고 대처할 방법을 모색하는 것이다. 중대한 스트레스를 경험했던 때를 떠올려 보자. 어떤 느낌이었는가? 스트레스 수치가 삶에 어떤 영향을 미쳤는가? 생각해 보면 스트레스가 이따금 이로웠던 사례도 있을 것이다. 마감 직전에 과제를 끝낼 때처럼 말이다.

사실 우리가 행동하려면 어느 정도의 부담감이 필요하다. '좋은' 스트레스라는 의미의 '유익 스트레스Eustress'는 이롭다. 도전인 것은 분명하나 실패하지는 않을 것 같다고 느끼는 임무를 맡을 때, 우리는 유익 스트레스를 경험할 수 있다. 이런 유형의 스트레스는 좋은 성과를 거두고 목표를 성취하는 데 보탬이 된다.

반면에 스트레스 반응 탓에 오랫동안 불안이나 걱정에 사로잡혀 있는 경우 문제가 생긴다. 만성 스트레스에 시달리면 긴장을 늦출 수 없고 압박감이 사라지지 않는다. 몸과 마음을 회복할 시간이 없다. 면역체계를 생각해 보라. 면역체계가 활발하게 작동하려면 외부 박테리아와 세균을 만나야 한다. 이것이 바로 좋은 스트레스, 즉 유익 스트레스의 일례다. 그러나 건강한 면역체계라도 미처 대비하지 못한 세균과 박테리아의 공격을 줄기차게 받으면 약해지기 마련이다. 우리 몸은 낮은 수준의 스트레스라면 충분히 감당해 낸다. 하지만 만성적이고 장기적인 스트레스는 심장 박동과 혈압의 상승, 감염 취약성, 당뇨 발병 위험, 탈모, 두통, 소화 문제, 심지어 대상 포진 등 면역체계에 심각한 손상을 입힌다. 그렇기 때문에 스트레스 관리가 매우 중요하다. 제대로 관리하지 못하면 스트레스가 장기적인 영향을 끼칠 수 있다.

8년 동안 미국 성인 3만 명을 추적하는 흥미로운 연구가 있었다. 참가자들은 매번 "지난 한 해 동안 스트레스를 얼마나 경험했는가?"라는 질문을 받았다. 또한 스트레스가 건강에 해롭다고 믿는지 여부에 답해야 했다. 연구를 진행하는 동안, 연구진은 매해 공식 사망 기록을 열람해 사망한 사람을 확인했는데, 안타깝게도 이전 해에 스트레스를 많이 받았다고 응답한 참가자들의 사망 위험률이 43퍼센트 높았다. 놀라운 사실은 스트레스가 건강에 해롭다고 믿는 사람에 한해서만 그런 결과가 나타났다는 점이다. 스트레스를 해롭다고 여기지 않은 사람들의 사망 위험률은 상대적으로 높지 않았다. 오히려 스트레스가 적다고 말한 응답자들을 포함한 다른 연구 집단보다 사망 위험률이 낮았다. 이 연구에 따르면 스트레스와 그것이 본인에게 미치는 영향에 대한 믿음이 스트레스 자체보다 더 큰 영향을 미칠 수 있다.

하버드대학교는 또 다른 연구에서, 스트레스를 이롭다고 생각하는 참가자들에게 나타나는 현상을 평가했다. 연구진은 참가자들에게 심장 박동과 호흡이 빨라지면, 긴장이나 불안감이 아닌 앞으로의 행동을 위한 준비 신호로 생각하라고 전달했다. 이렇게 스트레스가 성과에 긍정적이라고 훈련받은 사람들은 자신감이 높았고 스트레스와 불안 수준은 낮았다.

스탠퍼드대학교 건강심리학자인 켈리 맥고니걸 박사는 다음과 같이 말한다. "스트레스 반응이 이롭다고 생각할 때 용기의 생태학이 창조됩니다. 스트레스를 받는 상태에서 다른 사람과 관계 맺기를 선택하게 되면, 회복 탄력성이 높아지고 스트레스 대처 능력

또한 향상되죠. 실제로 이는 꽤 심오한 선언문을 작성하는 거나 다름없습니다. 삶의 도전들에 대처할 수 있다고 스스로 믿는다는 사실을 선언하는 거죠."

스트레스를 해소하는 도구: 문제 해결 기법

스트레스가 심할 때 당신은 이에 잘 대처하고 있는가? 스트레스는 흔히 문제 자체보다 특정 상황에 대한 대처 방식 때문에 생긴다. 스트레스와 불안에서 가장 주목할 만한 요소는 통제권이 없다는 느낌이다. 특정 상황의 결과가 두려우면 결정을 피하게 되고 그러면 불안감이 심화될 수 있다. 어떻게 해야 할지 확신이 서지 않을 때 우리는 선택지를 놓고 오랜 시간 고민하는 반면에, 행동에는 충분한 시간을 할애하지 않는다. 그러면 부정적인 피드백 고리가 형성된다. 문제를 일으키는 스트레스 요인뿐만 아니라 속수무책이라는 믿음이 고개를 든다.

앞서 여러 장에서 살펴본 것처럼, 사고방식의 힘에는 감정적인 경험에 대한 생각도 포함된다. 스트레스가 심할 때 감정에 휩싸이는 것은 지극히 정상이지만, 감정의 포로가 되고 싶은 사람은 아무도 없을 것이다. 스트레스 관리의 핵심은 감정을 배제한 상태에서 문제를 고려하고 행동하는 법을 파악하는 것이다. 한순간 무력한 존재처럼 느껴질 수 있겠으나 우리는 결코 무력하지 않다.

《자기관리론》에서 데일 카네기가 강조했고 마이클과 나 역시 스트레스 관리를 위해 항상 이용하는 중요한 도구는 '문제 해결 기법'이다. 이 접근방식을 이용하면 스트레스의 근본 원인을 발견할 수 있다. 스트레스를 받는다고 느낄 때 다음 질문들을 글로 적고 해답을 찾아 보자.

○ 무엇이 문제인가?

: 이따금 내가 문제라고 생각하는 것이 실제로는 문제가 아닌 경우가 있으므로, 이 질문을 진지하게 고려해야 한다. 머릿속에 가장 먼저 떠오르는 답을 받아들이기 전에 상황을 제대로 파악했는지 반드시 확인한다.

○ 문제의 원인은 무엇인가?

: 한 가지 혹은 여러 가지 원인을 나열할 수 있겠지만 가짓수와는 상관없이 최선을 다해 원인을 정리해서 순위를 정한다.

○ 가능한 해결책은 무엇인가?

: 마음껏 브레인스토밍을 하되 가장 가능성이 있는 해결책을 중심으로 진지하게 고려해야 한다.

○ 최선의 해결책은 무엇인가?

: 이제 집중력을 발휘해야 할 시간이다. 최선의 해결책을 선

택해 실행에 집중하자. 걱정을 줄일 수 있는 결정적인 요소
는 실행이다. 그러니 무엇보다 행동해야 한다.

문제 해결 기법을 적용해 스트레스를 이해하고 대처한 좋은 예
로, 아흐마드 카말의 사연을 살펴보자. 아흐마드는 이집트 알렉산
드리아에서 그와 가족이 거주하는 한 지역의 주민위원회에서 회
계 일을 맡게 되었다. 그런데 이 일을 하게 된 후부터 스트레스가
심했다. 그는 500여 가구의 관리를 도왔는데, 이는 수도관 누수,
이웃 간 소음, 변기 막힘, 기기 고장 같은 민원이 수백 건씩 일어날
수 있다는 뜻이었다. 세입자들이 의사소통용으로 사용하는 앱의
스레드thread[인터넷의 뉴스 그룹에서 하나의 게시물과 그에 대한 답장을
한 곳에 모아 놓은 것-옮긴이]에 분노에 찬 메시지가 쏟아졌을 때, 그
는 엄청난 스트레스를 받았다. 부담감 때문에 수면 장애가 일어나
몇 날 며칠씩 잠을 설칠 정도였다. 본인은 깨닫지 못했지만 스트레
스를 집안까지 끌고 왔고, 아흐마드의 아내는 그의 스트레스가 그
녀와 두 딸에게 영향을 미친다고 말했다. 가족까지 힘들게 만들고
싶지 않았던 아흐마드는 변화가 필요하다고 판단했고, 문제 해결
기법을 시작하기로 마음먹었다.

그는 우선 '무엇이 문제인가?'라고 스스로에게 물었다. 답을 찾
는 것은 어렵지 않았다. 주민위원회의 회계 업무 때문에 느끼는 심
한 스트레스가 그의 수면과 건강, 가족관계에까지 확실히 영향을
미쳤다. 무언가 손을 쓰지 않으면 이 모든 것이 악화될 터였다. 상

상하기조차 싫은 일이었다.

둘째, 문제의 원인을 떠올렸다. 우선 한 가지는 의사소통으로 사용하는 앱 스레드에 부정성과 수동적인 공격, 비난이 난무한다는 사실이었다. 스레드를 볼 때마다 아흐마드는 몇 시간씩 기분이 좋지 않았다. 이어서 큰 기대를 걸었던 동료 임원들과의 상호작용에 대해서도 생각했다. 지금 그가 혼자 처리하는 모든 업무에 동료들이 좀 더 참여해야 마땅하다고 결론을 내렸다. 그는 이 두 가지가 스트레스를 일으키는 가장 중요한 원인이라고 정리했다.

그런 다음 잠재적인 해결책들을 나열하고 마지막으로 '최선의 해결책' 세 가지를 결정했다. 첫째 사용하는 앱의 문자 스레드에서 탈퇴했다. 주민들의 민원에는 개별적으로 대처하겠지만 모욕적이고 해로운 단체 채팅에는 참여하지 않기로 한 것이다. 다음으로 다른 사람에 대한 기대는 내려놓고 대신 본인 업무에만 집중하기로 마음먹었다. 마지막으로, 회계를 맡겠다는 자신의 약속은 지키되 임기가 끝나면 재출마하지 않기로 결정했다. 그가 위원회의 모든 임원을 좀 더 예의 바르게 행동하도록 만들 방법은 없었다. 하지만 스트레스를 일으키는 상황에서 스스로 벗어나 스트레스의 원천을 끊임없이 상기시키는 알림은 잠재울 수 있었다. 아흐마드는 능력껏 최선을 다해 상황을 통제했다.

이런 조치들은 아흐마드의 기분과 관점을 곧바로 바꿔 놓았다. 특히 집에서 가족과 지낼 때 마음이 편해진다는 사실을 깨달았다. 아울러 스트레스가 일어나면 곧바로 인식할 수 있도록 정신을 집중했다. 아흐마드는 만성 스트레스가 문제로 자리 잡아 삶을 장악하기 전에 미리 감지할 '센서를 켜 놓아야 한다'고 말한다.

속도를 늦춰야 한다는 몸의 요구에 귀를 기울이지 못할 때 번아웃에 시달릴 수 있다. 번아웃은 단순히 정신적인 상태나 지속적인 스트레스에 대한 감정적인 반응에 그치지 않는다. 연구 결과에 따르면 번아웃은 개인적, 사회적 기능에 해를 끼치고, 인지 기능을 무력화시키며, 호르몬 체계에 영향을 미칠 수 있다. 이 모든 현상은 뇌의 작동 방식에 변화를 일으킨다. 번아웃은 정신적, 감정적 영향뿐만 아니라 불면증, 구역질, 두통, 심계항진, 호흡 곤란, 공황 발작의 원인이 된다.

최근 갤럽 조사에서, 독일 근로자 270만 명이 번아웃을 느끼는 것으로 나타났다. 영국에서 인사 책임자를 대상으로 조사를 실시한 결과 응답자의 거의 30퍼센트가 조직 전반에 번아웃이 만연해 있다고 답했다.

네긴 아지미는 극적인 방식으로 번아웃을 경험했다. 네긴은 이란 태생으로, 세 살 때 이란을 떠났다. 네긴의 어머니는 스웨덴으로 이주하면서 좀 더 편안한 삶을 기대했지만 네긴의 가족은 몇 년 동안 경제적인 어려움을 겪었다. 열네 살에 데일 카네기 강좌를 수강했을 때 네긴은 사람들 앞에서 연설하는 법을 배웠고 이를 무척 좋아했으며 열여섯 살에 컨설팅 회사를 창업했다. 컨설팅 실력이 매우 좋았던 덕분에 그녀는 스웨덴의 여러 정상급 기업에서 연사로 초빙받을 수 있었으며, 사람들은 성장배경이 다른 한 젊은이의 인생담을 좋아했다. 그녀는 세계 최연소 TEDx 개최자가 되었다. 스웨덴에서 TEDx의 주최자에게 수여하는 상을 수상했고 몇 년 동안 TEDx를 운영했다. 아울러 4년 동안 'SOS 어린이 마을[아동 양육 및 자립을 목적으로 하는 국제민간사회복지기구-옮긴이]'의 이사회 임원을 지냈다.

모든 일이 순조로워 보였다. 하지만 열여덟 살에 그녀는 번아웃을 겪었다. 2년 동안 병상에서 일어나지 못할 만큼 심각한 번아웃이었다.

네긴은 병상에 누워 긴긴 시간을 보내면서 어쩌다 이런 지경에 이르렀는지 생각했다. 되돌아보니 번아웃의 조짐이 전혀 없었던 것은 아니었다. 그녀의 몸은 몇 번이고 그녀가 스트레스와 피로에 시달리고 기분이 좋지 않다는 신호를 보냈지만 그녀가 귀담아듣지 않았을 뿐이었다. 네긴은 이 경험이 자신에게 일어난 최악인 동시에 최선의 일이었다고 여긴다. 병마와 피로를 상대로 싸워야 했지만 그 덕분에 몸과 마음의 관계를 개선하는 법을 배웠기 때문이다. 그녀는 원하는 모든 것을 성취하고 감격스러웠으나 건강을 잃으면 그 어떤 것도 중요하지 않다는 사실 또한 배웠다. 네긴이 얻은 가장 큰 교훈은 '모든 것은 물과 같다. 모든 것은 항상 변한다. 그러니 흐름에 따르면서 몸과 영혼에 귀를 기울여야 한다'는 사실이다. 네긴은 천천히 힘을 되찾았으며 이번에는 자신을 더 잘 돌보면서 몸담았던 일로 돌아가고자 노력했다. 현재 그녀는 세계 최고의 글로벌 에이전시에서 홍보 및 소통 전문 컨설턴트로 일하고 있다.

실용적인 스트레스 대처법 몇 가지

그 외 스트레스에 제압당하지 않도록 대처할 수 있는 몇 가지 실용적인 방식을 살펴보자.

    ○ 대화한다.

       : 우리는 신뢰하고 대화를 나눌 수 있는 사람을 원한다. 치료
       사, 코치, 파트너, 배우자, 친구 등 신뢰할 수 있는 누군가와
       대화를 나누면 스트레스와 다른 감정상 어려움을 헤쳐 나
       갈 수 있다.

    ○ 움직인다.

       : 운동하면 긴장과 스트레스가 풀리고 행복의 토대가 된다
       는 연구 결과가 있다. 아내 케이티는 내가 운동을 빼먹으면
       바로 알아챈다. 나라는 사람이 확연히 달라지기 때문이다.
       움직여야 한다고 해서 항상 10마일을 달리라는 의미는 아
       니다. 산책을 나가거나 자전거를 타거나 수영을 하거나 어
       떤 형태든 신체활동을 하면 된다. 중요한 것은 자신에게 효
       과적인 활동을 하는 것이다.

    ○ 플러그를 뺀다.

: 하루라도 텔레비전과 뉴스, 소셜 미디어를 끊고 휴식을 취해 본 적이 있는가? 만일 있다면 그때 기분이 어땠는가? 주변에서 무슨 일이 일어나고 있는지 정보를 얻는 건 좋지만, 끊임없는 나쁜 소식, 양극화된 관점, 모욕적인 소셜 미디어 게시물에 시달리다 보면 스트레스가 심해질 수 있다. 나는 주기적으로 하루 혹은 며칠 동안 뉴스와 소셜 미디어를 접하지 않는 일종의 단식 기간을 가지고 있는데, 그럴 때마다 기분이 좋아진다. 모든 매체를 접하지 않는 짧은 휴식 기간을 정하고, 휴식의 질에 차이가 느껴지는지 지켜보라.

○ 호흡한다.

: 호흡에서 얻는 건강상 혜택은 주로 긴장과 스트레스의 완화와 자기인식이다. 우리는 호흡운동을 통해 현재 순간에 충실하고 마음을 가다듬을 수 있다. 예컨대 '박스 호흡'은 넷까지 세면서 코로 숨을 들이마시고, 4초 동안 숨을 참았다가, 4초 동안 숨을 내뱉고, 다시 4초 동안 호흡을 참는 운동이다. 또 다른 간단한 운동으로 '4-7-8 호흡법'이 있다. 4초 동안 숨을 들이마시고 7초 동안 숨을 참았다가 8초 동안 내뱉는다. 호흡이 심장 박동 수를 안정시키고 불안을 줄일 수 있다.

휴식의 긍정적 효과를 최대한 활용할 것

푹 쉬었을 때 우리는 더 현명한 선택을 할 수 있다. '휴식'이라는 소리를 들으면 대부분 수면을 떠올린다. 하지만 건강 전문가인 달튼 스미스 박사에 따르면 안타깝게도 우리는 휴식과 수면을 혼동하고 있다고 한다. 휴식의 형태는 다양하지만 수면은 한 가지뿐이다. 다음은 휴식의 목록이다.

- o 신체적 휴식 : 수동적 휴식(밤잠이나 낮잠) 혹은 능동적 휴식(요가와 마사지 같은 회복 활동).
- o 정신적 휴식 : 짧은 휴식으로, 잠시 속도를 늦추어야 한다는 사실을 일깨운다.
- o 감각적 휴식 : 환한 불빛과 모니터, 소음과 (대면이나 비대면) 대화를 차단한다.
- o 창의적 휴식 : 자연이나 예술을 통해 감각을 일깨운다.
- o 정서적 휴식 : 다른 사람의 비위를 맞출 필요 없이 자유롭게 감정을 표현할 시간과 공간을 가진다.
- o 사회적 휴식 : 진을 빼놓는 인간관계로부터 휴식을 취한다.
- o 영적 휴식 : 어떤 형태든 더 고상한 삶의 목적과 연결되는 시간과 공간을 가진다.

휴식은 게으름이 아니다. 휴식을 취하면 효율성이 높아진다. 미국 질병 예방 및 건강증진국에 따르면, 매일 밤 최소 7시간 수면을 취하는 성인은 그렇지 않은 성인에 비해 질병에 걸릴 위험이 낮고, 정상 체중을 유지하며, 더욱 명료하게 사고한다. 아울러 사회적 상호작용이 긍정적이고, 전반적으로 행복하다고 느낀다. 모든 형태의 휴식에도 이와 같은 효과가 있다.

마이클은 열다섯 살 때 유럽 배낭여행을 떠났다. 여행길에 병이 나는 바람에 여행을 중단하고 프랑스 루아르 계곡에서 잠시 쉬었다. 젊은 여행객의 '무조건 전진' 사고방식에 익숙했던 그로서는 갑작스럽게 여행이 중단되자 마음이 편하지만은 않았다. 그런데 꼬박 이틀 동안 꼼짝 못 한 채 강제로 쉬다 보니, 난생처음 가만히 있어도 괜찮다는 생각이 들었다고 한다. 굳이 책을 읽거나 생산적으로 움직일 필요가 없었다. 끊임없는 생산성을 중시하는 세상에서 이는 완전히 새로운 경험이었다. 이를 계기로 휴식에 대한 마이클의 관점이 바뀌었다.

데일 카네기 원칙 훈련법

스트레스는 피할 수 없다. 사람들은 대부분 스트레스를 부정적인 경험으로 보지만 사실 나를 계속 움직이게 하는 원동력은 스트레스다. 좋은 스트레스가 주는 혜택이 없다면 먹고 씻는 일 같은 기본 활동을 포함해 그 어떤 일도 이룰 수 없을 것이다. 중요한 것은 스트레스의 포로가 되지 않아야 한다는 사실이다. 스트레스로 말미암은 부정적인 경험은 흔히 문제 자체가 아니라 문제에 대한 걱정이나 불안과 관련이 있다. 스트레스에 대한 반응을 최소화하기 위해 노력한다면 스트레스를 유리하게 이용할 수 있다.

원칙

스트레스를 유리하게 이용하라.

행동 단계

○ 문제를 곱씹으며 감정의 소용돌이에 빠지지 말고 문제 해결 기법을 이용해 해답을 글로 적어 보자.

· 무엇이 문제인가? : 실제 문제 상황과 그것에 대한 내 감정이나 생각을 분리한다.

· 문제의 원인은 무엇인가? : 근본 원인을 찾는다. 어떤 요인이 문제를 일으켰는가?

· 가능한 해결책은 무엇인가? : 파격적으로 보이든 평범해 보이든 상관없이 가능한 해결책을 모조리 적는다.

· 최선의 해결책은 무엇인가? : 결과를 고려했을 때 최선의 결과를 얻을 수 있는 해결책은 무엇인가? 조합할 수 있는 해결책들이 있는가? 가장 효과적인 해결책이 결정되면 곧바로 실천한다.

○ 스트레스 해소법을 개발한다.

: 즐거움을 느끼고 긴장을 풀어 주는 일들을 떠올려 보자. 이런 활동을 목록으로 만들어 적어도 한 가지 활동을 일과에 포함시키는 것이 좋다. 몇 가지 예를 들어 보자.

· 신뢰할 수 있는 누군가와 대화한다.

· 매일 운동한다.

· 텔레비전과 소셜 미디어를 차단한다.

· 호흡운동을 한다.

· 휴식을 취한다.

회복 탄력성

*버텨 내는 힘은
어디에서 오는가*

행동하지 않으면
의심과 두려움이 생긴다.
행동하면
자신감과 용기가 생긴다.

데일 카네기

제니 수가 가족 휴가를 떠나 타임 스퀘어를 방문했을 때였다. 북적거리는 사람들과 번쩍이는 전광판에 둘러싸여 있는 동안 그녀는 전화의 진동을 느꼈다. 제니의 스튜디오가 개발하는 소셜 피트니스 게임의 투자자가 보낸 문자였다. 제니가 곧바로 전화를 걸자, 전화를 받은 투자가가 말했다. "할 얘기가 있어요. 당신네 프로젝트가 취소되었습니다. 투자한 돈을 회수할 예정이에요." 아무런 맥락이나 해명도 없이 그걸로 끝이었다. 제니와 팀원들이 지난 한 해 동안 설계한 게임을 완성하기 위한 자금이 사라진 것이다. 제니는 타임 스퀘어 한복판에서 망연자실한 채 옴짝달싹하지 못하고 잠자코 서 있을 수밖에 없었다.

제니는 업무 경험이 많았다. 겨우 열여섯 살에 독자적인 게임 회사를 설립했고 그녀가 개발한 모바일 게임은 다운로드 횟수가

920만이 넘었다. 이후 매사추세츠공과대학에서 컴퓨터공학 학위를 마친 그녀는 탈로파 게임즈라는 게임 스튜디오를 공동으로 설립했고 화려한 수상 경력을 자랑했다. 모두 스물다섯이 되기 전에 거둔 성과였다. 게임업계의 경쟁이 치열하다는 사실은 익히 알고 있었지만 그걸 경험한 적은 그때껏 전혀 없었다. 그런데 이제는 마치 누군가로부터 짐을 싸서 아파트를 떠나라는 강제퇴거명령을 받은 것 같았다. 그녀는 자신의 멘토에게 자문을 구했고, 비록 투자가가 느닷없이 매정하게 관계를 끝냈지만 게임업계에는 그런 일이 다반사임을 알게 되었다.

회사에 출근한 그녀는 전 직원이 모인 자리에서 회사가 곤경에 처했음을 알렸다. 직원을 절반으로 줄여야 한다는 소식을 전할 때는 감정이 북받쳤다. 정말 힘겨운 순간이었으나 그것은 자신을 믿어야 한다고 경종을 울리는 순간이기도 했다. 앞으로 무슨 일이 일어날지 짐작할 수 없었기 때문에 제니는 자신이 아는 것만 생각했다. 그녀는 거의 10년 동안 게임을 개발한 경험이 있었고, 그 지식이 패배감을 달래는 데 도움이 되었다. 회사를 살리려면 패배했다고 해서 그냥 포기할 수 없었다. 게다가 그녀는 혼자가 아니었다. 남은 팀원들은 도전 의지를 불태웠다. 제니와 팀원들이 작업에 착수했을 때 그들은 게임 출시 일자를 앞당길 수 있는 가능성을 확인했고, 이를 실현할 수 있다는 자신감을 가졌다.

마라톤이 취미인 그녀에게 피로감은 낯설지 않았다. "운동에는 회복력이 있어서 생활에도 영향을 미치는 것 같아요. 달리는 중에는 금방이라도 숨이 넘어갈 것 같은데 끝나고 나면 항상 회복되고 다음번에는 더 강해지거든요." 그녀는 이 지혜를 토대로 깊이 파고 들어 계속 나아갈 회복 탄력성을 발견했다. 현재 그녀와 팀원들은 게임을 다시 개발하고 있으며 조만간 출시할 예정이다.

회복 탄력성과 용기는 밀접한 관련이 있다. 회복 탄력성은 불행한 경험에서 '회복하고' 역경에서 의미를 찾아내는 능력이다. 평생 강철같이 사는 것이 아니라 경험을 바탕으로 성장하겠다는 목표를 세우고 역경에 맞서는 것이다. 그리고 용기란 위험이나 두려움, 어려움을 견디는 정신적, 도덕적 힘이다. 용기 있는 사람은 쉽게 두려워하거나 주눅이 들지 않는다. 용기라고 하면 우리는 흔히 온라인이나 역사책에서 읽은 거창한 영웅적 행위와 대담하고 용감한 사람들의 업적을 떠올린다. 하지만 용기는 중대한 순간에만 발현되는 행위가 아니다. 우리가 기를 수 있는 일상적인 습관이다. 혼신을 다해 노력해야 할 무엇이다.

미디어 전략가이자 베스트셀러 작가인 라이언 홀리데이는《용기에 관하여》에서 다음과 같이 썼다. "비겁함의 원천은 무엇인가? 두려움이다. 공포다. 파악하지 못한 적을 물리칠 수는 없다. 공포부터 냉담함, 증오, 소심함에 이르기까지 온갖 형태의 두려움은 용기의 적이다. 우리는 두려움과 전쟁하는 중이다."

누구에게나 어려운 시기는 있다

그렇다면 어렵거나 도전적인 순간에 어떻게 용기와 회복 탄력성을 키울 수 있을까?

○ 감정과 협력해 희망적인 생각을 선택한다.

○ 뒤를 돌아보며 앞을 내다본다.

○ 자신에 대한 믿음을 강화한다.

부정적인 감정과 두려운 생각이 밀려올 때 상황을 정확히 평가하기란 어렵다. 그러니 우선 3장의 과정을 이용해 감정을 살피고 부정적인 생각을 희망적인 생각으로 바꾸겠다고 선택해야 한다.

그런 다음 뒤를 돌아보고 앞으로 나아갈 방법을 파악해야 한다. 예전에 어려운 상황을 극복했던 경험을 떠올려 보자. 어떤 상황이었는가? 얼마나 어려웠는가? 어떤 느낌이었는가? 그리고 무엇보다, 어떻게 극복했는가? 구체적으로 어떤 조치를 취했는가? 상황을 극복할 때 어떤 사고방식이 효과적이었는가? 누구에게나 어려운 시기에 직면한 경험이 있다. 지난날 내가 발휘했던 회복 탄력성과 용기를 돌아보면 내게 버텨 낼 능력이 있음을 확인할 수 있을 것이다. 그때와 똑같은 사고방식이나 비슷한 조치를 이용해 현재의 당면 과제를 극복할 수 있을지 고려해 보자.

마지막으로, 나에 대한 믿음을 확인할 수 있는 일이라면 행동에 옮긴다. 확언을 직접 작성해 틈날 때마다 되뇌거나 곁에 있는 사람들과 대화를 나누며 난관을 극복할 수 있다. 위태로운 시기를 마침내 극복한 내 모습을 마음속에 그려도 좋다. 어떤 것이든 내게 맞는 방법을 실천하자. 내면의 힘을 일깨우고 두려움과 불확실이 다시 찾아오면 성공한 내 모습을 다시 떠올린다.

두렵지만 행동에 옮기는 일

두려움이 언제나 명백하게 보이는 것은 아니다. 때로는 미묘한 방식으로 드러나기도 한다. 그럴 때 우리는 회피하거나 거부하고 아니면 인간관계나 업무에 짐짓 문제가 없는 척한다. 게으름이나 무관심으로 가장할 수도 있다. 하지만 계속해서 문제를 회피하다 보면 상황이 더 악화된다.

레아 가브리엘은 해군 전투비행사, 비밀 정보 요원, 기자, 세계연대 기구 중재인 등 다양한 직책을 맡으며 경력을 쌓았다. 이 과정에 아주 결정적인 몇몇 순간은 지극히 위험한 상황에 반복적으로 직면했을 때 (그리고 치명적인 결과가 따를 수 있다는 사실을 알면서도 용기를 내기로 결심했을 때) 일어났다.

레아는 핵추진 항공모함에서 2인승 전투 비행기를 조종했다. 그런데 레아가 배치된 한 전투 훈련에서 존경하던 상급 조종사가 사망한 일이 있었다. 탑건Top Gun [미합중국 해군 항공대 공중전 학교의

별칭-옮긴이] 졸업생인 클러키 3세 해군 소령이 전투기를 타고 해상에서 야간 훈련 임무를 수행하던 중에 추락했던 것이다. 항공모함에서는 완전 군장의 예를 갖춰 클러키 소령의 공식 추모식을 거행했다. 그리고 나서 항공단은 곧바로 정규 작전으로 복귀했고, 쉴새 없이 움직이는 선상에서 위험하기로 악명이 높은 이착륙을 밤낮으로 수행해야 했다.

이 사건은 레아에게 항공모함 기반 해군 제트기 조종사로서 자신이 수행하는 모든 일의 극단적인 위험성을 실감한 비극적인 사건이었다. 이후 레아는 조종에 나설 때마다, 공포에 잠식되지 않고 상황에 맞설 수 있는 회복 탄력성과 용기를 발견하려고 애썼다. 그처럼 긴장이 고조되는 순간을 헤쳐 나가려면 결단과 집중이 반드시 필요했고, 자신만의 의식을 개발할 필요가 있었다. 그 결과 그녀는 비행 전 브리핑을 마치면, 장비를 착용하고, 비행기를 점검하고, 조종석에 올라 준비를 끝낸다. 캐터펄트 발사대에 안착해 엄지손가락을 치켜들고 경례를 마친 뒤, 자신과 자신에게 맡겨진 임무에 집중한다. 그렇게 회복 탄력성을 발견한 그녀는 해군 특수부대와 함께 아프가니스탄 지상 작전에 투입된 것을 비롯해 출중한 경력을 계속 쌓았다. 의심의 순간이 찾아오면 윌리엄 어니스트 헨리의 시를 암송한다. "나는 내 운명의 주인이고 내 영혼의 선장이다."

실제 경험에서 두려움을 극복하고 회복 탄력성을 발견하려면 결국 감정적인 용기를 내겠다고 확언해야 한다. 감정적인 용기란 감정을 느끼는 동시에 행동하겠다는 의지를 뜻한다.

두려움을 '극복하는' 것만으로는 충분치 않다. 이는 현실적으로 가능하지 않은 일이다. 두려움과 협력하는 법을 배워야 한다. 3장에서 배운 대로 감정과 협력할 때 두려움의 원인을 확인하고 대처할 수 있다. 연습을 통해 몸의 어느 부분에서 두려움이 일어나는지 알아내면 두려움에 침잠하지 않고 온전히 두려움을 경험할 수 있다. 앞 장에서 언급했듯이 스트레스를 이로운 것으로 생각하라. 두려움(긴장이나 불확실성을 느낄 때 경험하는 신체의 모든 감각)도 마찬가지다. 다시 말해 내게 유리한 방식으로 재해석할 수 있다. 내 앞을 가로막는 장애물이 아니라 원하는 곳에 도달하는 과정에 초점을 맞추어야 한다.

비나 벤카타라만은 〈보스턴 글로브〉의 자칭 '보잘 것 없는 풋내기 기자'이었던 시절, 해상풍력발전단지에 대해 알게 되었다. 이것이 계기가 되어 그녀는 유력 인사인 테드 케네디 매사추세츠 상원의원에게 정면으로 도전해 풍력발전단지의 조성을 막으려는 그의 정치 활동에 대해 심층 보도 기사를 썼다. 이 기사가 토요일 신문에 실리자 케네디는 신문사의 기자들에게 전화를 걸어 불만을 토로했고, 기자들은 돌아가며 그녀에게 전화를 걸었다. 비나는 자신이 쓴 내용을 입증할 진술을 확보했다는 말만 반복할 수밖에 없었다.

비나는 두려웠다. 미국에서 가장 유력한 정치인에게 비난을 받는 상황이니, 꽁무니를 빼는 편이 더 쉬웠을 것이다. 하지만 그녀는 용기를 내어 소신껏 행동하기로 선택했다. "아주 달갑지 않은 그 사소한 순간(테드 케네디가 발단이 되어 기자들이 그녀에게 건 전화를 받는 일)은 알고 보니 아주 중요한 순간이더라고요. 소신을 지킨 순간이었으니까요. 내가 정의로운 싸움을 하고 있다는 사실을 떠올릴 때마다 용기를 얻을 수 있었어요."

용기가 그녀에게 힘이 되었다. 비나는 훗날 MIT와 하버드의 브로드 연구소에서 세계 정책 이니셔티브 담당 국장으로 재직했다. 에릭 랜더가 대통령 과학기술자문위원회의 공동회장이던 시절에 그의 수석 고문을 지냈고, 이후에도 기후변화혁신 담당 수석 고문으로 백악관에서 근무했다.

비나가 두려움과 압력에 굴하지 않을 수 있었던 원동력은 더 중요한 목적과 자신이 옳다고 생각한 것(가치관)에 대한 헌신이었다. 고도의 정신력이 필요했던 도전을 생각해 보자. 어떻게 상황에 대처했는가? 다른 방식을 택했으면 좋았겠다고 후회하는가?

회복 탄력적인 사람들의 공통점

데일 카네기 연구소에서 연구를 실시한 결과, 회복 탄력성이 뛰어난 사람들에게 나타나는 특성이 있었다. 그들은 대개 긍정적인 태도를 유지하고 자신의 능력을 믿으며 도전에 훌륭하게 대처한다. 위기에서 빠르게 회복하고 부정적인 경험에서 배울 점을 찾아 활용한다. 정신력과 회복 탄력성이 뛰어난 사람들은 다음과 같이 생각한다. '이 일에서 무엇을 배울 수 있을까? 이 일을 극복하면 성장에 어떻게 도움이 될까? 앞으로 나아가려면 지금 당장 무엇을 해야 할까? 이 일의 부정적인 면에만 줄곧 초점을 맞춘다면 무슨 일이 일어날까?'

연구에서는 또한 회복 탄력성에 인식이 미치는 영향을 확인했다. 회복 탄력성이 뛰어난 사람은 똑같은 사건을 그렇지 않은 사람에 비해 스트레스가 적다고 인식했다. 회복 탄력성이 낮은 집단에서 도전적인 사건을 경험하고 스트레스가 많았다고 말한 사람은 31퍼센트였던 반면에, 높은 집단에서는 16퍼센트에 불과했다. 따라서 회복 탄력성에는 역경에 대응하는 방식뿐만 아니라 역경을 인식하는 방식이 중요하다. 우리는 당연히 '회복 탄력적인' 집단에 속하기를 원한다. 따라서 무엇보다 내가 상황을 어떤 식으로 인식하는지 이해해야 한다.

루시 혼은 펜실베이니아대학교에서 회복 탄력성을 연구한 후에 고향인 뉴질랜드로 돌아가서 박사 학위 연구를 시작했다. 바로 그 무렵에 대규모 지진이 일어나 그녀의 고향을 초토화시켰다. 루시는 이 시기를 잘 넘길 수 있도록 지역 사회와 협력했고, 이것이 회복 탄력성에 대한 자신의 연구 결과를 현실에 적용하는 궁극적인 순간이라고 생각했다. 하지만 안타깝게도 그녀의 예상은 빗나갔다.

3년 후 루시는 가족과 함께 뉴질랜드 남부의 오하우 호수에 머무르고 있었다. 그리고 사건이 벌어졌다. 루시의 딸 애비, 루시의 가장 친한 친구인 샐리, 샐리의 딸 엘라가 함께 드라이브를 나섰다가, 신호를 위반해 돌진하는 자동차와 충돌한 것이다. 3명 모두 그 자리에서 목숨을 잃었다.

루시는 이제 반대 입장이 되어 다른 사람들로부터 회복 탄력성에 관한 조언을 받았다. 하지만 그녀의 귀에 닿는 말들이 마음에는 닿지 않았다. 그녀는 다른 사람의 조언을 들을 때마다 희생자처럼 느껴진다는 사실을 깨달았다. 스스로가 너무도 무력하고 아무런 힘도 가지지 못한 기분이었다.

루시는 희망을 되찾고 애도 과정을 어느 정도 스스로 통제하고 싶었다. 그래서 연구에서 찾아낸 세 가지 전략에 집중했다.

첫째, 회복 탄력적인 사람들은 고통이 삶의 일부라는 사실을 받아들인다. 어려운 시기가 닥칠 가능성을 인정하는 사고방식을 가지고 있기 때문이다. 그들은 '왜 하필 나야?'라고 생각하지 않는다. 대신에 '나라고 피해 가겠어?'라고 생각한다. 끔찍한 일은 내게도 예외 없이 일어날 수 있음을, 그게 삶이라는 사실을 인정한다. 마찬가지로 우리 역시 사는 동안 내내 힘겨운 시간들을 마주할 거라는 사실을 받아들어야 한다. 우리는 특히 소셜 미디어에 공유된, 행복하고 완벽하게 준비된 순간을 볼 때 이 사실을 곧잘 잊는다.

둘째, 감정적으로 강인한 사람들은 어떤 지점에 주의를 기울여야 할지 선택하는 데 매우 뛰어나다. 바꿀 수 없는 일은 받아들이고 바꿀 수 있는 일에 생각과 관심을 집중한다. 루시는 감정이 마치 그녀를 집어삼킬 듯이 밀려올 때 부모의 완벽한 보살핌이 필요한 두 아들을 포함해 삶의 목표로 삼아야 할 대상들을 스스로 일깨웠다. 아울러 사람들이 베푼 사회적 지지와 사랑을 생각했다. 루시는 "관심의 초점을 전환해 좋은 면을 볼 수 있는 능력은 매우 효과적인 전략임이 과학적으로 입증되었다"고 지적했다.

그녀가 얻은 세 번째 통찰은 감정적으로 강인한 사람은 '지금 내가 하는 일이 내게 이로운가 아니면 해로운가?'를 끊임없이 고민한다는 사실이다. 비극을 겪은 후 루시도 자주 떠올린 질문이다. 이를테면 상대 운전자의 재판에 참석할 것인지 여부를 결정할 때나 딸의 사진을 하염없이 들여다볼 때 이 질문을 떠올렸다. 루시는 자기연민에 빠지지 않도록 마음을 다잡았다. 내 생각과 행동이 내게 이롭거나 해로운지, 그것이 초래한 경험이 긍정적이거나 부정적인지에 초점을 맞추어야 했다. 이런 접근방식 덕분에 좀 더 건전한 방식으로 슬픔을 극복하고 끔찍한 비극 속에서 희망을 찾을 수 있었다.

미래를 중심으로 삶을 재구성하기

하반신이 마비된 사업가 라이언 첸은 남달리 용감하고 회복 탄력성이 뛰어나다. 마이클과 나는 그의 지인이라는 사실이 반가울 따름이다. 그는 엄청난 고난을 이겨 냈고 지금도 긍정적인 인생관을 잃지 않는다. 라이언은 활기차고, 운동을 잘하고, 언제나 모험에 뛰어드는 아이로 유년기를 보냈다. 열아홉 살에 스노보드를 타러 나가 산기슭에 다다랐을 때였다. 그는 크게 점프를 하며 공중으로 높이 날아올랐는데, 너무 많이 회전하는 바람에 등을 땅에 세게 부딪치며 떨어졌다.

눈밭에 누워 있는 동안 어딘가 탈이 났다는 느낌이 왔다. 다리에 감각이 없었고 몸을 일으킬 수도 없었다. 스키 순찰대가 휘몰아치는 눈보라를 뚫고 라이언을 병원으로 호송했다. 장장 84시간의 수술을 마치고 의식을 되찾은 라이언에게 의료진은 척추가 심하게 다쳐서 다시는 걷지 못할 것이라고 전했다. 라이언은 충격적인 상황을 받아들이지 못한 채 병상에 누워 있었다. 오진일 것이라고 되뇌었다. 그는 무슨 일이 있어도 두 발로 걸으며 퇴원해서 의료진이 틀렸다는 것을 입증하겠다고 마음먹었다.

이후 6개월 동안 라이언은 강도 높은 재활 과정을 견뎌 냈다. 다시 일어나 앉고, 균형을 잡고, 휠체어 작동 방법을 배웠다. 수차례 수술을 거듭했지만 차도가 없자 라이언의 기대는 조금씩 무너져 내렸다. 그는 "나라는 사람과 내 정체성에 관해 내가 알고 있다고 생각했던 모든 것이 사라졌다"고 표현했다. 부상을 당하기 전 라이언은 매우 활동적인 소년이었다. 검도를 배우면서 수련을 거르지 않았고 고등학교 크로스컨트리 팀의 주장으로 활약하며 정기적으로 스키를 탔다. 이런 자신이 걷지도 못한다니, 어떤 삶을 살 수 있단 말인가?

마침내 퇴원한 그는 복학해서 운전을 배우고 일자리를 구했다.

하지만 자신이 잃어버린 것에 대한 생각이 머릿속을 떠나지 않았다. 손에 잡히는 대로 온갖 진통제를 복용했고 그 바람에 2년 동안 극심한 브레인 포그brain fog[머리에 안개가 낀 것처럼 멍한 느낌이 지속돼 생각과 표현을 분명하게 하지 못하는 상태-옮긴이]와 아편 중독에 시달렸다. 처방 약을 끊기까지 몇 년이 걸렸다. 일단 끊고 나자 정신이 다시 맑아져 라이언은 자기 모습을 되찾은 느낌이었다. 사고가 일어난 후 내내 그를 지지했던 친구와 가족이 눈에 들어오기 시작했고, 살아 있다는 자체가 행운이라는 생각이 들었다. 라이언 같은 상황에 처했다면 대부분의 사람은 두 번째 기회를 잡지 못했을 것이다. 하지만 라이언은 학교생활에 집중했고, 사고 이전의 수준으로 잠재력을 끌어올렸다. 그는 스스로에게 외쳤다. '어차피 인생을 살 거라면 왜 바보 같은 짓을 하고 있어? 왜 최선을 다해 살지 않느냐고!'

어느 날 친한 고등학교 친구인 마커스가 라이언에게 같이 여행을 가자고 제안했다. 마커스는 '콜드플레이'와 '멈포드 앤 선즈' 같은 유명 뮤지션들의 투어에 동참해서 다큐멘터리를 만드는 중이었다. 처음에 라이언은 망설였다. 사고를 당한 이후로는 여행을 떠나 본 적이 없었으나 친구의 제안에 솔깃했다. 마커스는 마침내 라이언의 마음을 움직였고 그 여행을 계기로 라이언의 세계관은 가능성이 폐쇄된 세계에서 무한한 기회의 세계로 바뀌었다.

라이언이 과거의 삶에서 미래로 관점을 바꾸자 할 수 있는 모든 일이 갑자기 눈에 보였다. 사고가 나기 전부터 라이언은 항상 마라톤이 하고 싶었다. 부상을 당하고 나서는 마라톤이 불가능하겠다고 생각했는데 휠체어 경주와 손자전거[손으로 페달을 젓는, 바퀴가 3개 달린 자전거-옮긴이]를 알게 되었다. 그는 코치와 함께 훈련을 시작했고 3주가 채 지나지 않아 마라톤에 도전할 준비가 끝났다고 판단했다. 터무니없는 도전이었으나 결국 그는 완주에 성공했다.

새로운 기회를 잡을 때마다 매번 그는 더 강해지고 유능해진다고 느꼈다. 모험에 도전해서 성공할 때마다 자기효능감이 커졌다. 얼마 지나지 않아 그는 이 추진력을 사업에 적용하기로 마음먹었다. 처방 약 때문에 고생한 경험이 있는 라이언은 과학적으로 입증된 안전한 방식으로 사람들에게 에너지와 맑은 정신을 선사하고 싶었다. 이에 대학 친구 켄트와 함께 회사를 설립했고, 기능성 누트로픽[뇌 기능을 개선하는 뇌 영양제-옮긴이]과 뇌를 증진시키는 비타민을 껌과 민트에 혼합하는 방식을 선보였다.

라이언은 사고가 나던 날 점프를 시도했다고 후회하지 않는다. 삶과 세계관을 재구성하고 재구축하는 과정에서 배운 것이 무척 많기 때문이다. "벽에 부딪쳐 모든 기회가 차단되었다고 느낄 때면 주위를 둘러보세요. 다른 기회와 문이 열릴 겁니다. 결코 포기하지 마세요."

스스로 통제할 수 있는 삶의 영역에 집중하기로 마음먹은 후 라이언의 태도는 긍정적인 방향으로 바뀌었다. 그는 세계 장애인올림픽 미국 선수단과 함께 훈련하고 스쿠버다이빙을 배우며 조종사 자격을 취득하기 위해 훈련받는 중이다. 그는 그저 장애를 극복하는 데 그치지 않았다. 자신의 한계를 통해 새로운 방식으로 세계를 바라보게 되었고, 그때껏 내면에 존재하는 줄도 몰랐던 모종의 힘을 발견했다.

데일 카네기 원칙 훈련법

○

삶의 사건들이 우리의 통제권에서 벗어난 것처럼 보일 수 있다. 하지만 우리에게는 용기와 회복 탄력성을 발휘해 대응할 방식을 고른다는 선택지가 있다.

원칙

고난을 내면의 힘을 기르는 데 활용하라.

행동 단계

○ 용기와 회복 탄력성을 기른다.

· 감정과 협력하고 희망적인 생각을 선택한다. 1~3장의 프레임워크를 이용해 현재 상황을 생각하고 느끼는 방식을 조율할 수 있다.

· 과거에 마주했던 도전을 떠올려 보자. 어떤 상황이었는가? 어떤 일로써 용기나 회복 탄력성, 혹은 힘을 내보였는가? 그때 어떤 사고방식을 가지고 있었는가? 생각과 감정은 어떠했는가? 과거 상황의 어떤 것을 취해서 현재에 이용할 수 있을까?

- 자신에 대한 믿음을 강화한다. 지금 당장 어떤 행동으로 감정적인 힘을 기를 수 있을까? 그 행동을 실천에 옮기자. 또한 확언을 이용해 내가 강하고 유능하다는 사실을 스스로 일깨울 방법을 고려할 수 있다.

○ 회복 탄력성이 뛰어난 사람들은 어려운 시기를 이겨 내기 위해 구체적으로 행동한다는 사실을 기억하라.

- 고통이 삶의 일부임을 받아들여야 한다. 삶이 이따금 우리에게 커브볼을 던질 것이라는 사실을 어떻게 하면 편안하게 받아들일 수 있을까?
- 어디에 주의를 기울일지 선택한다. 내게 일어나는 일은 통제할 수 없지만 어디에 초점을 맞출지는 통제할 수 있다. 이제 집중해야 할 지점(목표와 취할 수 있는 조치)을 결정해 보자.
- '내가 하고 있는 일이 내게 이로운가, 해로운가?'를 스스로에게 물어본다. 두려움이나 감정을 곱씹는 것은 도움이 되지 않는다. 삶의 어려움이 다가왔을 때, 어떤 도구를 이용할 수 있을까?

Part. 02

DALE CARNEGIE

Take Command

결정적인 순간에는
언제나 인간관계가 있다

관계의 주도권을
쥐는 법

스스로 내향적인 사람, 외향적인 사람, 아니면 그 중간 어디쯤의 사람이라고 생각하든지 상관없이, 다른 누군가와 진정한 관계를 맺는 것은 가장 중요한 기술로 손꼽힌다. 사람들이 상호작용을 하는 방식은 문화마다 달라도, 다른 사람과 관계를 맺는 방식이 중요하다는 사실에는 누구나 동의할 것이다.

관계의 본질은 시간이 지남에 따라 변화한다. 학교나 특정 모임처럼 목적이 같은 친구 관계로 시작하더라도, 나이가 들고 성장 환경이 달라짐에 따라 그런 관계가 퇴색할 수 있다. 업무상 다른 사람들과 친분을 쌓았는데, 의미 있는 관계를 맺으며 세월의 시험을 받게 될 수도 있다. 삶의 과정을 거치면서 인간관계는 진화하고 변화하겠지만 언제나 노력과 관심을 요구하는 것만큼은 분명하다.

2부에서는 인간관계의 중요성과 의미에 대해 이야기할 것이다. 모든 인간관계의 바탕이 되는 신뢰를 쌓는 법을 탐구하고, 그 다음에는 '비읍'로 시작하는 무시무시한 단어, '비판'에 대해 다룰 것이다. 비판은 주는 편이든 받는 편이든 상관없이 누구에게나 결코 달갑지 않다. 몇 가지 시나리오를 살펴보면서 비판과 피드백을 구분하는 법을 배워 보도록 하자.

모든 인간관계는 불화를 경험한다. 이때 다른 사람을 통제할 수는 없지만 나를 통제하는 것은 가능하다. 그런 맥락에서 어려운 대화를 좀 더 편안하게 나누는 방법을 이야기해 보고, 감정 이입에 대한 실용적인 조언을 제공하려 한다.

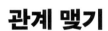

관계 맺기

진심 어린 관심이
진짜 관계를 만든다

사랑받고 싶다면,

진정한 우정을 쌓고 싶다면,

스스로 돕는 동시에 다른 사람을 돕고 싶다면,

이 원칙을 명심하라.

다른 사람에게

진정으로 관심을 가져라.

데일 카네기

데일 카네기가 《인간관계론》을 쓴 한 가지 이유는 그가 돈독한 인간관계를 맺는 법을 모르는 수많은 사람에게 관심이 있었기 때문이다. 이런 기술이 없으면 성공을 기대하거나 가족과 건전한 대화를 나눌 수 없다. 데일은 다른 사람과 효과적으로 상호작용하고 의사소통할 수 있는 사람이 더 풍족하고, 풍요롭고, 행복한 삶을 누린다는 사실을 일찌감치 깨달았다. 《인간관계론》은 엽서만 한 공간을 차지하는 일련의 원칙에서 시작해 전단지와 팸플릿을 거쳐 마침내 책으로 진화했고, 이 책은 발표한 지 85년이 훨씬 지난 지금도 여전히 베스트셀러다. 사람들은 '인간관계'를 맺고 싶어 한다. 인간관계는 데일이 친구나 가족, 동료와 맺는 깊이 있고 의식적인 관계의 가치를 처음으로 역설하던 시절에 못지않게 지금도 중요한(혹은 어려운) 화두다.

《인간관계론》에서 데일은 "사람들을 대하는 일은, 특히 사업계에 몸담은 사람이라면, 십중팔구 최대 당면 과제일 것"이라고 썼다. 그가 인용한 저명한 한 연구에 따르면, "심지어 공학 같은 기술 분야에서도 재정적인 성공에 전문 지식이 미치는 영향은 약 15퍼센트에 불과하며, 인간관계 기술(인격과 리더십)이 미치는 영향은 약 85퍼센트에 이른다." 또한 데일은 전문 기술이 중요하지만 "전문 지식에다 아이디어를 표현하고, 리더십을 갖추고, 사람들에게서 열정을 불러일으킬 능력을 겸비한 사람, 바로 그런 사람이 앞으로 더 높은 수익을 거둘 것"이라고 보았다. 이는 1936년과 다름없이 오늘날에도 적용되는 현실이다. 이 연구가 실시된 이후로 거의 한 세기가 흘렀지만 인간관계는 변함없이 중요하다. 성공하고 싶다면 다른 사람들과 효과적으로 협력하는 법을 배워야 한다.

다른 아이와 노는 두 살배기를 지켜본 경험이 있다면 인간관계 기술은 물려받는 것이 아니라 배우는 것임을 실감할 수 있다. 성인은 인간관계를 대수롭지 않게 여기고 그래서 우리가 인간관계 기술을 완전히 정복했다고 믿기 십상이다. 하지만 사실 세상은 매우 빠른 속도로 진화하며, 그렇기 때문에 다른 사람과 관계를 맺는 방식 또한 그에 따라 변화해야 한다.

행복에 대한 연구들이 말해 주는 것

인간관계란 과연 무엇인지 생각해 본 적이 있는가? 단순하게 표현하면 두 사람이 감정적으로, 정신적으로, 그리고 이따금 한 가족으로서 관계를 맺는 방식을 뜻한다. 인간관계를 뜻하는 라틴어는 '필요성necessity'과 어원이 같은 '네케시투도necessitudo'다. 우리에게는 다른 사람과의 관계가 필요하다. 최근엔 혼자 지낼 수 있고, 다른 사람들은 필요하지 않으며, '혼자서 일할 때' 더 잘한다고 여기는 사람이 점점 늘고 있는데, 이는 절대 그렇지 않다.

로버트 월딩거는 역사상 최장기 행복 연구의 책임자다. 현재 이 연구를 진행하는 하버드 팀은 행복한 삶의 원인을 연구하는 4세대 과학자로 구성되어 있으며, 그간 세 가지 중대한 연구 결과를 발표한 바 있다.

첫째, 사회적 관계는 우리에게 이롭다. 뒤집어 말하면 외로움은 몹시 해롭다. 연구 결과 가족이나 친구, 지역 사회와의 관계가 더 많은 참가자들이 더 행복하고 더 건강하며 더 장수하는 것으로 나타났다. 두 번째 교훈은 친구의 수가 아니라 친밀한 인간관계의 질이 중요하다는 점이다. 따뜻한 관계를 맺고 사는 것은 이로운 반면, 끊임없는 갈등 속에 사는 것은 건강에 해롭다. 세 번째 교훈은 좋은 인간관계가 신체 건강뿐만 아니라 뇌 건강까지 지킨다는 점이다. 이 연구에서 신뢰하는 인간관계를 맺은 사람들은 기억력이 더 좋다는 사실이 입증되었다. 월딩거가 TED 연설에서 말했듯이 이는 "태곳적부터 내려오는" 지혜다. 그렇다면 인간관계가 왜 그리 어려운 것일까?

우리가 진정으로 원하는 것은 빠른 해결책이다. 그래야 삶을 바람직한 방향으로 이끌어 유지할 수 있다고 생각한다. 하지만 인간관계는 번거롭고 복잡하며 가족과 친구를 돌보는 건 힘든 일이다. 매력적이거나 매혹적이지 않다. 게다가 평생 계속되는 일이다. 결코 끝나지 않는다.

하지만 75년 동안 실시한 이 행복 연구에서는 가족이나 친구, 지역 사회와의 관계를 효과적으로 활용한 사람들이 가장 순조로운 삶을 영위했다는 결과를 거듭해서 얻었다. 또한 돈독한 인간관계는 더 건강하고 오래 살 수 있도록 돕는다. 148건의 연구를 검토한 결과 사회적 유대가 돈독한 사람들은 조기에 사망할 확률이 50퍼센트가량 낮은 것으로 나타났다. 배려받는다고 느낄 수 있는 친구 관계는 스트레스의 효과에 완충작용을 할 수 있다. 반면에 단절되고 사회적으로 지지받지 못한다는 느낌은 우울증 발병의 가능성 증가, 면역력 감소, 혈압 상승 등 건강에 해로운 결과를 초래할 수 있다는 연구 결과가 나왔다.

겉핥기식이 아닌 진짜 관계를 맺으려면

나는 마이클과 20년 넘게 알고 지냈다. 1995년 데일 카네기 강좌를 수강했을 때 나는 데일의 원칙이 매우 인상적이라고 생각했지만 제대로 활용하지를 못했다. 그래서 시스템을 개발해 내 일간 루틴에 추가했다. 날마다 그날 하루 실천할 한 가지 원칙과 행동 단계, 그리고 영감을 주는 명언을 선택했고, 마침내 일간 계획표를 만들어 이 내용을 1년 단위로 표준화했다.

나는 몇 년 동안 이 시스템을 혼자 이용했다. 그런데 한 친구가 데일 카네기 연구소에 연락해 내 계획표를 소개해 보라고 제안했다.

"어쩌면 이게 다른 데일 카네기 수강생들에게 가치가 있을지 모르잖아."

"모르겠어. 그런 큰 기업이라면 틀림없이 아이디어가 넘쳐날 텐데 뭐 하러 내 말을 듣겠어?"

"모를 일이지. 밑져야 본전이잖아?"

반박할 수 없는 말이었다. 나는 당시 데일 카네기 연구소의 CEO였던 올리버 크롬에게 내 아이디어를 간략히 설명하는 편지를 썼다. 그리고 이튿날 받아 볼 수 있도록 페덱스로 발송했다. 하루를 기다렸다가 그에게 전화를 걸었다. 초조하게 수화기를 들고 있을 때 "안녕하세요, 데일 카네기 연구소입니다"라는 경쾌한 목소리가 들렸다. 내가 올리버 크롬과 통화하고 싶다고 하자 접수원이 잠시 기다리라고 하더니, 당황스럽게도 곧바로 "여보세요, 올리버 크롬입니다"라는 목소리가 들렸다. 와, 데일 카네기 연구소의 CEO가 내 전화를 받다니! 나는 화들짝 놀랐다. 올리는 내 편지를 읽었고 내 아이디어가 마음에 들었다고 말했다. "시험해 보고 싶은데 이 일을 지휘할 적임자가 있습니다. 내 아들 마이클이 최고 경영진의 일원이에요. 내가 아들과 이야기를 먼저 나눈 다음, 당신과 함께 일할 수 있도록 자리를 마련하죠." 그렇게 해서 마이클과 내 관계가 시작되었다.

처음에 마이클은 전문가답지만 조용하고 약간 격식을 차리는 인상이었다. 우리는 힘을 모아 프로그램의 틀을 잡고 프랜차이즈 두 곳에서 계획표를 시범적으로 운영했다. 함께 일하면서 마이클에 대해 좀 더 알고 싶었던 나는 그에게 질문을 던졌다. "일하지 않을 때는 뭘 주로 하나요?"

"일을 제외하고 가장 중요하게 생각하는 건 신앙과 가족, 친구들이에요. 그래서 교회와 지역 사회 일에 적극적으로 참여하고 있죠."

내가 좀 더 자세히 얘기해 달라고 권하자, 마이클은 온라인으로 성경 공부를 하며 시작하는 하루, 아내 낸시와 두 자녀 니콜과 알렉스, 데일 카네기와 인연을 맺은 사연, 그리고 이 회사에 대한 자신의 열정에 대해 이야기했다. 이야기를 듣는 동안 나는 우리가 공통점이 많다는 사실을 깨달았다. 신앙은 내게도 중요했고 내 아내는 첫 아이의 출산을 앞두고 있었으며, 데일 카네기 강좌를 계기로 내 삶이 바뀌었다. 한 인간으로서 마이클을 알게 되면서 함께 일하는 것이 한층 더 즐거워졌다.

프랜차이즈 시범 프로그램은 성공적이었지만 당시 데일 카네기 연구소는 프로젝트를 진행하지 않았다. 초창기의 시범 프로그램을 시행한 것은 2년이 흘러 내가 첫 회사를 창업한 이후였다. 마이클이 승진하는 바람에 다른 고위 간부가 우리 프로그램의 진행을 맡게 되었고, 마이클과 나는 내가 뉴욕에 출장을 갔을 때나 데일 카네기의 연례 회의에서 만났을 때 밀린 이야기를 하면서 계속 연락했다. 나는 이따금 마이클에게 전화해 안부를 물었고 마이클도 마찬가지였다. 연락할 때마다 나는 마이클이 어떤 사람이고 무엇을 중요하게 여기는지 등 그에 대해 더 많은 것을 알게 되었다. 일 때문에 시작된 관계가 우정에 가까워지고 있었다.

몇 년 후 데일 카네기 연구소에서 내게 차기 CEO를 선발하는 과정에 참여해 달라고 요청했다. 나는 마이클에게 전화해 그의 의견을 타진했다. "당신이 이게 좋은 생각이라고 생각지 않는다면 난 거절할까 해요. 어떻게 생각해요?" 그러자 그는 "멋진 아이디어"라고 답하며 채용 과정에 대한 조언을 건넸다.

마이클과의 우정을 통해, 나는 돈독한 관계를 맺으려면 시간을 내야 한다는 사실을 배웠다. 그런 관계는 저절로 생기지 않는다. 관계가 발전하려면 시간과 에너지를 투자해야 한다. 마이클과 나는 서로 알고 싶다는 진심 어린 소망이 있었고 그래서 공동의 관심과 가치관을 통해 상호 신뢰와 존중을 키웠다.

그에 반해 내가 과거에 함께 일했던 수많은 사람들은 상호작용이 기계적이었다. 기계적인 상호작용 속에서는 상대방이 나와의 거래를 원할지 모르지만 나라는 인간에게는 그다지 관심이 없다는 사실이 눈에 보인다. 진정한 관계를 맺으려면 상대방에게 호기심을 가져야 한다. 스스로에게 이렇게 물어보자. '이 사람에게 무엇을 배울 수 있을까? 그들이 진심으로 궁금한 것은 무엇일까? 나는 그들에게 무엇을 제시할 수 있을까?'

주변 사람들에게 진정으로 관심을 가지게 되면, 관계의 상호작용을 그저 흘려보내는 대신 실제로 즐길 수 있다. 그렇다고 만나는 모든 사람과 우정을 쌓으라고 설득하는 것은 아니다. 모든 사람과 인간관계를 맺을 필요는 없다. 사실 십중팔구 그러고 싶지 않을 것이다. 모든 사람이 내 목표와 가치관에 부합하지도 않을 것이다. 모든 사람이 시간을 투자할 가치가 있는 것도 아니다. 주변에 두고 싶은 사람들을 신중하게 선택해도 괜찮다. 하지만 일단 선택했다면 그 사람과의 관계를 삶의 우선순위로 삼아야 한다.

물고기 눈에는 물이 보이지 않듯이(인간관계를 바로잡을 수 없을 만큼 신뢰를 잃거나, 중병이나 죽음이 우리와 사랑하는 사람 사이를 갈라놓겠다고 위협할 때처럼), 때로 우리는 어떤 도전이 등장할 때에야 비로소 인간관계의 중요성을 깨닫는다.

앤디 진스마이스터는 언제나 부모님 곁에서 성장하고 일할 것이라고 생각했다. 그러나 아버지 밥이 암 진단을 받았을 때 그 소망이 위태로워졌다. 그 무렵 밥은 한 부서의 부책임자였으며 앤디는 그의 부하 직원이었다. 앤디는 직원들에게 아버지의 병을 알리고 앞으로 아버지가 겪을 일을 설명하고 싶었지만 아버지는 생각이 달랐다. 그는 꽃다발과 동정, 듣기 좋은 말을 원치 않았다. 야단법석을 떨지 않으면서 차질 없이 업무를 진행하고 싶어 했다.

겨우 스물두 살이었던 앤디는 어떻게 하면 아버지의 병환을 치료할 수 있을지 갈피를 잡지 못했다. 삶의 어려운 시기에 앤디를 구한 사람은 언제나 아버지였으니, 이제는 앤디가 아버지에게 그런 존재가 되고 싶었다. 그전까지 두 사람은 대체로 아버지가 관계를 이끌어 가는 전통적인 부자 관계였다. 하지만 아버지를 잃을지도 모르는 상황이 닥치자 앤디는 아버지가 얼마나 소중한 사람인지 새삼 깨달았고, 그는 부자 관계에서 더 큰 역할을 하고 싶었다.

매일 앤디는 아버지의 컨디션을 묻거나 그때껏 듣지 못한 아버지의 인생담을 들려 달라고 부탁하는 등 소소한 일을 통해 아버지와 관계를 맺는 일에 집중했다. 이따금 자기를 키우면서 어땠냐고 물었다. 아버지의 컨디션이 항상 좋았던 건 아니었다. 어떤 날은 얘기를 하고 싶어 했고 어떤 날은 그냥 고개만 끄덕일 때도 있었다.

밥은 결국 암과의 싸움에서 승리했다. 지금 앤디의 부자 관계는 밥의 투병 생활 덕분에 더욱 돈독해졌다. 앤디는 아버지가 그에게 베푼 사랑과 보살핌을 돌려주는 일이 얼마나 중요한지 깨닫고 아버지에게 더욱 가까이 다가갔다. 그는 "내적 갈등이든, 인간관계든, 아니면 일어나야 할 변화든 간에 내가 그것의 주도권을 쥘 때 생기는 힘을 굳게 믿는다"고 말했다.

진짜 인간관계를 맺는 다섯 가지 방법

인간관계를 맺는 일은 모호한 목표다. 현실적으로 이 목표를 성취할 방법이 항상 보이지는 않는다. 이에 마이클과 나는 대부분의 의미 있는 관계에 존재하는 요소들을 고려해 다섯 가지 접근방식으로 분류했다. 이 가운데 한 가지(혹은 그 이상)에 집중하면 사람들의 참모습을 알아보고 그들이 내게 소중한 존재라는 사실을 전달할 수 있다.

○ 따뜻하게 대하라.

따뜻함이라는 특성은 그동안 제대로 가치를 인정받지 못했다. 인간 행동에 대해 연구하는 바네사 반 에드워즈는 카리스마가 넘치는 사람들에게 따뜻함과 유능함이 공존한다고 지적했다. 관계를 맺는 일의 핵심은 신뢰만이 아니다. 내가 정서적으로 안전하고 믿을 수 있는 사람임을 전해야 한다.

따뜻하다는 말은 무슨 뜻인가? 흔히 개방적이고 친근하다는 의미다. 명백한 첫 번째 단계처럼 보이지만 사실 반복적으로 실천해야 한다. 개방적인 태도란 보디랭귀지와 표정, 말투로써 그 태도를 내보인다는 뜻이다. 내가 어떤 상대와 만나서 처음 몇 분 동안 상호작용하는 방식을 떠올려 보자. 웃음을 짓는가? 이를테면 동의한다는 의미로 고개를 끄덕이면서 내가 경청하고 있다는 신호를 보내는가? 눈썹을 치

켜올리거나 상대방의 신호를 따라 하는가? 연구 결과, 의사
소통의 55퍼센트는 비언어적이며 때로 어떤 상황에서는
나를 표현하는 방식이 말보다 더 중요한 것으로 나타났다.

○ 경청하라.

경청은 단순하게 다른 사람이 말할 때 조용히 있으라는 의
미가 아니다. 경청하려면 다음에 할 말을 준비하지 않고 마
음을 열어 상대방의 말을 들어야 한다. 후속 질문을 해서 이
해도를 높이면 내가 주의를 기울이고 있다는 사실을 상대
방에게 전달할 수 있다. 상대방이 말하는 동안 기다리는 태
도 또한 중요하다. 경청하는 법을 배워서 말로 표현하지 않
은 상대방의 숨은 의도를 찾고 그가 차마 말로 부탁하지 못
하더라도 그에게 필요한 것을 내가 먼저 제시한다면 관계
를 맺는 과정의 절반은 이룬 셈이다.

데일 카네기가 남긴 글처럼, 집중적인 경청은 상대방에게
건네는 최상의 칭찬으로 손꼽힌다.

○ 공통 영역을 찾아라.

사람들은 공통의 관심사와 취미, 직업, 가치관을 토대로 다
른 사람들과 관계를 맺는다. 누군가와 친해지는 초기 단계
에는 공통 영역에서 서로 관계를 맺을 수 있다. 그러나 공통
영역을 찾는 것이 새로운 관계에만 적용되는 접근방식은

아니다. 퇴색한 관계를 되살려 다시 맺고 싶을 때나 관계가 난관에 부딪친 경우에도 공통 영역을 이용할 수 있다. 이럴 때는 상대방과 아직 공통점이 있는지, 어떤 면에서 의견이 일치하는지 생각해 본다.

○ 진심 어린 관심을 보여라.

진심 어린 관심을 보이려면 "잘 지내십니까?"라는 모호하고 흔한 인사로는 부족하다. 이런 식으로 질문하면, "잘 지냅니다. 고마워요"라는 판에 박힌 반응만 나오기 때문이다. 누군가에게 진심으로 관심이 있다면 좀 더 솔직하게 숨김없이 표현할 수 있어야 하고, 축하할 일뿐만 아니라 어렵고 심각한 일까지 다룰 수 있어야 한다. 흔히 구체적인 질문을 하거나 상대방과 시간을 함께 보냄으로써, 상대방에게 관심을 표현할 수 있다.

○ 솔직하게 진심으로 인정하라.

데일 카네기는 이런 글을 남겼다. "결코 변하지 않는 인간의 열망이 있다. 인정받고 싶은 욕구는 인간과 동물을 구분하는 주된 차이점 중 하나다." 인간은 인정받는다는 느낌을 갈망한다. 자신이 중요한 존재임을 확인받고 싶어 한다. (알고 지낸 지 며칠이 되었든 평생 알고 지냈든 상관없이) 내가 좋아하는 사람들에게 그들 덕분에 내 인생이 바뀌었다고 말하면,

그들은 자신의 고유한 가치를 다시금 확인할 수 있을 것이다.

마이클의 절친한 친구 예세니아 아귀레는 17년 동안 교사로 재직했으며, 현재는 우버의 기사로 일한다. 하지만 예세니아는 단순한 우버 기사가 아니라 누군가와 관계를 맺는 다섯 가지 방법을 모두 활용하는 귀감이다. 그녀는 승객에게 행복감을 주는 일을 자기 임무라고 생각한다. "달아날 수 없는 관객이 생긴 셈이죠. 다음 목적지까지 가려면 내가 필요하니까 자리를 뜰 수가 없잖아요." 그래서 그녀는 어떻게 하면 사람들이 차에서 행복한 마음으로 내릴 수 있을지, 어떻게 하면 사람들에게 희망을 선사할 수 있을지 고민한다.

우선 그녀는 이름을 부르며 승객을 따뜻하게 맞이한다. 그때부터 벌써 놀라는 사람들이 많다. 그런 다음에 그녀는 칭찬한다. 칭찬을 받으면 기분이 좋아지고 그러면 순식간에 대화가 시작된다.

이따금 프로필에서 그녀가 전직 교사임을 알게 된 승객이 왜 밤중에 기사 노릇을 하느냐고 묻곤 한다. 그러면 그녀는 기회를 놓치지 않고 본인의 사연을 나눈다. 어머니의 건강 문제 때문에 교사 일을 그만두었고, 어머니를 전담해서 보살피고 싶었다고. 상대방이 부모를 돕기 위해 자기 삶과 미래, 꿈을 기꺼이 희생하는 사람이라는 걸 알게 되면, 서먹서먹한 분위기가 풀리기 마련이다. 그러고 나면 사람들은 좀 더 사적인 이야기를 자연스럽게 털어놓는다.

한 번은 헤지펀드의 임원을 차에 태웠는데 예세니아에게 자기가 불행하다며 하소연했다. 그는 엘리트였으나 인간관계랄 것이 전무했다. 그녀가 보기에 그는 삶에 대한 기대가 거의 없는 것 같았다. 그가 투신자살을 생각한 적이 있었다고 털어놓을 때 그녀는 잠자코 귀를 기울였다.

예세니아는 살아 있는 사람에게는 목적이 있다고 믿는다는 말과 함께, 다음 날 아침에 성 유다 아동병원의 암 병동을 찾아가거나 방과 후 돌봄 교실에서 봉사해 보라고 제안했다. 그리고 "머리에서 빠져나오셔야겠다"고 덧붙였다. 그는 그녀의 말을 한 마디도 놓치지 않고 듣더니 대답했다. "고맙습니다. 막 치료를 받은 느낌이에요. 기분이 훨씬 나아졌어요."

최근에 태운 한 승객은 일주일 후부터 연방 교도소에서 10년을 복역할 예정이었다. 예세니아가 자초지종을 묻자 그는 마약을 판매한 죄로 나흘 전에 유죄 판결을 받았다고 대답했다. 그러면서 공사장의 비계에서 떨어져 허리를 다치는 사고를 당한 후에 마약 거래에 연루되었다며 자신의 사정을 털어놓았다. 당시 한 친구가 그에게 바이코딘[마약성 진통제의 일종-옮긴이]을 건넸는데 얼마 지나지 않아 약물에 중독되고 말았고, 욕구가 더 심해지자 판매상으로 나서기로 마음먹게 됐다는 사연이었다. 한 번이 두 번으로 이어지다가 곧 일상이 되었다. "바르게 살고 싶어도 주택 융자금과 자동차 할부금을 낼 돈이 필요했으니까요. 마약 거래를 끊으려고 아무리 노력해도 헤어날 수가 없었고 압박감이 갈수록 심해졌죠." 여러 번 그만두려 했지만 아무 소용이 없었다. 체포되던 날 아침, 그는 하나님께 기도하며 자기가 마약 거래에서 손을 씻으려면 하나님이 그를 이 현실에서 완전히 꺼내 줘야 한다고 말했다고 한다. 결국 그의 기도는 신기한 방식으로 응답을 받았다.

예세니아는 그에게 교도소에서 복역하는 기간 동안, 석방된 후에 무슨 일을 하고 싶은지 계획을 세워 보라고 말했다. 목적지에 도착하기 전에 예세니아와 승객은 함께 기도했다. 그녀가 무엇이든 필요한 게 생기면 전화하라고 번호를 건네자 그는 말했다. "당신은 모를 겁니다. 당신이 내게 한 방 먹였어요." 이런 말을 들을 때마다 그녀는 소리 내어 웃는다. 승객이 그녀와 마음이 통해서 감동의 눈물을 흘릴 때면 항상 이렇게 말하기 때문이다. 나중에 예세니아는 그 승객의 어머니로부터 전화 한 통을 받았고 어머니는 아들에게 공감해 준 그녀에게 고마움을 전했다.

공감하며 관계를 맺는 예세니아의 접근방식 덕분에 그녀의 승객들은 더 나은 모습으로 차에서 내린다. 평범한 상호작용을 평범치 않은 시간으로 바꾸어 놓은 것이다. 상대방을 배려하며 관계를 맺는 접근방식을 통해, 그녀는 다시는 못 만날 뻔했던 승객들을 친구로 만들었다.

디지털 시대의 인간관계

우리는 손쉬운 디지털 관계의 시대에 살고 있지만 깊고 개인적인 관계를 맺기는 더 어려워졌다. 작가 브레네 브라운은 말했다. "소셜 미디어는 우리에게 친구 부대가 필요하다는 생각을 심어 주었지만, 사실 진정으로 좋은 친구 한두 명만 있어도 우리는 행운아다."

Z세대들은 문자나 소셜 미디어를 친구들과 연락하는 주된 수단으로 이용하면서 하루에 무려 9시간을 온라인에서 보내고 있다. 샌디에이고대학교 심리학 교수인 진 트웬지는 연구를 통해 다음과 같은 사실을 발견했다. "1970년대 후반 고등학교 3학년생의 52퍼센트가 거의 매일 친구들과 어울렸다. 2017년 기준 이 수치는 고작 28퍼센트에 지나지 않는다. 2010년 이후 스마트폰 사용이 증가하기 시작하면서 감소세는 특히 두드러졌다." 실제로 2012년 이후 우울증과 외로움을 호소하는 10대와 청년이 급증했고 계속 증가하는 추세다. 디지털 커뮤니케이션은 물리적으로 동석할 수 없는 사람들에게 선물이 될 수 있으나, 연구에 따르면 소셜 미디어 자체가 대면 상호작용의 대안이 되기는 어렵다.

라에 지오다노는 딸을 출산한 직후 몹시 힘들었지만 사람이 무척 그리웠다. "그렇지만 친구들과 대화를 나누기가 어려웠어요. 젖을 먹이고, 기저귀를 갈고, 낮 추스르고, 틈이 날 때마다 눈을 붙이는 쳇바퀴 같은 일상에 갇힌 느낌이었어요. 진정한 대화를 나눌 시간이나 에너지가 사라진 것 같았죠." 그녀는 그때껏 소셜 미디어를 적극적으로 한 적이 없었는데 상황이 그러하다 보니 소셜 미디어에 접속하는 시간이 점점 늘어 갔다. 결국 소셜 미디어에 중독되어 종내에는 이른 새벽 딸에게 젖을 먹이는 동안에도 접속하는 지경에 이르렀다. 소셜 미디어에 접속하면 다른 사람들의 생활을 볼 수 있으니 세상과 연결된 느낌이었다.

"그게 한동안은 효과가 있었지만 결국 전 일주일이 넘도록 실제로 말을 나눈 사람은 남편뿐이라는 걸 깨달았어요." 그 순간 소셜 미디어에서 느끼는 유대감은 거짓이라는 생각이 들었다. "그건 일방통행이었죠. 누군가와 직접 대화를 나누거나 관계를 맺지 못했으니까요. 내가 다른 사람의 게시물에 댓글을 달아도 내가 진짜 뭘 하고 있는지는 아무도 몰랐어요." 설상가상으로 그 거짓 유대감 때문에 실제 친구 관계에는 소홀해졌다. 라에는 마침내 페이스북 앱을 전화기에서 제거하고 컴퓨터에서 일정 시간 동안만 그 플랫폼을 이용하기로 마음먹었다. 이어서 더 가까워지고 싶은 사람을 목록으로 작성해서 소셜 미디어에 접속하고픈 충동을 느낄 때마다 목록에 있는 누군가에게 문자를 보내기로 마음먹었다. 마지막으로 일주일에 적어도 한 번은 친구들과 직접 연락할 계획을 세웠다. 일주일이 채 지나지 않아 그녀는 감정과 인간관계의 변화를 느꼈다. 실제로 사람들과 관계를 맺고 그 관계에 기여할 수 있었기 때문이다.

데일 카네기 원칙 훈련법

○

인간관계는 삶을 더욱 풍요롭고 의미 있게 만들며 인생 최대의 목표들을 성취하도록 돕는다. 목적의식을 가지고 목표에 가까워질 때 주변 사람들에게 보탬이 되는 관계를 맺고 내가 꿈꾸는 삶을 살 수 있다. 그런 관계를 발전시키기 위해 의식적으로 행동해야 한다.

원칙

사람이 우선이다.

행동 단계

○ 가장 아끼는 다섯 사람의 목록을 작성해 보자. 그들과의 관계가 원하는 만큼 돈독한가? 그런 이유는 무엇인가? 그렇지 않은 이유는 무엇인가?

· 그런 관계가 없다면 내 삶은 지금 어떤 모습일까?

○ 가장 사랑하는 다섯 사람과의 관계를 개별적으로 강화하기 위해 오늘 실천할 수 있는 한 가지 일은 무엇

인가?

- 고마움을 표해 보자. 어떤 말이나 행동을 하는 게 효과적일까?
- 공통 영역을 찾는다. 공통 관심사를 통해 그들과 관계를 맺어라.
- 따뜻하게 대한다.
- 진심 어린 관심을 보인다. 어떻게 하면 내가 그들을 아낀다는 사실을 보여 줄 수 있을까? 오늘 어떤 행동을 취할 수 있을까?
- 경청한다. 그들에게 마지막으로 근황을 물었던 것이 언제인지 떠올려 보자. 누구나 힘든 시기를 겪는다. 그들이 근황을 전할 수 있는 시간을 충분히 주어라.

○ 더 돈독한 관계를 맺기 위해 매일 어떤 조치를 취할 수 있을까? 그 조치를 일간 루틴에 포함시킨다.

chapter
10

신뢰

신뢰는 성실함에서
시작된다

내 평판보다는
성품에 더 관심을 기울여라.
평판은 다른 사람들이 생각하는
내 모습이지만
성품은 진정한 내 모습이다.

데일 카네기

독일 데일 카네기 연구소의 마스터 트레이너 미리엄 두아르테는 이틀간 이루어지는 일반 교육의 둘째 날, 자신의 수업을 다시 찾은 수강생들을 보고 열정이 끓어올랐다. 미리엄은 환하게 웃으면서 말했다. "이제 차례로 나와서, 어제 수업에서 다루었던 인간관계의 원칙을 실제로 적용했을 때 어떤 일이 일어났는지, 2분간 발표를 해 볼까요?" 미리엄은 강의실 앞으로 첫 번째 수강생을 불러냈고 그녀는 전날의 경험담을 공유했다.

한 사람씩 차례로 일어나 발표를 하고 박수 소리를 들으며 자리로 돌아가 앉았다. 30분쯤 지나자 강의실 뒤편 구석에 잠자코 앉아 있던 한 여성을 제외하고 전원이 발표를 마쳤다. 미리엄이 호명했을 때 그녀는 일어나지 않고 이렇게 말했다. "죄송합니다. 못 하겠어요. 사람들 앞에서 말하는 게 겁나요." 미리엄이 보기에 그 여성은 자신과 강의실에 있는 다른 수강생들에 대한 믿음이 없어서 불안한 것 같았다. 미리엄은 이렇게 물었다. "이렇게 하면 어떨까요? 당신은 그냥 자리에 앉아 있고 제가 몇 가지 질문을 하는 거예요. 그렇지만 원치 않으면 안 하셔도 돼요."

여성은 머뭇거리며 그건 할 수 있을 것 같다고 대답했다. 미리엄은 다정하게 하나씩 질문을 했고 여성은 차분하게 대답했다. 그녀의 '인터뷰 발표'가 끝나자 동료 수강생들이 박수갈채로 환호하며 응원한다는 뜻을 전했다.

수업은 계속 진행되었고 마침내 다시 한번 짧은 발표 시간이 돌아왔다. 수강생들이 차례로 일어나 수업에서 얻은 통찰을 함께 나누었다. 미리엄은 그 순간을 돌아보며 다음과 같이 말했다. "그 여성이 이번에는 사람들 앞에서 일어날 수 있을지 궁금했어요. 그래서 그녀를 불편하게 만들거나 그녀의 믿음을 깨트리지 않으려고 조심했죠."

그 여성의 순서가 돌아왔을 때 미리엄은 그날 그녀에게서 발견한 모든 면을 칭찬하고 인정하는 말로 말문을 열었다. 다시 한번 열렬한 박수가 터졌고 미리엄은 그녀가 어떻게 할지 지켜보았다. 그녀는 잠시 머뭇거리면서 강의실에 있는 사람들의 얼굴을 바라보았고, 자리에서 일어나 강의실 앞으로 걸어갔다. 발표가 시작되었다. "오늘 아침 전 하마터면 강의실에서 도망칠 뻔했습니다. 이 자리에 서서 발표를 하는 내 모습을 상상할 수 없었거든요. 전 고등학교에 다닐 때 임신을 했어요. 사람들의 괴롭힘과 손가락질에 내내 시달렸죠. 그래서 많은 사람 앞에서 발표하는 건 물론이고 사람들 곁에 가고 싶지도 않았어요. 솔직히 말해 지금 이 상황이 무섭습니다. 하지만 고마운 마음도 듭니다. 오늘 난생처음으로 용기를 낼 기회가 생겨서 여러분께 감사합니다." 그녀가 발표를 마쳤을 때 동료 수강생들은 우레와 같은 기립박수를 보냈다.

미리엄이 처음부터 그 여성을 억지로 밀어붙였다면 그녀와 신뢰를 쌓을 수 없었을 것이다. 그녀가 이 신뢰를 바탕으로 마침내 스스로 일어나서 발표할 일은 없었을 것이다. 미리엄은 그녀가 안전할 뿐만 아니라 모든 사람이 그녀의 성공을 바란다는 사실을 깨닫게끔 도와야 했다. "이 일은 사람들의 경계를 존중하는 것이 얼마나 중요한지 다시금 깨달은 중요한 경험이었어요. 사람들이 어떤 식으로 행동하는 데는 다 그만한 이유가 있죠. 내가 뭐라고 그들을 판단하겠어요? 난 그저 사람들이 잠재력을 발휘하기를 바랄뿐이에요. 신뢰를 쌓으면 그들을 도울 수 있다는 걸 배웠죠."

의지할 수 있다는 확고한 믿음, 신뢰

신뢰를 정의할 방법은 수십 가지에 이르겠지만, 마이클과 나는 어떤 사람이나 대상에게 의지할 수 있다는 확고한 믿음을 신뢰라고 생각한다. 자신이나 다른 사람, 혹은 물건(자동차, 컴퓨터, 기기 등)을 신뢰할 때 우리는 그 대상의 특성이나 능력, 힘에 의지할 수 있다고 느낀다. 신뢰는 모든 긍정적인 관계의 바탕이다. 다른 사람의 신뢰를 얻는 재능은 기업과 가족, 스포츠와 전 세계의 인간관계에서 빛을 발한다. 신뢰는 다면적이고 무형적이며 정의하기 어렵지만 우리가 맺는 모든 인간관계에 결정적인 요소다.

사람과 사람 간의 모든 상호작용에는 일정 수준의 위험과 보상이 따른다. 신뢰의 필요성은 우리의 핵심적인 인간성과 안전, 자기보존과 직결된다. 저명한 발달심리학자 에릭 에릭슨은 신뢰를 "자아의 첫 번째 과제"라고 표현하며 주변 사람들을 신뢰하는 능력이 세상에서 관계를 형성하고 제 몫을 다하는 과정의 기본요소라고 했다. 그렇기 때문에 데일 카네기의 원칙은 신뢰 구축과 인간의 존엄성 존중에 초점을 맞춘다.

확실히 짚고 넘어가자. 물론 신뢰하지 않는 사람과도 관계를 맺을 수 있다. 마이클과 나도 신뢰하지 않는 사람들과 협력한 경험이 있다. 이따금 그래야 할 때가 있다. 언제나 동업자를 선택할 수 있는 것은 아니다. 그런 상황이 반갑다고 말할 수는 없지만 업무가 중심인 기능적인 관계도 있기 마련이다. 하지만 관계가 발전하려면 분명 신뢰가 필요하다.

때로는 과거의 상처로 말미암아 다른 사람을 신뢰하기가 쉽지 않은 경우가 있다. 특히 상처가 깊고 고통이 심하다면 벽을 쌓고 사람들을 멀리하게 된다. 이런 방법이 해결책처럼 보일 수도 있겠으나 사람들을 받아들이는 법을 배우지 못하면 자신이나 다른 사람에게 이로울 것이 없다. 위험을 감수해야 한다.

데일 카네기 강좌에서는 '신뢰=개인의 진실성+공감'이라는 신뢰 방정식을 이용한다. 우리가 꾸준히 성실성을 보일 때 신뢰가 쌓인다. 신뢰는 일회성이 아니다. 어떤 인간관계에 흔들리지 않는 신뢰를 쌓으려면 그것을 지탱하려는 행동과 노력이 필요하다. 신뢰를 쌓기 위해 필요한 일을 하지 않으면 결코 다른 사람의 신뢰를 얻을 수 없다.

신뢰는 공동체 발전에 일조한다. 이를테면 어떤 이야기를 들을 때마다 의구심을 가진다면 이는 매체에 대한 신뢰가 총체적으로 부족하기 때문이다. 지금 이 이야기가 진실인가? '뉴스'를 전달하는 사람이나 사이트 혹은 네트워크에 어떤 의도가 있나? 만일 그렇다면 그들이 하는 말을 어떻게 믿을 수 있을까? 신뢰 부족은 방대한 영역에 심각한 결과를 초래한다. 연구에 따르면 대륙마다 신뢰도가 높거나 낮은 지역들이 있다. 신뢰도가 낮은 지역에는 대체로 상대적으로 자선활동이 적고, 범죄율이 높고, 수명이 짧고, 빈부격차가 심하다. 이는 공동체에 신뢰가 없을 때 나타나는 현상이다. 그렇다면 개인적인 인간관계에서 신뢰가 깨질 때 어떤 일이 일어날까?

아니와 존은 단골 타코 전문점에서 저녁을 먹고 있었다. 오랜만에 만난 두 사람은 각자의 근황과 지난 몇 달 동안의 생활을 공유하면서 몇몇 친구의 안부를 확인했다. 존이 물었다. "메리디스는 어떻게 지내? 개랑 한방을 쓰던 시절이 그립진 않아?"

"그럴 리가! 걔가 사사건건 말이 좀 많잖아. 며칠 전에 점심을 같이 먹었는데 베스가 살이 찌고 있다고 하더라. 또 널 만날 예정이라고 했더니 '걔는 야망이 커서 성공하려고 무슨 짓이든 할 거야'라고 하더라고." 아니는 메리디스가 한 말에 대해 심각하게 생각하지 않았다. 존이 야망이 큰 건 사실이었고, 어떻게 보면 그건 존의 장점이기도 했다. 그런데 식사를 하다가 고개를 들었을 때, 존이 메리디스의 말에 상처를 받았고 아니와 메리디스가 존의 뒤에서 험담한 꼴이 되었다는 사실을 깨달았다. 그는 말했다. "너희는 왜 나에 대해 그렇게 말하는 거야? 난 걔가 친구라고 생각했는데." 그날 저녁은 서먹한 분위기로 끝났고, 아니는 존이 그 일을 잊기를 바랐다.

하지만 아니의 바람은 이루어지지 않았다. 다음날 메리디스가 전화를 걸어 아니에게 불같이 화를 냈다. 존이 전화로 메리디스가 했던 말에 대해 따졌던 것이다. "아니, 난 네가 친한 친구라서 그런 말을 했던 거라고. 왜 존한테 말을 옮기는 거야?" 아니는 두 친구 모두에게 자신이 선을 넘었다고 생각했다. 물론 두 사람에게 사과를 했지만 신뢰를 회복하기까지 몇 달이 걸렸다.

설령 나는 상대방에게 상처를 줄 의도가 없었다 해도, 인간관계에서 신뢰가 깨지면 내가 아끼는 사람들이 배신감을 느낄 수 있다. 그들은 의심과 의혹, 그리고 자신을 방어할 필요성을 느끼기 마련이고 그러면 말을 아끼거나 아예 우리를 피함으로써 관계에 거리를 둘 것이다. 그렇기 때문에 인간관계에서 신뢰를 쌓기 위한 의식적인 노력이 필요한 것이다. 우리를 신뢰하지 않는 어떤 사람이 빈틈을 드러내고 마음을 열 것이라고 기대할 수는 없다. 우리는 신뢰하지 않는 사람에게 마음을 열지 못한다. 어떤 회사에서 자신이 원하는 결과를 얻을 것이라는 신뢰가 없다면 고객은 거래하지 않을 것이다. 직원이 임무를 수행할 것이라는 신뢰가 없다면 관리자는 그를 승진시키거나 책임을 맡기지 않을 것이다. 남녀관계에 신뢰가 없다면 두 사람은 결코 가까워질 수 없다.

빈틈 드러내기의 놀라운 효과

신뢰를 한다는 것은 상대방에게 편안하게 내 빈틈을 드러낼 수 있고 상대방도 마찬가지라는 뜻이다. 마음을 열고 방어막을 거둔다는 뜻이다. 빈틈을 드러낸다고 하면 나쁜 것으로 보는 경우가 많다. 우리는 '수비에 빈틈이 있다'나 '빈틈을 스스로 드러내다'라는 문구를 약자의 입장에 처했다는 의미로 사용한다. '빈틈이 보이는 사람'이라는 말을 자신을 방어하지 못하는 사람이라는 뜻으로 사용한다. 빈틈이 악평을 받는 것은 전혀 놀랍지 않다.

그러나 빈틈은 신뢰의 핵심이다. 경계를 늦출 수 있을 때 비로소 진정으로 신뢰가 깊어질 수 있다. 빈틈을 드러낼 수 있는 능력은 진정성과 신뢰성, 공감성에 영향을 미친다. 삶의 핵심은 다른 사람과 관계를 맺는 일이며 그런 유대를 형성하는 한 가지 중요한 방식으로 진정한 자아를 전달하고 수용할 수 있다. 그러려면 때로는 사람들이 어떤 식으로 반응하건 자신을 드러내야 한다.

2015년 6월 나는 데일 카네기 연구소 CEO로 막 임명된 참이었다. 우리 조직은 대부분 프랜차이즈 체계로 운영되며 따라서 개인 사업주들이 전 세계 여러 지역에서 데일 카네기를 대표한다. 프랜차이즈 소유주 협회는 회원들에게 연설할 연사로서 나를 처음으로 초빙했다. 연설하기 전날 밤 나는 호텔 방에서 연설 걱정을 하느라 잠을 설쳤지만, 적어도 다음 날 아침에는 사람들로 꽉 찬 행사장 앞에 웃음 띤 얼굴로 당당하게 섰다. 청중을 내려다보며 훈훈하게 말문을 열었다. 데일 카네기가 내게 얼마나 큰 의미였는지 그리고 내가 우리 프랜차이즈와 다른 사람을 도우려는 그들의 헌신에 얼마나 감사하는지, 회사에 대한 내 비전 등을 하나씩 전했다. 그러다 마지막 무렵, 카네기 연구소 대표로 취임하기 위해, 아내와 내가 깊은 고민 끝에 평생 고향인 미시건주를 떠나 뉴욕으로 이사하기로 결정했던 사연을 함께 나누었다. 우리는 열일곱 살 된 딸과 노부모를 남겨둔 채 고향을 떠났다. 딸아이가 친한 친구들 곁에 머물며 그곳에서 고등학교를 마치게 하고 싶어서였다. 나는 말을 이었다. "나는 아내에게 다가가 이렇게 말했습니다. '케이티, 내가 이 제안을 받아들이면 가족을 떠나야 해. 미시간 이외의 지역에서는 살아 본 적이 없는데 말이야.' 그러자 아내는…" 그 순간 내계획에 없었던 일이 일어났다. 그것은 내가 청중 앞에서 결코 보이고 싶지 않은 모습이었다. 아무리 애를 써도 목이 메어 말이 나오지 않았고, 눈물이 쏟아지는 바람에 눈물을 닦으려고 안경을 벗었다. 고개를 숙였더니 때마침 오전에 주머니에 찔러 두었던 티슈가 보였다. 고맙게도 청중석에서 누군가가 나의 구원자가 되었다. 그는 노련한 데일 카네기 트레이너만이 할 수 있는 질문으로 침묵을 깼다. "그래서 아내가 뭐라던가요?" 모든 사람이 웃음을 터트렸고 나도 따라 웃었다. 그 순간을 틈타 나는 평정을 되찾았다. "아내가 '난 전부 걸었다'고 말하더군요."

연설을 끝내고 프랜차이즈 소유주들이 기립해서 열화와 같은 박수갈채를 보냈을 때 나는 깜짝 놀랐다. 내가 빈틈을 내보이는 바람에 약한 사람으로 비칠까 봐 걱정하던 참이었다. 그런데 사람들이 돌아가면서 오히려 내가 인간적으로 보였다고 말했다. 연설하다가 목이 메는 모습보다는 힘을 보여 주어야 하지 않았을까? 물론 그래야 한다. 하지만 청중석에 앉은 사람들과 나를 연결시킨 것은 숨김없이 빈틈을 내보인 내 모습이었다. 사전에 계획하지는 않았으나 (감정이 북받칠 줄은 나도 몰랐다) 나는 감정을 숨기기보다는 드러냈다. 감정적인 빈틈은 약점이 아니다. 그 순간 나는 참모습을 드러낼 수 있을 만큼 청중을 신뢰했고 그 덕분에 그들은 나와 우리 회사에 더욱 깊은 유대감을 느꼈다. 몇 년이 지난 지금도 사람들은 그때의 연설과 그것을 계기로 (더 바람직한 방향으로) 달라진 그들의 지도자 상에 대해 이야기한다.

내가 매우 좋아하는 작가 겸 리더십 코치로, 《팀워크의 부활》을 쓴 패트릭 렌시오니는 신뢰를 두 가지 유형으로 구분했다. 첫 번째 유형인 '예측형' 신뢰는 어떤 사람의 이전 행동에 대한 정보를 토대로 그 사람이 어떤 식으로 행동할 것이라고 짐작하게 해 준다. 예를 들어 항상 약속에 늦는 친구라면 그가 다음번 점심 약속에 시간을 지키겠다고 아무리 우기더라도 나는 친구가 10분 늦을 거라고 예측할 것이다.

두 번째 유형은 '빈틈 기반형' 신뢰로, 서로 '감정적으로 벌거벗을' 수 있다고 느끼게 해 준다. 예컨대 회의에 참석하는 중에 누군가로부터 질문을 받았는데 답이 떠오르지 않는다. 당신은 곧바로 답이 없다고 시인하는 대신에 평범한 수준일지라도 답을 모색할 것이다. 그냥 '모르겠다'고 말하면 훨씬 더 약해 보일 거라 믿는다. 아니면 내가 아끼는 어떤 사람에게 실수를 저질렀다고 하자. 그러면 곧바로 방어적인 태도를 취하며 내가 왜 그랬는지 온갖 이유를 늘어놓을지 모른다. 반면에 빈틈을 드러내는 대응이란, 마음을 열고 '실수했다, 미안하다'고 말한 다음 진심으로 미안하며 다음에는 더 조심하겠다는 뜻을 행동으로 보여 주는 것이다.

무엇이 신뢰를 파괴하는가

그렇다면 무엇이 신뢰를 파괴하는가? 첫째, 내게 어떤 얘기를 공유할 때 사람들은 내가 비밀을 지킬 것이라고 기대한다. 만일 내가 그들의 말을 다른 사람에게 옮겨서 그들이나 그들의 인간관계에 해를 끼치면 그들은 배신감을 느끼며 내 동기를 의심할 것이다. 변호사로 일하던 시절 내게는 의뢰인과 나눈 이야기를 발설하지 않아야 할 윤리적 의무가 있었다. 그래서 의뢰인들은 내게 완전히 숨김없이 말할 수 있었다. 만일 이 규칙을 위반했다면 나는 변호사 자격(그리고 생계수단)을 박탈당했을 것이다. 비밀유지권에 대해 처음 알았을 때 속으로 이렇게 생각했던 기억이 난다. '이 규칙을 내 모든 의사소통에 적용하면 어떨까? 내게 비밀 얘기를 털어놓는 사람들이 내가 누구에게도 그걸 발설하지 않을 것이라고 완벽히 믿는다면 어떤 일이 일어날까?' 그래서 친구들이 민감하거나 개인적인 정보를 가지고 나를 찾을 때 나는 단도직입적으로 이렇게 말하곤 했다. "난 네가 하는 얘기를 아무에게도 전하지 않을 거야. '변호사 의뢰인 간 비밀유지권'이 적용된다고 생각하고 행동할 거니까, 네가 내게 하는 말은 안전해." 거의 30년 동안 나는 이 원칙을 인간관계에 적용했고 이는 다른 사람들과 깊은 신뢰를 쌓는 데 보탬이 되었다. 테니스 선수 아서 애시는 다음과 같이 말한 적이 있다. "신뢰는 노력해서 얻어야 하며 세월이 쌓인 뒤에 생긴다." 비밀을 지킨 덕분에 나는 평생 사람들의 신뢰를 얻었다.

둘째, 일관성 없는 태도는 신뢰를 약화시킨다. 날마다 말이 바뀌는 상사 밑에서 일한 경험이 있는가? 예컨대 모호하게 승진을 약속했다가 정작 의논해야 할 때가 되면 면담을 취소하는 상사 말이다. 말을 바꾼다는 것은 진실성이 부족하다는 뜻이고, 그 사람을 신뢰하기가 어려워진다. 설령 무심코 그런다 해도(잘 잊어버리거나 두서가 없거나 그날따라 자기가 한 말을 기억하지 못할 수 있다) 그 사람이 약속을 지킬 수 있을지 의구심이 생긴다.

셋째, 주변 사람들의 말을 경청하며 의사소통하지 않으면 신뢰를 잃을 수 있다. 반면에 그런 태도를 바꾸면 대개 신뢰가 회복된다. 케이티 딜이 규모가 크지 않던 시절의 에어비앤비에 입사했을 때 일이다. 그녀는 10명으로 구성된 디자인팀을 맡게 되어 몹시 기뻤다. 이건 그녀가 꿈꾸던 일이었다. 하지만 그녀가 봤을 때 디자인팀의 직무 몰입도는 꽤 낮았고, 디자이너와 엔지니어, 제품 관리자들 사이에 갈등이 있어 보였다.

잘하고 싶은 마음이 간절했던 그녀는 곧바로 변화 작업에 착수했다. "일이 순조롭게 진행된다(변화가 일어나고 있다)고 생각했죠. 그런데 한 달쯤 지났을 때 면담 요청을 받은 거예요. 디자이너 10명 가운데 5명이 나와 면담하기를 원했어요." 그것은 심상치 않은 징조였다.

케이티는 무슨 일이 기다리고 있을지 전혀 모른 채 면담하러 갔다. 면담실에 들어갔더니 팀원 개개인 앞에 서류 더미가 쌓여 있었다. 그들은 돌아가면서 그녀가 하는 일과 리더십에 대해 그들이 생각하는 문제점들을 조목조목 제기했다.

그녀의 감정이 고조되고 마음은 점점 방어적으로 변해갔다. 그러나 케이티는 잠시 멈추어 평정심을 유지하고는 데일 카네기를 떠올렸다. "우리는 의견이 다른 사람들을 본능적으로 고치려 한다." 데일 카네기는 우리가 누군가를 비난하면 대화가 방어적으로 흘러가서 누구에게도 득이 되지 않는다고도 덧붙였다. 케이티는 오해라고 말하고 싶었으나 카네기의 조언대로 우선 귀담아듣기로 했다. 마음은 아팠지만 대단히 효과적인 배움의 순간이었다. 얘기를 들으면서, 그녀는 무엇이 문제인지 알 수 있었다. 그녀는 변화를 일으키는 데 급급해서 그들을 파악하기 위해 충분한 시간을 쏟지 못했다. 요컨대 귀를 기울여야 할 때 활개를 쳤던 것이다.

케이티는 이 배움의 순간을 진지하게 고려한 다음, 다시 팀원들과 신뢰를 쌓기 시작했다. 동료들 개개인과 일대일로 더 많은 시간을 보내며 친분을 쌓고 어떻게 하면 발전할 수 있을지 그들에게 의견을 구했다.

몇 달 뒤 케이티와 팀원 간의 협력이 보상을 거두었고 디자인팀의 직무 몰입도는 사내 최상위권이 되었다. 그 후 에어비앤비에서 리프트로 직장을 옮겼을 때 케이티는 같은 실수를 반복하지 않았다. 즉, 귀를 기울이고 신뢰부터 쌓았다.

무너진 신뢰를 다시 회복하려면

견고한 관계를 구축하려면 신뢰가 중요하다. 하지만 신뢰는 견고하지 않다. 쌓기는 어려워도 쉽게 무너진다. 우리에 대한 다른 사람의 신뢰를 세심하게 다루지 않으면 인간관계에 해를 끼칠 수 있다. 스탠퍼드 교수 캐럴 로빈과 데이비드 브래드퍼드는 공저한

《커넥트》에서 두 사람이 서로 수년 동안 쌓아온 직장 동료로서의 관계를 하마터면 잃을 뻔했던 사연을 전했다. 데이비드는 캐럴의 멘토였다. 문제에 대한 접근방식은 서로 달랐지만 두 사람은 대체로 합의를 통해 공동 목표를 세우고 의견충돌을 신속하게 해결하는 편이었다.

그러던 어느 날, 데이비드가 한 강의를 그만두기로 결정했을 때 학교에서는 캐럴에게 그 강의를 맡아 달라고 요청했다. 캐럴은 조건을 내걸었다. 그녀는 데이비드가 그때껏 얼마나 열심히 노력했는지 알고 있었고 그래서 자기에게 차례가 돌아오자 대충 넘어가지 않을 참이었다. 우선 강의의 명칭을 '프로그램'으로 바꾸고 싶었는데 그래야만 자금과 지원을 확대할 수 있다고 믿었기 때문이다. 그녀는 또한 주어진 임무를 더 적절히 반영할 수 있는 구체적인 직함을 원했다. 하지만 학교 측은 두 가지 요청을 모두 거부했다. 캐럴은 몹시 화가 나서 데이비드에게 상황을 전했고, 그러자 데이비드는 말했다. "캐럴, 프로그램이라는 명칭과 직함을 왜 그렇게 강력하게 요구하는 거죠? 뭐가 그리 큰일인지 난 이해가 안되는군요."

"당신이 지금 한창 하고 있는 바로 그 싸움을 내가 맡게 되는 거잖아요. 제가 요구하는 부분이 인정받지 못하면 난 성공하지 못할 거예요." 데이비드는 그 일이 호락호락하지 않다는 데는 동의했지만 사생결단할 문제는 아니라고 여겼다. 얼마 뒤 그는 학교 경영진과 만나는 회의에서 캐럴의 요구를 거론했지만, 경영진이 그녀의 요청을 반드시 수락해야 하느냐고 물었을 때 이렇게 답변했다. "그 두 가지가 이뤄지지 않으면 그녀가 맡은 일이 어려워지겠지만 그래도 어쨌든 그녀는 해낼 겁니다."

이 사실을 전해 들었을 때 캐럴은 배신감을 느꼈다. 캐럴은 데이비드에게 반대 입장이었다면 자신은 즉시 도우러 나섰을 것이라고 말했다. 캐럴은 그를 다시 믿을 수 있을지 확신이 서지 않았다. 함께 진행하는 일들이 있다 보니 맡은 일에 관해서는 대화를 나눴지만, 일이 끝나고 나면 서로 거의 말을 섞지 않았다.

몇 달이 지난 후에야 두 사람은 그들의 관계에 대해 대화를 시도했다. 캐럴은 여전히 화가 풀리지 않은 상태였고 데이비드는 영문을 몰랐다. 데이비드는 "언제 다음 지뢰가 터질지 모른다고 생각하면 난 정말 불안하다"고 솔직한 심경을 전했다. 데이비드 역시 그녀에게 신뢰가 없었던 것이다.

몇 시간 동안 답답한 대화를 나눈 끝에 그들은 핵심 문제에 이르렀다. 각자 자기의 진짜 감정을 표현한 후에야 비로소 갈등이 해소되었다. 어느 순간 데이비드는 캐럴에게 공감하게 되었고, 이렇게 말했다. "어쩌면 처음으로 당신이 무슨 일을 겪고 있는지 깨달은 것 같군요. 미안합니다." 이 말에 캐럴은 마침내 자신의 감정이 이해받았다고 느꼈다. 그들은 이 경험에 대해 다음과 같이 책에 썼다. "우리의 문제들은 실타래처럼 단단히 엉켜 있는 상태여서 이 문제들을 더욱 깊이 들여다보고 각자 왜 그렇게 반응했는지 명확하게 이해했어도 모든 것을 깔끔하게 매듭지을 수 없었다." 처리해야 할 일이 아직 많이 남긴 했어도, 다행히 두 사람은 새롭게 교제할 수 있을 만큼의 신뢰는 회복할 수 있었다.

신뢰를 회복하려는 노력이 큰 효과를 거두려면, 자신의 실수를 인정하는 솔직함과 상대방도 나와 마찬가지라고 느낄 수 있는 환경이 필요하다. 그렇다면 내가 누군가의 신뢰를 받지 못한다는 사실을 어떻게 알 수 있을까? 직장이나 친구들 사이에서, 방어벽을 치는 대화나 단절 혹은 불만을 나타내는 행동과 보디랭귀지를 눈여겨보라. 내가 주변에 있으면 사람들이 입을 다무는가? 긴장감이나 불편함이 느껴지는가? 사람들이 냉소적이거나 미심쩍게 행동하는가? 대화를 나누고 있는 상대방이 방어적으로 보인다면 그것은 그 사람이 나를 신뢰하지 않을 가능성이 있다는 명백한 증거다. 누군가의 신뢰를 잃었다는 사실을 알았다면 다음 방법을 시도해 보자.

- 자존심을 접어 둬야 한다. 특히 결정권자나 리더라면 마음을 열고 상대방에게 다가가 내 진면목을 어떻게 하면 보여줄 수 있을지 생각해 본다.
- 신뢰가 깨지는 과정에서 내가 어떤 역할을 했는지 돌아본다. 그러면 지레짐작한 부분과 그것이 내 행동에 미친 영향을 파악할 수 있다.
- 상대방을 만나 사적으로 대화하며 성찰한 내용을 공유한다. 의견을 묻고, 마음을 열고, 귀를 기울여라. 되도록 상대

방의 입장에서 생각하고, 판단하지 않은 상태에서 그들의
말을 듣는다.

O 요구사항을 파악한다. 무너진 신뢰를 회복하는 과정에서
상대방이 내게 요구하는 것이 무엇인지 파악하고, 나 역시
상대방에게 원하는 것을 전달한다. 두 사람이 모두 서로를
이해했는지 경청하고 확인해야 한다. 정기적으로 만나 진
척 상황에 대해 대화하는 방법도 고려할 수 있다.

O 언행을 일치시켜야 한다. 이루고자 하는 내 목적에 맞게 행
동하려고 부단히 노력한다. 말보다 행동이 중요하다는 옛
격언을 지침으로 삼아야 한다.

누군가 나를 신뢰하지 않는다는 사실을 발견하면 방어적인 태
도를 취하거나 모욕감을 느끼기 쉽다. 투쟁 아니면 도피 모드가 재
빨리 가동될 수 있다. 하지만 이는 자기 관점뿐만 아니라 좀 더 객
관적인 관점으로 상황을 볼 수 있는 기회다. 신뢰하지 않는 상대방
을 대할 때 지금껏 나는 어떤 모습을 보였는가? 상대방이 어떤 말
을 했다면 그를 신뢰하는 데 도움이 되었을 것 같은가? 매번 바람
직한 결과를 얻을 수는 없겠지만 지속적으로 노력하는 자체가 중
요하다. 설령 눈에 보이지 않는다 해도 모든 과정에는 기복이 있
음을 인정하라.

집단 내 심리적 안정감의 중요성

집단 내에서도 신뢰가 영향을 미친다. 집단의 신뢰는 '심리적으로 안전하다'고 느끼는 정도를 뜻한다. 신뢰가 개인의 인간관계에 중요하듯이 조직에서도 심리적 안정이 중요하다. 심리적 안정의 밑바탕은 의견을 공유하거나 진실을 말하거나 어려운 문제를 제기하거나 질문을 하는 등 대인관계에서 위험을 감수할 때 어떤 결과가 따를 것이라는 인식이다. 직장에서 회의에 참석하거나 가족과 함께 있을 때, 남들에게 어리석거나 무능하거나 부정적이거나 파괴적이라고 비칠까 봐 두려워서 당당하게 의견을 표현하지 못한다면, 심리적으로 안전하지 않다는 뜻일 수 있다. 반면에 다른 사람들이 내 견해를 개방적으로 받아들일 것이라는 믿음이 있다면 심리적으로 안전하다고 느끼는 것이다.

데이비드 바리오스는 과테말라에 본사를 둔 공구 도매 유통업체의 CEO다. 신임 리더가 결코 하고 싶지 않을 질문이 있다면 그것은 '왜 우리가 지금 실패하고 있는가?'일 것이다. 하지만 데이비드는 정확히 이 질문을 던졌고 그렇게 해서 조직의 심리적 안정을 조성했다.

데이비드는 경영진 회의에서 그가 협력의 토대라고 믿는 빈틈 기반 신뢰 활동을 모든 직원한테 실시하기로 결정했다. 이 장의 앞부분에서 언급한 렌시오니의 《팀워크의 부활》을 참고하면, 이는 다음 두 가지 과정으로 요약할 수 있었다. 팀원 개개인은 돌아가면서 다른 사람들로부터 (1) 한 가지 중요한 공헌과 (2) 팀의 이익을 위해 개선하거나 없애야 할 한 영역에 대한 건설적인 피드백을 들어야 했다.

자기 차례가 되어 피드백을 들은 데이비드는 발가벗겨진 느낌이었다. 그가 공감 능력을 키워야 한다는 것이 중론이었다. 데이비드는 나중에 회의 참석자들과 개별적으로 면담하면서 개선 방법에 대해 추가로 피드백과 지침을 구했다.

"내가 잘못하는 점에 대해 그렇게 확실하고 명백한 메시지를 듣는 건 당연히 불편했지만 내가 무엇을 고쳐야 할지를 명확하게 알 수 있어서 무척 좋았어요. 사람들은 나와 조직에 보탬이 되겠다는 분명한 의도를 가지고 아주 솔직하게 피드백을 해 주었죠. 그게 우리의 목표였어요. 더 훌륭한 팀이 되는 거 말입니다!"

어떤 위치에서건 냉정하게 자제하면서 행동하면 심리적 안정도가 높아진다. 신뢰는 쌍방통행이어야 한다. 만약 팀원들에게 솔직한 피드백을 전달해도 안전하다는 믿음과 심리적 안정감이 없었다면, 결코 신뢰는 구축될 수 없었을 것이다.

데일 카네기 원칙 훈련법

○

신뢰를 쌓는 데는 수년이 걸리지만 무너지는 것은 순식
간이다. 하지만 신뢰는 모든 바람직한 인간관계의 주춧
돌이다. 신뢰가 없는 인간관계는 발전할 수 없다.

원칙

숨김없는 모습으로 신뢰를 쌓아라.

행동 단계

○ 신뢰가 내 인생에 어떤 역할을 담당하는지 생각해
본다.

: 가장 신뢰하는 사람은 누구인가? 가장 신뢰하지 않는
사람은 누구인가? 이런 사람들의 어떤 행동 때문에 신
뢰가 쌓이고 무너지는지 생각해 보자. 그들은 어떤 식으
로 나를 대하고 말하는가?

○ 인간관계에서 나는 어떤 모습을 보이고 있는지 생각
해 본다.

: 나는 신뢰할 만한 사람인가? 내 어떤 행동 때문에 신뢰가 쌓이는가? 내 어떤 행동 때문에 신뢰가 무너지는가? 내가 아끼는 사람들과 신뢰를 쌓기 위해 오늘 나는 어떤 조치를 취할 수 있는가?

○ 누구나 신뢰를 무너트린 경험이 있을 것이다. 최근 누군가의 신뢰를 무너트린 때를 떠올려 보고, 신뢰를 회복하기 위한 노력을 기울여 보자.

· 자존심을 내세우지 않는다.
· 책임을 진다.
· 개인적으로 만나 대화를 나눈다.
· 요구사항을 파악한다.
· 언행을 일치시킨다.

chapter
11

비판

비판인가,
피드백인가

———

사람들을 비난하는 대신
이해하려고 노력하자.
그편이 비판보다 훨씬 더 이롭고 흥미롭다.
이는 동감과 관용, 친절을 낳는다.

데일 카네기

———

오래전, 내 상사 스콧 매카시가 내 연례 성과 평가를 마무리할 때였다. 스콧은 먼저 긍정적인 피드백을 한 다음 의논해야 할 중대한 문제가 있다고 덧붙였다.

나는 "그게 뭔가요?"라고 물었다.

"수년 동안 수많은 사람과 함께 일했는데 개중에 당신이 가장 방어적이었어요. 상대방이 하는 말이 마음에 들지 않으면 당신은 전투태세를 취하죠. 당신은 잠재력이 대단한 사람이지만 이 문제를 해결하지 못하면 커리어에 차질이 생길 겁니다."

나는 말 없이 멍하니 앉아 있었다. 화가 나기 시작했다. 거짓말은 하지 않겠다. 마음이 아팠다. '내가? 함께 일한 사람들 중에서 가장 방어적이라고? 이런, 정말 그렇다고?' 모든 게 의문투성이였다.

그때 나는 분을 삭이지 못할 수 있었다. 그를 외면하고 그의 충고를 무시할 수 있었다. 하지만 그러면 우리 관계가 나빠질 뿐만 아니라 그의 말이 옳다는 것만 증명될 터였다. 그래서 나는 다음과 같이 말했다. "스콧, 말씀해 주셔서 감사한데 전 잘 모르겠습니다. 제가 더 확실히 이해할 수 있도록 예를 들어 주시겠어요?"

나는 한 가지 예를 부탁했을 뿐인데 그는 네 가지 예를 들었다. 그리고 그가 예를 들 때마다 나는 그간 놓쳤던 것들에 눈을 떴다. 그것은 비판이 아니었다. 그는 진심으로 나를 도우려고 노력하고 있었다. 나는 그의 말을 선물이라고 생각했다. 피드백을 통해 그동안 보지 못했던 것을 볼 수 있었던 그때가 내 경력에 결정적인 순간이었다.

피드백과 달리 비판은 (그에 대한 상대방의 반응과 더불어) 관계를 망칠 수 있는 지름길이다. 데일 카네기는 이 주제를 집중적으로 분석했다. 사실 "비판이나 비난, 불평을 삼가라"는 그의 제1원칙이다. 그는 이런 글을 남겼다. "비판은 쓸데없다. 상대방을 방어적으로 만들고 자신을 정당화하기 위해 안간힘을 쓰게 만들기 때문이다. 비판은 위험하다. 상대방의 소중한 자존심에 상처를 입히고 원한을 불러일으키기 때문이다. 수십 년 동안 마음에 사무치고 죽을 때까지 잊지 못할 원한을 일으키고 싶다면 (그것이 정당하다는 확신이 있건 없건 간에) 그냥 큰맘 먹고 아픈 곳을 살짝 찌르는 비판을 하라."

세계적인 명성을 자랑하는 심리학자 겸 작가 존 가트맨은 비판이 인간관계에 얼마나 파괴적인지를 목격했다. 임상 환경에서 실시한 연구 내용 그리고 내담자들과 가진 수천 회의 상담을 토대로, 가트맨은 비판을 이른바 인간관계 묵시록의 '4기사 four horsemen[요한 묵시록에서 각기 질병, 전쟁, 기근, 죽음을 상징하는 네 명의 기사에 비유한 표현-옮긴이]' 가운데 하나라고 일컬었다. 그의 연구는 부정적인 행동들(방어, 담쌓기, 경멸, 비판)을 토대로 부부가 이혼할지 여부를 90퍼센트까지 정확하게 예측한 것으로 유명하다.

비판에 접근하는 방식은 아끼는 사람들과의 관계에 약이 되거나 독이 된다. 이 장에서는 비판과 피드백을 구분하고, 다정함을 선택하는 것이 어떻게 건강한 관계를 유지할 수 있는지 보여 줄 것이다.

비판과 피드백의 결정적인 차이

비판은 파괴적이고 단정적이다. 대안을 제시하지 않고 장황설을 늘어놓으며 '잘못'된 점에만 초점을 맞춘다. 반면에 피드백(일명 건설적인 비판)은 실행이 가능하고 협력적이다. 문제를 인식한 다음 상황을 '바로잡는' 방법에 초점을 맞추고, 해결책을 찾거나 발전하는 데 집중한다. 다음은 비판과 피드백의 차이를 보여 주는 몇 가지 예다.

○ 비판은 잘못된 것에 초점을 맞춘다.

　예) "왜 한 번도 시간을 못 지키는 겁니까?"

○ 피드백은 개선 방법에 초점을 맞춘다.

　예) "어떻게 하면 당신이 시간을 더 잘 지키게끔 도울 수 있을까요?"

○ 비판은 개인의 단점을 암시한다.

　예) "당신은 무지하고 교양이 없어요."

○ 피드백은 성격이 아니라 행동에 초점을 맞춘다.

　예) "맡은 업무를 좀 더 효과적으로 수행하려면 무엇을 배워야 할까요?"

○ 비판은 상대방을 깎아내린다.

　예) "당신은 이 문제를 해결할 수 없을 것 같네요."

○ 피드백은 상대방을 격려한다.

　예) "이 일을 해결할 방법을 함께 모색하면 어떨까요?"

비판은 상대방을 밀어내는 반면에 피드백은 관계를 발전시킨다. 비판의 핵심은 상대방이고 피드백의 핵심은 해결책이다. 피드백은 비방하기보다는 도우려는 의도를 품고 전달한다.

비판에 현명하게 대처하는 법

비판받으면(특히 내가 보기엔 그렇지 않은데 누군가 내가 잘못 했다거나 실수했다거나 혹은 프로젝트를 제대로 못 했다고 말하면) 기분이 좋을 리 없다. 사람들이 비판하는 방식은 제각기 다르다. 적대감을 노골적으로 드러내는 사람이 있는가 하면("당신이 그랬다는 게 믿기기 않네요. 왜 그러는 건가요?") 좀 더 요령이 있는 사람이 있다("틀림없이 그렇게 할 만한 이유가 있겠죠"). 아니면 수동적 공격 성향이 있는 사람이 있다("음, 당신이 그러지 않았다면 아마 상황이 달라졌을 겁니다"). 설령 무언가 잘못했다손 치더라도 이런 상황에 처하면 본능적으로 방어적인 태도를 보이게 된다. 어쩌면 이렇게 말할지 모른다. "뭐라고요?! 내가 얼마나 열심히 했는데요. 어떻게 내가 잘못했다고 말할 수 있습니까?!" 해명하며 방어하고, 논쟁하며 방어한다.

방어적인 태도를 보이며 상처를 받았다고 느끼면 필요 이상 상황을 키우는 실수를 범할 수 있다. 사람들이 나를 비판하지 못하게끔 막을 수는 없지만 그들의 말에 영향을 받을 것인지 혹은 얼마나 영향을 받을 것인지의 결정권은 내게 있다. 마음을 열고 내게 도움이 될 만한 정당한 피드백을 경청할 필요가 있다. 하지만 시간이나 감정적 에너지를 쓰기에도 아까운 사람들의 정당하지 못한 판단이라면 걸러내야 한다. 그러니 비판을 들을 때는 다음 두 가지 질문을 고려하자.

○ 내가 신뢰하고 존경하는 사람의 비판인가?

○ 정당한 비판인가?

첫 번째 질문은 상당히 단순하다. 이 사람을 신뢰하고 존경하는 가? '예'라고 답했다면 나는 상대방에 의견을 받아들이고 두 번째 질문으로 넘어갈 것이다. '아니오'라고 답했다면 무시하는 편을 택할 것이다. 세상에는 불만이 많은 사람이 차고 넘치니 그런 사람의 말 한 마디에 전전긍긍할 필요가 없다.

두 번째 질문에 답하기란 그리 단순하지 않다. 비판을 받으면 한 방 얻어맞는 기분이 들기 때문이다. 실제로 한방 얻어맞으면 사람들은 곧바로 '투쟁-도피' 모드로 돌입하고 감정에 사로잡혀 판단력이 흐려진다. 비판을 받을 때도 마찬가지다. 속이 상하거나 상처를 받은 상태라면 비판의 정당성을 어떻게 이성적으로 판단하겠는가? 우선 흥분하지 말고 진정하라. 마음을 가라앉혀야 좀 더 객관적으로 비판을 고려할 수 있다.

내가 데일 카네기의 CEO가 되고 1년쯤 지났을 때 회사에서 나를 포함해 경영진에 대한 360도 평가[상사, 동료, 부하, 본인, 고객 등 다양한 평가 주체들이 평가자로 참여해 한 개인이나 팀에 대해서 평가하는 인사 평가제도. 일명 '다면 평가'-옮긴이]를 실시했다. 이 조사에서는 어떤 구성원에 관한 질문에 그와 함께 일하는 사람들이 익명으로 답한다. 내 경우에는 임원진에게 나를 평가해 달라고 요청했다.

나에 대한 평가서를 받았을 때, 나는 대부분의 평가에 기분이 좋았으나 다소 우유부단하다는 평가도 눈에 띄어서 속이 상했다. '뭐라고? 난 이 조직에 부임해서 사람들에게 귀를 기울이고 의견을 구하면서 협력하려고 노력했는데 결정을 더 빨리 내리지 않는다고 비판하는 거야? 더 신속하게 결정을 내리기를 원하는군. 좋아. 그렇게 해 주지. 다음번에는 그냥 명령하겠어!' 바로 그 순간 더 현명한 판단력이 가동되었다. '이봐, 열 내지 마. 난 이 사람들을 좋아하고, 신뢰하고, 존경해. 그래서 그들이 지금껏 항상 내게 솔직했지. 어쩌면 여기에 내가 고민해야 할 문제가 있을지 몰라.'

나는 더 자세한 의견을 듣고 싶어서 임원진과 면담 일정을 잡았다. "우선 내 360도 평가에 제공해 준 피드백에 감사합니다. 이런 조사에서는 의견을 솔직하게 표현하기가 쉽지 않은데 여러분이 솔직했다는 걸 알겠더군요. 그 점에 감사합니다. 진실하게 답했다고 믿을 수 있어야 하니까요. 난 여러분 개개인과 우리 조직을 아낄 뿐더러, 나 자신 또한 계속 성장하는 게 목표니까 평가서에 담긴 두어 가지 내용을 좀 더 심층적으로 살펴보고 싶습니다. 약속합니다. 흥분하지 않을게요. 그냥 제대로 이해하고 싶습니다." 면담실의 긴장이 서서히 풀리면서 사람들이 끼고 있던 팔짱을 내리고 고개를 들었다. 한 임원이 말문을 열었다. "난 당신이 협조적이고 어려운 결정에 우리를 동참시키려는 점을 높이 평가합니다. 바람직한 일이죠. 그런데 모든 사람이 의견을 낸 다음에는 좀 더 조속히 결정을 내리면 어떨까 하는 생각이 간혹 들기도 합니다. 만장일치가 필요한 건 아니잖아요." 다른 사람들이 고개를 끄덕이며 입을 열기 시작했다. 그들의 말이 옳았다. 나는 필요 이상으로 합의를 얻어 내려고 애썼다. 이는 전 직원이 이미 막중한 업무에 시달리는데 오랜 시간 회의까지 참석하게 만들었단 뜻이다. 나는 모두에게 진심으로 고마움을 전했고 이후 좀 더 신속하고 확실하게 중요한 결정을 내리고자 노력했다.

캐나다 몬트리올을 중심으로 활동하는 예술가 캘런 쇼브는 그의 예술작품 때문에 온라인상에서 걸핏하면 시달림을 당한다. 화사한 무지개 빛깔로 채색해 눈길을 사로잡는 그의 창작 그림에는 수천 개의 댓글이 달리는데 "이건 가짜 예술"이라든가 "누구나 할 수 있다"고 말하는 사람이 적지 않다. 심지어 "예술가인 척하다니 부끄러운 줄 알라"는 메시지까지 받는다. 이런 일을 빌미로 삼아 예술작품을 창작하고 발표하는 일을 그만둘 수도 있지만, 대신에 그는 비판을 받아들이고 예술로 승화시킨다. 심지어 몇몇 비판적인 댓글을 스크린 인쇄해 그림으로 만들고 수천 달러에 판매했다. 그는 그냥 받아들인다. 혐오 발언들을 인용해 #fakeart라는 소셜 미디어 해시태그로 만들었다. 부정적인 반응이 난무해도 그의 사업은 번창하고 70만 명의 팔로워가 격려의 댓글로써 그에게 희망을 준다.

캘런에게는 '안티팬, 트롤[인터넷상에서 남들의 화를 부추기기 위해 메시지를 보내는 사람-옮긴이], 부정적인 반응'에 대처할 때 두 가지 선택지가 있었다. 첫째 일단 무시하고, 필요하다면 차단하거나 삭제한다. 그는 이렇게 전한다. "혐오에 대처하느라 감정적 에너지를 낭비하고 싶지 않거나 낭비할 수 없다면 이게 좋은 옵션이에요. 하지만 입에 올리지 않는다고 혐오가 사라지는 건 아니죠." 두 번째는 사랑을 베푸는 방법이다. "우리는 누구나 (흔히 자신도 의식하지 못하지만) 부정성의 화신이라 할 수 있는 상대를 만날 수 있어요. 그럴 때는 도움과 동정, 친절과 공감이 필요해요."

상대방의 동기를 파악함으로써 어떤 비판을 마음에 새겨야 할지, 말지를 판단할 수 있다. 깎아내리려는 말처럼 들리는가? 건설적인 면이 담겨 있는가? 나는 이 사람에 대해 무엇을 알고 있으며 과거에 이 사람과 어떤 관계였는가? 이런 질문에 답을 찾은 다음 정당하지 않거나 의도가 불순했다는 결론에 이른다면 비판을 무시하면 된다. 물론 모진 말을 들으면 상처가 되지만, 그럴 가치도 없는 비판 때문에 갈팡질팡하지 않으려면, 마음에 둬선 안 된다.

가슴 아픈 비판과 상처 앞에서

누군가와 관점이 다르다는 사실을 흔쾌히 인정해야 할 때가 있다. 그럴 때는 가시 돋친 말을 듣더라도 상대에게 질문을 거듭해 문제의 진실에 다가가라. 나는 비판을 기회라고 생각하기 때문에 비판을 적어 두고 질문을 통해 더 많은 정보를 구한다. 이때 내 목표는 사람들의 말을 꼼꼼히 살피고 추려 내어 비판에 피드백이 숨어 있는지 확인하는 것이다. 믿을 만한 원천으로부터 받은 피드백은 시험을 치기 전에 미리 얻는 답지와 같다. 눈을 가리고 시험을 치르는데 누군가 답을 알려 준다면, 더군다나 원하는 삶을 성취할 수 있는 답이라면, 지침으로 삼아야 하지 않겠는가.

그렇기 때문에 비판을 열린 마음으로 고려해야 한다. 귀를 닫고 싶을지 모르지만 상대방의 말이 진실일 수 있다. 감정적으로 대응하거나 마음에 상처를 입는 바람에 배우고 향상하고 싶다는 소망을 저버리는 일은 없어야 한다.

대학 재학 시절 마이클에게는 한 학년 위인 헨리라는 좋은 친구가 있었다. 헨리가 대학을 졸업했을 때 마이클은 데일 카네기 연구소에 입사하라고 설득했다. 헨리는 교육부에서 일했고 마이클은 물류센터에서 근무했다. 당시 회사에는 제대로 된 재고 관리용 전산 시스템이 없어서 마이클이 물류센터에 필요한 프로그램을 직접 설계했다. 그는 헨리도 사용하면 좋을 것 같아서 그에게 프로그램을 공유했다.

그런데 이후 상황은 마이클의 예상과 다르게 흘러갔다. 헨리가 프로그램의 흠을 잡은 것이다. 헨리는 방식을 바꾸어야 한다고 말했지만, 그건 본인한테 더 효과적인 방식이었다. 단시간에 스스로 해낸 일이 자랑스러웠던 마이클은 내심 실망했고, 그래서 감정을 이기지 못한 채 헨리에게 이메일을 보냈다. '날 위해 만든 거야. 형이 아니라.'

헨리는 회사를 나가기 전까지 마이클에게 거의 말을 붙이지 않았다. 나중에 화해하긴 했지만 예전 같은 우정은 회복할 수 없었다.

마이클은 이 일을 깊이 후회한다. 되돌릴 수만 있다면 마이클은 이렇게 말할 것이다. "피드백 정말 고마워. 형이 말한 대로 수정하면 어떤 식으로 도움이 되는지 좀 더 살펴볼게." 삶이라는 원대한 계획에서 그것은 두 사람의 관계에 큰 영향을 미친 상호작용이었다.

이따금 우리는 어떤 일이 일어난 후에야 비로소 자신이 비판적이었다는 사실을 깨닫는다. 잭 해리스는 마크라는 첫 상사와 매우 친했다. 마크는 잭을 한 호텔 프랜차이즈에 취직시킨 장본인이었다. 맡은 역할이 커짐에 따라 잭은 부서를 옮겼지만 마크와 여전히 친구로서 좋은 관계를 유지했다. 그러던 중 두 사람이 근무하던 호텔이 다른 회사에 인수되었다. 마크는 회사를 옮겼지만, 남은 잭은 일자리를 잃을까 봐 걱정스러웠다. 두 사람은 마크의 새 회사에서 잭이 할 수 있는 일에 대해 이야기를 나누었다. 마크에게서 기회를 주겠다는 약속을 받은 것 같아서 잭은 마음이 설렜다. 그런데 어쩐 일인지 마크는 감감무소식이었다. 얼마 후 잭은 자기 몫이라고 생각했던 자리에 다른 직장 동료가 고용되었다는 소식을 전해 들었다.

잭은 마이크의 일 처리에 배신감과 슬픔, 분노를 느꼈다. 그는 어쩌다 일이 이렇게 된 건지 온갖 시나리오를 지어내기 시작했지만 마크에게 직접 연락하지는 않았다. 몇 달이 지난 후에야 마크에게 전화를 걸어 유감의 뜻을 전했다. 때마침 잭은 숨김없는 솔직한 태도로 전문가다운 사고방식을 기르는 법에 관한 책을 읽었던 터라 책에서 배운 대로 대화를 진행했다.

"마크, 전 당신이 제게 기회를 주기로 약속했다가 명백한 이유도 없이 지키지 않았다고 느꼈습니다. 왜 그러셨나요?" 잭은 마크가 솔직하고 직설적인 자신의 태도를 높이 평가할 거라고 생각했다. 하지만 그는 마음을 여는 대신 잭의 말을 공격으로 받아들였다. 사과나 해명도 없이 그저 이렇게 말했다. "잭, 가끔은 세상일이 그렇게 돌아갑니다." 말투는 온화했지만 그는 서둘러 대화를 끝냈다. 이후 두 사람은 1년이 넘도록 대화를 나누지 않았다.

훗날 잭은 그 대화를 곰곰이 되짚어 보았다. 직설적인 태도가 관계에 이로울 것이라고 여겼지만 오히려 역효과가 난 게 분명했다. 잭의 질문에는 그가 느꼈던 실망과 흥분, 짜증이 고스란히 드러났고, 어쩌면 그 순간 마크는 '난 누구에게도 이런 대접을 받을 필요가' 없다고 느꼈을 수 있다.

잭이 이 상황을 다른 방식으로 처리했다면 어땠을까? 감정을 자제하고 좀 더 다정하게 말문을 열었으면 어땠을까? 그는 이렇게 말할 수도 있었다. "마크, 당신과 전 오랜 친구죠. 당신은 제가 아끼고 존중하는 분입니다. 당신이 새로 옮긴 회사의 일자리에 대해 얘기할 때 전 그게 제 차지가 될 거라 여겼는데 예상이 빗나가서 놀랐습니다. 무슨 일이 있었는지 설명을 부탁드려도 될까요?" 이런 접근방식이었다면 마크가 좀 더 마음을 열고 자초지종을 설명해 주었을지도 모른다. 물론 그렇게 접근했어도 결과는 똑같이 차가운 반응으로 이어졌을지 모르나, 적어도 그랬다면 그 원인이 나의 태도로 인한 것은 아님을 확실히 알게 됐을 것이다.

다른 사람을 배려하면서 피드백하는 법

내가 사회생활을 하면서 수년 동안 애를 먹었던 한 가지는 다른 사람들에게 솔직한 피드백을 전달하는 일이었다. 내 말이 어떻게 받아들여질지, 상대방에게 상처가 될지, 상대방이 방어적이 되거나 화를 낼지, 관계에 영향을 미칠 수 있는 논쟁에 휘말릴지 걱정스러웠다. 아주 오랫동안 나는 진짜 문제의 변죽만 울리고 힘든 이야기는 두루뭉술하게 넘어가며 긍정적인 요소를 부각시키곤 했다. 그러나 사람들과 수백 차례 상호작용한 끝에 특히 사업에서는 사람들에게 솔직함의 예의를 갖추어야 한다는 사실을 깨닫게 되었다. 다른 사람으로부터 최고의 모습을 이끌어 내고 결과를 성취하는 것이 내 임무이므로, 이 임무를 수행하지 못하는 것은 비겁하고 무책임하며 예의에 어긋나는 일이다. 덧붙이자면 내가 발견한 바로 사람들은 대부분 최선을 다하고 싶어 하며 성장의 기회가 되는 지혜를 높이 평가한다.

상대방에게 효과적으로 피드백을 전달하는 방법의 핵심은 두 가지, 즉 의도와 표현이다. 상대방을 실망시키고 사기를 저하시키며 망신을 주겠다는 의도로 접근한다면 그것은 (무용하고 불친절한) 비판이다. 용기를 북돋우고 동기를 부여하며 지지하려는 의도로 다가간다면 그것은 (성장 지향적이고 공감하는) 피드백이다. 이따금 내가 문제의 발단이 된다. 의도했든 안 했든 간에 내가 비판적인 모습을 보일 수 있다. 상대방이 내 의견을 어떻게 받아들이는지 의식하지 못할 수도 있다. 그렇다면 상대방을 성장하도록 돕는 피드백을 더 효과적으로 전달하려면 어떻게 해야 할까?

첫째, 내 의도와 표현이 바람직한지 확인해야 한다. 왜 피드백을 전달하려는지, 무엇을 성취하고 싶은지 스스로에게 물어라. 둘째, 단어와 말투를 고려한다. 앞의 '비판과 피드백' 대목으로 돌아가 예로 든 문구들을 큰 소리로 다시 읽어 보자. 표현과 말투가 상대방을 불편하게 혹은 편안하게 만들므로, 의도에 어울리는 방식으로 의사소통을 할 필요가 있다.

대학을 졸업한 후에 캐머런 맨은 제조회사에서 임시직으로 일했다. 그는 본인의 가치를 입증하면서 열심히 일하고 싶었으나 같은 창고에서 일하는 사람들은 모두 50대가 넘었고 젊은이는 캐머런뿐이었다. 그는 직장 동료들과 어떻게 어울려야 할지 몰랐다. 특히나 함께 일하는 동료 가운데 예순다섯 살에 불평불만이 많은 폴이라는 사람이 그랬다. 그는 타협을 모르는 것 같았고 항상 푸념을 늘어놓았다.

어느 날 캐머런과 폴이 함께 기계를 수리하는데 스크루드라이버가 필요했다. 폴이 사용하는 수동 스크루드라이버가 시간이 많이 걸리기에 캐머런은 전동 스크루드라이버를 쓰셔야겠다고 말했다. 그러자 폴은 기다렸다는 듯이 "그게 니네 세대의 문제야. 그냥 게으른 거지"라고 말했다. 돕고 싶어서 한 말이었기 때문에 캐머런은 기분이 나빠져서 발끈하며 대꾸했다. "좀 더 효율적인 거죠."

폴이 듣기에 거슬리는 말이란 건 확실했다. 캐머런은 자기 말이 어떻게 들릴지를 깨닫고 먼저 사과했다. "저기, 전 폴의 말이 틀렸고 제 말이 옳다는 뜻이 아니었어요. 그냥 개선할 방법을 제안한 것뿐이에요."

다음부터 캐머런은 폴과 마음을 터놓고 대화를 나누며 조언을 구했다. 우선 그는 폴의 관점을 이해하고 싶어서 왜 예전 방식을 고수하느냐고 물었다. 다른 해결책이 보이면 폴에게 방법을 바꾸라고 직설적으로 말하기보다는 "이렇게 하면 어떨까요?"라고 표현했다.

이런 접근방식 덕분에 두 사람은 친해졌다. 그들은 캐머런이 입사했을 때부터 서로에게 선입견이 있었음을 알게 되었다. 시간이 흐르자 폴 역시 캐머런에게 제조 라인의 생산량을 향상시키고 시간을 절약할 방법에 대해 묻기 시작했다. 이렇게 처음에 서로 공격하고 비판하던 두 사람은 건전한 업무 환경에서 신뢰하는 동료가 될 수 있었다.

데일 카네기 원칙 훈련법

○

'비판이나 비난, 불평을 삼가라'가 데일 카네기의 제1원칙인 데는 다 이유가 있다. 비판보다 빨리 관계와 신뢰를 해치는 것은 없다. (학습과 성장에 반드시 필요한) 피드백과 (언제나 파괴적인) 비판의 차이를 이해하면 인간관계에서 위기의 순간을 헤쳐 나갈 힘을 얻을 수 있다.

원칙

정중하게 피드백을 주고받아라.

행동 단계

○ 내가 친구를 비판하거나 친구가 나를 비판하던 때를 떠올려 보자.

: 상대방의 반응은 어땠는가? 내 반응은 어땠는가? '다른 방법을 썼으면 좋았을걸'이라고 후회하는가? 지금 두 사람의 관계는 어떤가?

○ 이제 짜증스러운 관계를 떠올려 본다.

: 따끔하게 한소리하고 싶다고 생각한 적이 있을지 모른다. 평소 하고 싶었던 비판의 말을 글로 적고 내가 그런 소리를 들으면 기분이 어떨지 생각해 본다. 이제 건설적이고 도움이 되는 표현을 담아 비판을 피드백으로 고쳐 적어 보자. 그리고 상대방과 그 피드백을 공유한다. 피드백을 전달할 때는 표현과 말투, 의도에 신경 써야 한다.

○ 비난받는다고 느꼈던 때를 떠올리며 스스로에게 다음과 같이 물어본다.

· 내가 신뢰하고 존경하는 사람의 비판인가? 이 사람을 얼마나 잘 아는가? 이 사람은 나를 얼마나 잘 아는가?

· 정당한 비판인가, 정당하지 않은 비판인가? 비판에 근거가 있는가? 나를 돕고 싶은 마음이 전혀 없는 사람에게서 나온 비판이라면 내려놓는 연습을 하고, 정당한 비판이라면 배울 점을 찾는 연습을 한다.

까다로운 사람

*선을 넘는
사람들에게*

먼저 경청하라.

상대방에게 말할 기회를 주어라.

그들의 말을 끝까지 들어라.

반박하거나 방어하거나 논쟁하지 마라.

그러면 장벽만 높아질 뿐이다.

이해의 다리를 놓으려고 노력하라.

데일 카네기

어떤 사람이든, 어디에 살든, 얼마나 친절하든(혹은 친절하다고 생각하든), 얼마나 노력하든 상관없이, 누구나 까다로운 사람들을 만나기 마련이다. 인생이란 그런 것이다. 내 진로 선택을 놓고 잔소리하는 친척. 자기가 항상 옳다고 믿는 동료. 내 의견을 귀담아듣지 않는 배우자. 피해의식에 사로잡혀 내 관심과 감정 에너지를 독차지하려는 이른바 '친구'. 이런 까다로운 사람과 만날 때면 두 손 들고 도망치고 싶은 마음이 들 것이다. 하지만 이 방법이 통하는 경우는 극히 드물다. 문제의 사람이 내 세상의 중심을 차지하고 있다면 더더욱 그렇다. 불가피하게 까다로운 사람을 만나면 도망치기보다는 그 사람이나 그 사람과의 상호작용에 대처할 능력을 길러야 한다.

그러면 어떻게 해야 할까? 상대방을 피할 수 있든 없든, 관계를 개선해야 할 도전으로 받아들이든 않든 상관없이, 먼저 자신을 관리하는 법을 배워야 한다. 의외겠지만 까다로운 사람을 대하는 것은 상대방이나 그들의 행동보다는 전적으로 내 사고방식이나 상호작용 방식과 관련이 있다. 다른 사람을 통제하기는 힘들지만 내 반응 방식은 통제할 수 있기 때문이다.

이 장에서는 까다로운 사람들을 만났을 때 알아 둬야 할 4단계 과정을 다룰 것이다.

- O 1단계 : 건전한 경계를 설정한다.
- O 2단계 : 내 경계를 전달한다.
- O 3단계 : 경청하는 법을 배운다.
- O 4단계 : 제3자의 눈으로 본다.

1단계 : 건전한 경계를 설정한다

짜증스러운 사람을 대하는 과정의 핵심은 나를 출발점으로 삼는 것이다. 우선 상대방이 나를 대하는 방식에 대한 '경계'를 스스로 설정하고 있는지 아니면 다른 사람들이 결정하고 있는지를 생각해 보자. 여기에서의 경계란 '인간관계에서 스스로 정한 한계와 규칙'을 의미한다. 우리는 대부분 경계(그것이 무엇이며 인간관계에 어떤 영향을 미치는가)를 이해하기 위해 애쓴다. 건전한 경계가 있을 때 필요하다면 편안하게 거절할 수 있고 열린 마음으로 인간관계를 맺는다.

처음에는 경계를 설정하기가 두려울 수 있다. 특히 '예'라고 말하지 않으면 대립하자는 뜻이고 '아니오'는 전쟁을 선포하는 것이라고 생각하면서 자랐다면 더욱 그럴 것이다. 가령 직장에서 상사가 다급한 프로젝트를 맡으라고 요구한다. 그런데 나는 이미 여러 프로젝트를 맡고 있고 마감 시한이 멀지 않아서 하나 더 맡을 여유가 없다고 판단했다. 그런데 내 사정을 전달하지 못한 채 '예'라고 말한다고 하자. 이제 무슨 일이 일어날까? 스트레스가 쌓이고 나는 녹초가 되도록 일하며 팀원 전체가 배려 없는 상사에 대해 불평할 것이다. 그런데 애초에 나는 상사에게 내 사정을 전달했는가?

사실 내가 경계를 설정하고 전달하지 않았다면, 상대방이 내 마음에 들지 않는 방식으로 나를 대한다고 해서 비난할 수만은 없다. 직장이나 인간관계를 잃고 싶지 않은 마음에 솔직하게 말하기가 망설여질 수 있다. 이 모든 일의 핵심은 결국 두려움이다. 경계를 설정한다고 해서 사랑하는 사람들이 나를 버리거나 상사가 나를 해고하는 것은 아니다. 그런 일이 일어날 가능성이 없지는 않겠지만, 내 삶에서 무엇을 허용하거나 허용하지 않을 것인가는 내가 결정해야 한다. 1장에서 혼잣말에 대해 다룬 대목을 떠올려 보라. 예상되는 결과에 대한 두려움은 대개 머릿속에서 내가 만든 거짓 이야기에서 비롯된다. 상황을 되도록 객관적으로 보고 내 경계를 지켜라.

전업주부인 카르멘 메디나는 1500킬로미터 떨어진 곳에 살고 있는 언니 알리시아와 일주일에 한 번씩 통화를 했다. 그런데 그때마다 알리시아는 카르멘의 아들 다니엘과 며느리인 이사벨의 흠을 잡으며, 그들의 결혼생활, 양육 방식, 신앙생활에 대해 일장 연설을 했다. 알리시아는 독실한 신자였지만 다니엘과 이사벨은 그렇지 않았고, 그녀는 조카딸 부부의 영적 안녕이 너무 걱정스러운 나머지 '제대로 하도록' 일러 주라고 끊임없이 카르멘에게 강요했다. 하지만 카르멘은 아들 내외가 사는 방식에 불만이 없었을 뿐더러 오히려 언니가 젊은 세대에게 간섭하지 않기를 바랐다. 더 이상 그런 이야기를 듣고 싶지 않았지만 언니와의 관계를 잃을까 걱정이 됐다.

이런 일이 몇 달 동안 계속되자 카르멘은 한계에 다다랐다. 그녀는 하고 싶은 말과 해서는 안 되는 말을 고민한 끝에 언니에게 알리기로 마음먹었다. 처음에는 겁이 났으나 어쨌든 행동에 옮겼다. 카르멘은 알리시아에게 언니의 말이 상처가 되고 도움이 되지 않으며 아들 부부 얘기는 선을 넘는 주제라고 말했다. "처음에는 힘들었어요. 언니가 전혀 이해하지 못하고 살짝 방어적으로 나왔죠. 하지만 난 언니의 '이해'를 구한 것이 아니라 내 바람을 존중해 주기를 원했을 뿐이고 결국 언니는 받아들였어요." 두 사람의 관계는 그녀가 경계를 설정했다는 사실만 빼면 변한 것이 없다.

카르멘의 사연에서 알 수 있듯이 관계를 맺었다고 해서 상대방이 나를 함부로 대해도 괜찮다는 의미는 아니다. 경계를 설정한 다음에도 상대방에게 공감을 표할 수 있다. 내 삶에 들어온 사람들을 상대로 건전한 경계를 설정하고 실천하면 돈독한 관계를 맺고 지킬 수 있다.

내 경계를 이해하려면 시간이 걸린다. 대부분의 경우, 경계를 정하기가 간단하지 않다. 임상심리학자 브리트니 블레어 박사에 따르면 경계를 설정하는 과정에 가장 중요한 요소는 경계의 의미를 이해하는 것이다. "건전한 경계를 설정하는 첫 단계는 내가 원하는 것이나 필요한 것이 무언인지 파악해서 그 지점에서 거슬러 올라가는 겁니다." 그러므로 힘든 상황이 일어나면 내가 받아들일 수 있는 것과 없는 것에 대한 경계부터 설정해야 한다.

2단계 : 경계를 전달한다

경계를 설정해 놓고 전달하지 않는다면 아무런 소용이 없다. 논쟁을 피하려고 주변 사람들과 대화를 나누지 않을 경우 부정적인 감정들이 속으로 곪게 된다. 상황을 회피하는 편이 마음은 더 편할 수 있지만 내 욕구를 충족시키는 첫걸음은 상대에게 그것을 전달하는 것이다. 결국 이는 전달의 문제로 귀결된다. 다정하거나 혹은 냉정하게 말을 전달할 수 있다. 똑같은 표현이라도 상대방에게 가장 강력한 영향을 미치는 것은 전달 방식이다.

한 번은 마이클이 영업사원 빌과 그의 전근 문제를 협상해야 할 일이 있었다. 그런 까다로운 상황이 발생하기 전부터 빌은 이미 함께 일하기 어려운 직원이었다. 마이클은 그때껏 빌과 대화를 나눌 때마다 그가 심술궂고 철이 없는 풋내기라는 인상을 받았다. 마이클은 자신이 용납할 수 있는 것과 없는 것을 머릿속으로 정리하며 빌이 함부로 행동하면 용납하지 않겠다고 마음을 다잡았다. 그래서 대화를 시작할 때, 빌에게 언성을 높이고 정상 수준에 부합하지 않는 발언을 하면 대화를 곧바로 끝내겠다고 통보했다. 다만 빌이 마음에 안 드는 것과는 별개로, 마이클은 이 경계를 호의적이고 명확하게 전달하려 애썼다.

면담 중에 어느 순간 빌이 언성을 높였다. 마이클은 평정심을 유지하면서 차분하게 말했다. "빌, 처음이자 마지막 경고입니다. 언성을 높이면 면담을 그만두겠어요. 전 계속 의논하고 싶고 당신도 그러기를 바랍니다." 빌은 마이클을 바라보고 숨을 고르더니 자제력을 찾았다. 마이클은 자신의 경계를 설정해서 빌에게 전달한 덕분에 논쟁이라는 골칫거리를 피하고 성공적으로 협상할 수 있었다.

어쩌면 상대방은 내 경계를 시험할 테고 모든 사람이 내 경계를 받아들이지 않을지도 모른다. 하지만 임상 심리학자이자 마인즈플레인의 창립자인 마이클 킨제이 박사는 고장 난 레코드 접근법을 이용하라고 조언한다. "'아니오'라는 말이 암묵적으로 금기 시되는 인간관계에서는 경계를 설정하기가 가장 어렵습니다. 평소와 다름없는 방식으로 정중하고 적절하게 설정하세요. 상대방의 경계 대응 방식을 보고 마음이 누그러지면 그들에게 존중해 줘서 고맙다는 말을 전하세요." 킨제이 박사는 극단적인 반발이 일어나는 경우에 대해서는 다음과 같이 말했다. "더 단호한 접근방식이 필요하다면 그냥 '아니오'라고 말하면 됩니다. 그리고 한 번 더 말하세요. 한 번에 그쳐선 안 돼요. 반발이 끝날 때까지 자신 있게, 변명하지 않고, 머뭇거리지 말고 '아니오'를 되풀이하세요. 그래도 반발이 끝나지 않으면 대화를 그만두세요."

3단계 : 경청하는 법을 배운다

질문을 통해 상대방의 관점이나 그들이 특정 방식으로 행동하는 이유를 더 정확하게 이해하라. 제대로 경청하려면, 내 감정과 반응 탓에 상대방의 관점을 파악할 기회를 놓치지 말고 객관적으로 귀를 기울여야 한다. 이는 결코 쉬운 기술은 아니다.

프리야 윌슨은 앞을 못 보는 시아버지 데릭이 병원에 갈 때면 항상 차로 모시고 다녔다. 어느 날 아침 차 안에서 두 사람의 공통 관심사인 프리야의 남편 오스틴에 대한 이야기가 나왔다. 데릭은 프리야에게 오스틴이 며칠 전에 왜 폭발했는지 모르겠다고 말했다. 일주일에 한 번씩 저녁을 같이 먹는 자리에서였다. 부자가 데릭의 어린 시절에 대해 이야기를 나누는데 데릭이 이렇게 말했다. "네가 어렸을 때 왜 그리 거짓말을 하는지 정말 이해가 되지 않았 단다. 난 네가 내게 무슨 얘기든 할 수 있다고 생각했는데."

오스틴은 아버지의 말이 자기가 기억하는 어린 시절과 너무 달 라서 깜짝 놀랐다. 그는 다음과 같이 대꾸했다. "내가 뭔가 솔직하 게 얘기할 때마다 아버지는 외출을 금지하거나 손찌검을 하거나 아니면 내가 좋아하던 물건을 빼앗아 갔잖아요. 난 아버지한테 아 무 말도 할 수 없었다고요. 안전하지 않았으니까요!" 데릭은 곤혹 감을 감추지 못하더니 조용히 말했다. "음. 좀 피곤하구나. 자러 가 야겠다. 살펴 가거라."

아버지의 집을 나선 오스틴은 집에 도착하자 프리야에게 모든 얘기를 털어놓았다. 프리야는 오스틴이 어린 시절에 얼마나 상처 를 많이 받았는지 이해할 수 있었고, 그래서 '오스틴이 왜 폭발 했는지' 모르겠다는 시아버지의 말을 듣자 몹시 화가 났다. 그녀 는 앞뒤 생각하지 않고 남편 입장을 변호하고 싶었으나 문득 이 런 생각이 들었다. '좋아. 하지만 그래 봐야 무슨 도움이 있겠어? 시아버지는 확실하게 속이 상하셨는데. 지금 당장은 더 속상하게 만들 필요가 없잖아.' 그녀는 군이 자기 생각을 전하는 대신에 이 렇게 말했다. "맞아요. 두 사람의 관점이 정말 달라 보여요. 어머 님께서 돌아가고 나서 혼자 아들을 어떻게 키우셨어요, 아버님?"

"아내가 세상을 떠났을 때 오스틴은 열네 살이었단다. 사춘기 에 막 접어든 참이었는데 에이미가 입원했지. 그리고 두 달 후에 눈을 감았어." 이야기를 이어가던 시아버지의 목이 메었다. "오스틴 곁에 있고 싶었지. 하지만 에이미는 내 아내잖니…. 어떻게 해야 할지 모르겠더구나. 그냥 너무 많은 일이 한꺼번에 일어난 거야. 난 아들을 안전하게 지키고 싶었고 내 딴에는 아들에게 편안한 대화 상대가 되었다고 생각했지. 그런데 생각보다 내가 더 엄격했나 보구나."

프리야는 이렇게 말했다. "어떤 시간을 보내셨을지 상상이 안 돼요. 두 사람 모두에게 틀림없이 아주 힘든 시간이었을 거예요." 데릭이 수긍했다. 병원에 도착하는 바람에 두 사람의 대화는 갑작스럽게 끊어졌지만 하마터면 격한 감정이 오갈 수도 있었던 대화가 서로를 이해하는 시간으로 마무리되었다. 이렇게 반응하기 전에 경청하면 상대방의 관점을 이해할 공간이 생긴다.

4단계 : 제3자의 눈으로 본다

누구나 자기 머릿속에서 나온 도전을 마주한다. 상대방과 나 사이에서 일어나는 일은 전적으로 내 소관이라고 말하기 힘들기 때문에, 믿을 만한 친구나 멘토, 치료사 등 나를 진심으로 걱정하는 누군가에게 이야기하면, 중립적인 관점으로 상황을 바라볼 수 있다. 상대가 내 입장이라면 어떻게 할지, 내가 과민반응을 보인다고 생각하는지 등을 물어보라.

펩시의 전 CEO로, 세계에서 가장 유력한 여성으로 손꼽히는 인드라 누이는 이렇게 말한 적이 있다. "누군가 무슨 말을 하거나 행동을 할 때, 그 의도가 긍정적이라고 가정해 보세요. 인간관계나 문제에 접근하는 방식이 사람마다 매우 다르다는 사실에 깜짝 놀랄 겁니다." 상대방과 진솔하게 이야기를 나누면 우리가 얼마나 서로 다른지를 확연히 깨닫게 된다.

나는 직장생활을 하는 중에 잭이라는 유능한 직원을 둔 적이 있었다. 큰 부서의 관리자인 잭은 문제를 스스로 파악할 기회를 제공함으로써 직원들을 지지한다고 자부했다. "전 '어른 아이'가 되면 안 된다고 봐요. 성장하고 싶다면 도전에 직면해서 해결해야죠." 그는 또한 무뚝뚝한 사람이었다. "피드백을 할 때 사탕발림을 할 이유가 없어요. 속에도 없는 말을 하면 되겠어요? 직설적이고 솔직하게 피드백을 전달하는 것도 일종의 의무라고 생각해요. 사람들은 이런 피드백에 현명하게 대처하거나 아니면 더 무뎌져야 해요."

문제는 누구나 이따금 도움이 필요할 때가 있는데 잭은 그 사실을 모른다는 점이었다. 그러던 어느 날 잭의 부하 직원인 메이가 내 집무실을 찾았다. 잭과의 사이가 한계점에 달한 것이 분명했다. 메이는 다음과 같이 말했다. "그는 우리가 모르는 게 없기를 기대해요. 그래서 우리가 도움을 청하면 '그냥 가서 알아내세요'라고 말하죠. 귀담아듣질 않아요." 이 대화를 나누고 나는 문제를 일정 부분 해결했다. 곧바로 외부 컨설턴트를 고용해 팀원들과 면담을 진행하고, 익명으로 설문 조사를 실시해 잭의 부서를 평가한 것이다. 평가를 마친 컨설턴트는 부서의 사기가 바닥이라고 밝혔다. 잭은 결과를 확인하고 설문 조사의 응답을 읽으면서 몹시 놀랐다. "이해가 안 됩니다. 사람들이 왜 이렇게 느끼는지 모르겠어요." 이럴 때 "진심이냐, 어떻게 모를 수가 있느냐, 그런 것도 모르냐?"며 대응할 수도 있다. 하지만 모든 일에는 누군가 말해 주지 않으면 혼자서는 볼 수 없는 맹점이 있는 법이다. 잭은 자신에 대한 피드백을 마음에 새겼고 이는 칭찬할 만한 일이었다. 우리가 그와 일대일로 협력할 코치를 고용하겠다고 제안하자 그는 선뜻 받아들였다. 잭은 몇 달 동안 코칭을 받은 끝에 함께 일하는 사람들에게 감정을 이입하고 통제가 아니라 공감으로 통솔하는 법을 배웠다.

잭은 스스로 까다로운 사람이라고 생각한 적이 없었다. 잭과 마찬가지로, 다른 사람들이 자신을 어떻게 보는지 모르는 사람이 많다. 이런 경우 평가서, 믿을 만한 친구, 동료의 말 등 대개 제3자의 피드백이 해결책이 된다. 수년 동안 나는 함께 일하는 사람들에게 도움을 청하는 습관을 길렀다. 이를테면 "전 계속 리더로서 성장하고 싶어요. 제가 개선할 수 있는 한 가지가 있다면 뭐라고 생각하세요?" 같은 질문을 한다. 상대방이 "떠오르는 게 없다"고 말하면 다음으로 나는 이렇게 대꾸한다. "음, 완벽한 사람은 없죠. 사소한 거라도 제가 개선할 수 있는 면이 있지 않을까요?" 대개 이 말은 효과가 있다. 상대방은 잠시 생각한 다음 "글쎄요, 제 생각에는 당신이…"라고 입을 연다. 그러면 나는 귀를 기울인다. 불쑥 끼어들어 말을 끊지 않는다. 상대방이 말을 끝낼 때까지 내내 잠자코 듣는다. 그런 다음 나는 우선 "고맙습니다. 피드백을 주셔서 정말 감사해요"라고 말한다. 동의할 수 없거나 가슴이 아픈 피드백이라도 고마움을 전한다. 이해를 돕기 위해 설명해 달라고 부탁하거나 (방어적인 태도를 보이지 않도록 조심한다) 더 자세히 말해 달라고 덧붙일 수 있으나 따지지는 않는다. 상대방이 편안하게 계속 피드백을 공유할 분위기를 조성한다.

까다로운 사람을 대해야 하거나 본인이 까다로운 사람은 아닌지 걱정스럽다면 다른 사람들에게 도움을 청하라.

관계를 정리해야 할 때

관계를 바로잡기 위해 할 수 있는(해야만 하는) 일이 전혀 없을 때가 있다. 감정적으로 상처를 입고, 진이 빠지고, 툭하면 우울해지는 유독한 관계를 맺고 있다면 이제 그 관계를 지속할 가치가 있는지 여부를 재평가해야 할 때가 왔다. 캘리포니아주립대학교 심리학 교수이자 아동 발달과 가족관계 연구소 소장인 켈리 캠벨은 유독한 관계를 다음과 같이 묘사한다. "관계에 문제가 없을 때 우리는 무탈하게 지낸다. 하지만 문제가 생기면 우리의 건강과 행복은 부정적인 영향을 받는다." 이는 남녀관계뿐만 아니라 친구 관계, 가족 간의 관계, 직장에서의 관계에도 적용되는 말이다.

유독한 관계는 정신과 감정, 그리고 이따금 신체에도 해롭다. 가장 심각한 경고 신호는 모든 신체 폭력이지만, 난점은 건강하지 않은 행동이 주먹이나 따귀처럼 항상 명확하지는 않다는 데 있다. 다른 사람들의 심기를 거스르지 않으려고 나도 모르게 눈치를 본 적이 있는가? 두 사람의 관계에 상대방보다 더 많은 것을 투자하고 있는가? 상대방과 함께 시간을 보내고 나면 나도 모르게 우울하거나 진이 빠지거나 슬픔이나 불안, 분노를 느끼진 않는가? 같이 보낸 시간이 전혀 즐겁지 않다면 그것은 유지할 가치가 없는 관계일 수 있다. 나를 끊임없이 폄훼하거나, 깎아내리거나, 억압하거나, 자존감에 상처를 준다면 내게 이롭지 않은 관계라는 뜻이다.

해로운 관계를 정리하기가 쉽지 않을 수 있다. 하지만 아무리 어렵다 하더라도 관계를 정리하지 않으면 더 큰 대가를 치러야 한다. 이따금 '절교'는 교제를 시작하는 일만큼 간단하지 않을 것이다. 그럴 땐 그냥 문자 메시지나 전화를 삼가라. 상대방이 먼저 연락하면 가볍게 대하고 그들과 함께 보내는 시간에 마음을 쏟지 마라. 소셜 미디어에서 팔로우를 끊거나 친구 명단에서 삭제하고 상대방을 마주칠 수 있는 친목 모임은 당분간 거절하라. 요컨대 항상 얼굴을 맞대고 해결하지 않아도 된다.

반면에 단호한 조치가 필요한 상황도 있을 것이다. 트리나는 세일즈 컨설턴트였는데 한 번은 로만이라는 고약한 CEO 밑에서 일했다. 로만은 직원들에게 사사건건 참견하고 모든 사람이 자신의 생각과 방법을 따르기를 기대했으며 누구든 기대에 어긋나면 해고했다. 이런 그의 태도 탓에 회사에 해로운 문화가 조성되었다.

트리나는 이 문제를 로만과 의논하고 싶었다. 하지만 그녀가 우려를 표하면 해고하겠다고 으름장을 놓았다. 실제로 해고당한 사람도 많았다.

이런 일이 계속되었다. 트리나가 아무리 누차 그녀의 경계를 전달해도 소용이 없었다. 로만은 그냥 무시해 버렸다. 트리나는 퇴근 후에 상사의 간섭을 받지 않으려고 갖은 노력을 다했지만, 로만은 트리나의 사생활을 존중하지 않았다. 로만은 트리나가 휴가 중일 때도 24시간 내내 대기 상태일 것이라고 기대하며 이메일과 요구사항을 퍼부었다. "결국은 연락이 전혀 안 되는 곳으로 가기로 마음먹었어요. 인터넷이 안 되는 외딴 작은 섬에서 휴가를 보내려고 예약을 하다가 이대로는 안 되겠다고 결론을 내렸죠. 수동적인 공격으로 대응하는 내가 짜증스러웠지만 뾰족한 수가 없었어요. 숨쉴 틈이 필요했거든요."

휴가에서 돌아온 트리나는 결단을 내렸다. 그녀는 스트레스 때문에 자신이 얼마나 망가지고 밤잠을 설치는지, 사생활을 존중하지 않는 로만이 가족에게 어떤 악영향을 미치는지 생각했다. 앞으로도 로만은 행동방식을 바꾸지 않을 것이 분명했다. 하지만 그는 CEO였다. 그러니 할 말이 있으면 이사회로 가야 했다.

트리나는 이사회에서 로만이 조성하는 유독한 문화와 그것이 직원들에게 미치는 영향을 전했다. 그녀는 자신이 해고당할 거라고 예상했다. 그런데 이사회에서 조사에 착수하더니 그녀가 아닌 로만을 해고했다.

관계를 정리하는 과정이 간단하든 지저분하든 상관없이 회복할 시간이 필요하다. 얼마나 가까운 사이이든, 그 역학에서 벗어나서 얼마나 마음이 놓이든 간에 그것이 상실이라는 점은 변하지 않는다. 따라서 이미 일어난 일을 찬찬히 돌아볼 자유를 스스로에게 부여해야 한다.

경계를 설정하면 그에 따르는 결과로 인해 좋은 쪽이든 나쁜 쪽이든 예상치 못한 방향으로 상황이 변화할 것이다. 그래도 괜찮다. 그렇다고 해서 내 신념을 확실히 전달하고 옳은 일을 실천하는 것을 멈출 수는 없다. 트리나는 직장에 대한 미련을 깨끗이 버리고 직장을 잃을 수 있다는 사실을 편안하게 받아들였다. 당시로서는 소신을 전달하고 경계를 분명히 밝히는 것이 (해고당한다는 뜻일지라도) 다른 어떤 대안보다 바람직했다. 어려운 상황에 대처하겠다고 결정하면 그것이 어떤 결과를 가져오든 간에 마음의 평화가 찾아온다.

데일 카네기 원칙 훈련법

○

접근방식을 재고하는 것을 제외하고 어려운 인간관계에 대처할 방법이 전혀 없을 때가 있다. 다른 사람의 행동은 내가 통제할 수 없다. 통제할 수 있는 것은 자신뿐이다. 가장 어려운 대화와 관계에 대처하려면 대화를 시작하기 전에 내가 어떤 사람이며 무엇을 참지 않을 것인지를 명확하게 전달해야 한다.

원칙

경계를 설정하고 전달하라. 그리고 떠나야 할 때를 알라.

행동 단계

살면서 어려운 관계를 맺었던 상대방을 떠올린 다음, 아래 방법을 실천해 보자.

○ 건전한 경계를 설정한다.
: 이 관계에서 존중받는다는 느낌은 어떤 것일까? 언제 존중받지 못한다고 느끼는가? 관계에서 내가 참을 수

있는 것과 없는 것을 명확히 한다.

○ 경계를 전달한다.

: 상대방과 공유할 수 없다면 경계는 아무런 의미가 없다. 되도록 빨리 상대방에게 내 경계를 전달해야 한다. 어떻게 하면 단호하지만 상냥하게 경계를 전달할 수 있을까?

○ 경청의 기술을 익힌다.

: 최근에 상대방과 가진 몇 차례의 상호작용을 떠올려 보자. 얼마나 잘 경청했는가? 더 바람직한 방식으로 경청하거나 의사소통할 수는 없었을까? 서로 경청하는 방식에서 이 관계를 바로잡을 열쇠를 찾을 수 있다.

○ 제3자의 관점을 구한다.

: 다른 방법이 모두 실패했다면 제3자와 이야기를 나누어 상황에 대한 다른 관점을 구한다. 문제를 의논할 수 있을 만큼 신뢰하는 사람은 누구인가? 나를 잘 알지만 중립적인 입장에서 볼 수 있는 사람과 이야기해야 한다. 이를 통해 앞으로 나아갈 수 있는 조언을 얻을 수 있다.

chapter
13

공감

상대방이
그렇게 행동하는 이유

상대방이 완전히 틀릴 수 있음을 기억하라.
상대방은 그렇게 생각하지 않을 것이므로,
그들을 이해하려고 노력하라.
이는 지혜롭고 관대하며 비범한 사람들만이
할 수 있는 일이다.

데일 카네기

브라이언과 그의 친구 애덤은 대학에서 무엇이든 함께 나누었다. 함께 여행가고, 시험공부를 하고, 스포츠를 관람하고, 체육관에서 운동했다. 그런데 브라이언은 세월이 흐르면서, 특히 애덤의 페이스북에서 정치적인 게시물을 보기 시작하면서, 두 사람 사이가 점점 멀어진다고 느꼈다. 그는 자신의 신념과 상반되는 몇몇 게시물을 보면서 기겁했지만 자신의 견해를 밝히지는 않았다. 그들은 서로 정치와 무관한 게시물에만 댓글을 달면서 민감한 주제들은 애써 피했다.

이런 회피하는 습관 탓에 마침내 두 사람 사이에 정치 문제가 불거졌을 때 더 큰 풍파가 일어났다. 어느 날 애덤이 게시물을 게시했을 때, 브라이언은 그것이 이민자에게 매우 모욕적이라고 생각했다. 그는 게시물에 댓글을 남기며 친구의 견해에 강하게 반박했다. 애덤 역시 즉각 대응하며 브라이언에게 인신 공격을 했다. 브라이언의 정치적 견해에 수년간 쌓였던 불만을 토해 내는 것 같았다. 두 사람은 몇 년 동안 소원하게 지냈다. 브라이언은 말한다. "지금은 그때 애덤에게 개인 메시지나 전화로 어째서 그런 식으로 생각하는 건지 묻지 않았던 게 후회스러워요. 나는 그때껏 '그는 자기 의견을 가질 권리가 있다. 그러니 그대로 두겠다'는 접근방식을 택했는데 애덤도 마찬가지였죠. 돌이켜 보니 우리는 그냥 소통을 안 했던 거였어요." 만약 두 사람이 상대방의 관점에서 볼 수 있었다면, 이런 문제들에 대해 타협이 힘들지라도, 서로를 이해할 방법은 분명히 있었을 것이다.

상대방을 이해하기 위한 세 종류의 질문

상대방의 관점을 이해하는 일은 왜 그리 힘든 것일까? 우선 나로서는 시간과 노력을 엄청나게 투자해 지금의 내 견해를 정립했으니 내가 세상을 보는 방식이 '올바르다'고 확신하고 싶다. 내 견해에 도전하는 사람이나 개념에 맞닥트리면 위협감과 불안이 느껴지기도 한다. 나라는 인간과 내 자존감이 공격받는다고 느낄 수도 있다. 왜 그들이 그렇게 생각하는지 진지하게 고려하지 못하고 무작정 전투태세로 돌입할 수 있다. 경험상 우리는 그 끝에 무엇이 있는지 알고 있다. 대개 안 좋은 것이다. 데일 카네기 연구소에서는 다른 사람과의 관계를 더욱 돈독히 하고자 '이너뷰(innerview: 'inner view'나 'interview'의 오타가 아니다)'라고 일컫는 도구를 개발했다. 이 도구는 세 가지 다른 종류의 질문을 이용해 서로 친분을 쌓는데, 인생의 기본적인 사실을 살피는 '사실적 질문', 일부 사실적 질문의 동기를 살피는 '인과적 질문', 그리고 상대방의 가치를 이해할 수 있는 '가치 기반 질문'이 그것이다.

다음은 사람들과 친분을 쌓을 때 이용할 수 있는 사실적 질문의 몇 가지 예다. 이미 들어본 질문이 많을 것이다.

- 어디에서 자랐나?
- 취미는 무엇인가?
- 직업은 무엇인가?
- 가족관계는 어떻게 되나?

사실적 질문은 중요하다. 하지만 겉핥기식 질문일 뿐이다. 이런 질문을 받으면 사람들은 자기의 답변이 따분하다고 여긴다. 그렇다 해도 이런 질문이 상대방과 친밀감을 형성하는 출발점이 될 수 있다.

다음 단계는 인과적 질문이다.

- 그곳에서 자라면서 어떠했나?

- 어떻게 그 취미를 시작했나? 그 취미의 어떤 점이 좋은가?

- 왜 그 직업을 택했나?

- 가족과 함께 보낸 어린 시절은 어떠했나?

눈치챘겠지만 인과적 질문 가운데 간단한 '예'나 '아니요'로 쉽게 답할 수 있는 것은 없다. '어떻게' 혹은 '무엇을'이라는 단어에 맞춰 설명하려면 어느 정도 시간을 들여야 하며 그러면 상대방을 더 자세히 알 수 있는 기회가 생긴다.

마지막으로, 가치 기반 질문을 하면 상대방의 믿음과 경험을 들으면서 그의 본질에 다가갈 수 있다. 하지만 사람들은 이런 유형의 질문을 좀처럼 하지 않는다.

- 인생에 큰 영향을 미친 사람에 대해 이야기해 달라.

- 기회가 한 번 더 생기면 어떻게 바꿀 것인가?

- 인생의 전환점에 대해 말해 달라.

- 최고 전성기와 자부심을 느낀 순간은 언제인가?

- 그때를 최고 전성기로 선택한 것이 당신의 가치관과 어떤 관련이 있는가?

- 특히 감정적으로 힘들었던 때에 대해 말해 달라. 그 시기를 어떻게 극복했는가?

○ 조언을 구하는 사람에게 어떤 지혜의 말을 전할 것인가? 당신의 신념을 한두 문장으로 요약한다면?

이런 질문들의 답을 들으면 공감이 쌓일 수밖에 없다. 공감이란 상대방의 느낌을 공유하고 이해하는 능력을 일컫는다. 저명한 심리학자이자 과학 저널리스트인 대니얼 골먼은 《감성지능》에서 다음과 같이 썼다. "이타주의의 뿌리는 공감, 즉 다른 사람의 감정을 읽는 능력에 있다. 상대방의 욕구나 절망을 느끼지 못한다면 상대방을 배려할 수 없다. 이 시대에 요구되는 두 가지 도덕적 자세가 있다면 그것은 틀림없이 자제와 공감이다." 다른 누군가의 눈으로 세상을 바라볼 때 공감하는 능력이 커진다. 상대방의 내면으로 들어가 새로운 방식으로 상대방을 이해하기 시작한다.

커스티 택의 첫 번째 직장은 영국의 한 아동용 신발 매장이었다. 어느 날 한 부인이 아들을 데리고 매장에 들어섰을 때 커스티는 아이가 즐거워하지 않는다는 사실을 단박에 알아보았다. 아이는 떼를 쓰면서 울음을 터트리기 일보 직전이었다. 경험상 커스티의 눈에는 아이가 산만하고 불편해한다는 사실이 보였다. "오빠가 자폐증이었어요. 오빠와 교류하려면 인내심을 가지고 그의 눈높이에서 바라보며 부드럽게 말해야 했죠. 그래서 매장에 이 아이가 들어오는 순간 난 이렇게 생각했어요. '지금 아이는 어떤 기분일까? 두려운 마음에 신발을 벗지 않겠다고 고집을 피우진 않을까? 이곳이 불편하지는 않을까?'" 그래서 커스티는 먼저 신발을 벗고 아이 옆에 앉아서 말을 붙이며 놀기 시작했다. 매장에 있던 다른 고객들의 시선에는 아랑곳하지 않고 아이와 함께 바닥에서 뒹굴기까지 했다. 그러자 신기하게도 아이가 차분해지더니 커스티와 조용히 대화를 나누기 시작했다. 그녀가 아이에게 신발 한 켤레를 신어 보라고 부탁했을 때, 아이는 신발을 마음에 들어 했다. 아이 엄마는 흔쾌히 그 신발을 구입하며 커스티에게 아낌없이 고마움을 표했다. 그녀는 단골 고객이 되었고 언제나 커스티를 찾았다.

커스티는 본인의 경험을 바탕으로 소년을 편안하게 진정시켰다. 관점을 바꾸지 않았다면 불가능했을 법한 방식으로 아이와 관계를 맺었다. 상대방과 공통된 경험이 없다면 경청하고, 배우고, 상대방의 관점으로 보겠다고 의식적으로 결심해야 한다. 만약 의견이 다른 친구나 동료와 맞서야 한다면, 무엇보다 먼저 내 감정의 주인이 되어야 한다. 감정을 알아차리고 그것이 내게 이로운지 아닌지 판단한 다음에 그냥 흘려보낼지 아닐지를 선택할 수 있다. 아울러 직면한 상황을 평가해야 한다. 내 입장이 도전받는 순간 나는 긍정적이거나 부정적인 의도를 가지고 있진 않은가? '과연 이 사람이 의견이 다르다는 이유만으로 나를 위협하고 있는 걸까?'라고 돌아보아야 한다. 잠시 상황으로부터 한 걸음 물러나 생각해 보자. 상대방의 믿음을 명확하게 파악하자. 상대방의 입장을 제3자에게 진술할 수 있을 만큼 명확하게 파악해야 한다. 상대방은 왜 그렇게 믿을까? 상대방의 생각과 감정을 판단하거나 비판하지 않고 그 사람의 관점을 살필 수 있다면 진정으로 관계를 맺고 서로 이해할 수 있게 된다.

내가 만들어 낸 렌즈로 보지 말 것

서로 공감하면서 상대방의 관점으로 생각하지 않으면 자기도 모르게 '관점을 취하기'보다는 '관점을 만들어 내기' 십상이다. 상대방의 마음을 바꾸거나 상대방에게 자신의 잘못을 일깨우려는 의도를 품고 대화를 시작해서는 어떤 결과도 얻지 못한다. 상대방에게 진심으로 공감하고 싶다면 그들의 경험을 미루어 짐작하지 말고 기꺼이 그들처럼 바라보아야 한다. 이따금 우리는 자기가 믿는 이야기에 빠져 상대방의 관점으로 바라보지 못한다.

다른 사람에 대해 자신이 어떤 스토리를 가지고 있으며, 이 스토리가 관계에 어떤 영향을 미치는지 생각해 본 적이 있는가? 나이지리아 출신 작가 겸 극작가인 치마만다 은고지 아디치에는 어린 나이에 글을 깨우쳤다. 그녀는 주로 영미권 동화책을 읽었는데 그것은 그녀가 접할 수 있는 유일한 책이었기 때문이다. 거기에는 눈을 맞으면서 놀고, 사과를 먹고, 사계절이 뚜렷한 날씨에 대해 이야기하는(그녀에게는 모두 낯선 일들이다) 파란 눈에 금발인 아이들이 등장했다.

감수성이 예민한 어린 나이의 치마만다는 외국인의 생활상을 묘사하는 책이 아니면 책이 아니라는 생각에 빠져 있었다. 그러다

치누아 아체베와 카마라 라예 같은 아프리카 출신 작가들의 책을 발견했을 때, 이야기에 대한 그녀의 시각이 바뀌기 시작했다. "난 나처럼 생긴 사람들, 곱슬머리를 말총머리로 묶을 수 없는 초콜릿색 피부의 소녀들도 문학 속에 존재할 수 있다는 사실을 처음으로 알게 됐어요."

몇 년 뒤 치마만다는 나이지리아를 떠나 미국의 대학으로 유학을 떠났다. 그녀의 룸메이트는 나이지리아의 공식 언어가 영어라는 사실을 모른 채 치마만다에게 어떻게 영어를 그렇게 잘하느냐고 물었다. 나이지리아에 대해 아는 것이 많지 않았던 그녀는 또한 치마만다가 가스레인지 사용법을 모를 것이라고 지레짐작했다. '부족 음악'을 좀 듣고 싶다는 그녀의 부탁에 치마만다가 머라이어 캐리의 노래를 부르자 실망스러워했다. 아프리카에 대한 룸메이트의 인식은 그야말로 대참사이자 재앙 수준이었다.

치마만다는 다음과 같이 말한다. "하나밖에 없었던 그녀의 스토리 속에서는, 아프리카인이 어떤 식으로든 그녀와 비슷해지거나, 그녀가 아프리카인에게 연민보다 더 복합적인 감정을 느끼거나, 아프리카인과 동등한 인간으로 관계를 맺을 가능성은 전혀 없었죠. 한 가지, 오로지 한 가지만 되풀이해서 보여 주면 사람들은 그렇게 변합니다. 한 가지 얘기가 고정관념을 만들어요. 고정관념의 문제는 그것이 진실이 아니라는 점이 아니라 불완전하다는 점입니다. 그렇게 한 가지 스토리가 유일한 스토리가 되는 거죠."

편협한 렌즈를 통해 상대방을 바라볼 때(그래서 그들을 진정으로 이해하지 못할 때) 주변 사람과 관계를 맺지 못한다. 공감과 관계의 출발점은 상대방을 이해하려는 소망이다.

그렇게 행동하는 데는 이유가 있을 거라는 전제

내 삶에 들어온 사람들과 이야기할 때면 내 경험과 믿음을 토대로 그들을 판단하고 싶은 충동을 극복해야 한다. 데일 카네기는 이렇게 썼다. "상대방을 이해하려고 노력하라. 이는 지혜롭고 관대하고 비범한 사람들만이 할 수 있는 일이다. 상대방이 특정한 방식으로 생각하고 행동하는 데는 이유가 있다. 그 이유를 찾아내라. 그러면 그의 행동, 어쩌면 성격을 이해할 열쇠가 생길 것이다."

카라 누난은 펜데믹 기간 동안 어쩌다 가장 친한 15년 지기 친구와 긴장감이 도는 대화를 나누게 되었다. 전화 통화를 하던 중에 친구가 코로나 백신이 못 미더워서 접종받지 않을 거라고 말했기 때문이다. 카라는 다음과 같이 설명했다. "개인적으로 기분이 상했어요. 엄마가 2020년 7월에 암 진단을 받으셔서 고위험군이었거든요. 엄마가 살아남으려고 일거수일투족을 얼마나 조심하는지 내 눈으로 지켜봤죠. 그런데 내 친구가 그렇게 이기적으로 자신을 보호하지 않으려 한다고 생각하니까 그냥 화가 치밀어 올랐어요."

다행히도 카라는 감정에 휘말리지 않았다. 잠시 숨을 고르고 상대가 가장 친한 친구이며 그 우정을 지키고 싶다는 사실을 마음에 새겼다.

카라는 친구에게 다음과 같이 말했다. "사랑해. 백신을 맞지 않아도 우리는 가장 친한 친구야." 마음은 힘들었지만 의료진이 그녀의 엄마에게 건넨 모든 말과 코로나바이러스가 암 환자에게 위험한 이유를 차분하게 전달했다. 그리고는 친구가 백신을 맞게 되면 엄마를 추가로 보호하는 셈이니, 정말 고마울 것이라고 덧붙였다.

그러자 친구도 자신의 속내를 꺼냈다. 그 무렵 친구는 임신 중이었고 이미 어린 두 아들도 있었다. 친구는 임신부에게 백신이 안전하다는 연구 결과가 없어서 두려워했다. 카라가 이미 느끼고 있는 두려움을 친구에게서 발견하자 친구의 입장에 대한 이해의 깊이가 달라졌다.

대화가 끝날 무렵 친구는 마음을 열어 둘 것이라고 말했다. "난 네 어머니가 건강하시길 바라. 이건 내게 중요한 일이야."

카라는 친구의 마음을 바꿀 의도를 품고 대화를 시작하지 않았다. 친구의 결정을 이해하고 감정적으로 교류하고 싶었고, 친구 관계를 해치고 싶지 않다는 뜻을 처음부터 분명하게 밝혔다. 그녀는 대화를 통해 두 사람 모두 자신이 아는 최선의 방법으로 가족을 돌보기 위해 노력하는 중임을 깨달았다.

이 경험에서 카라는 어려운 대화를 나누기 전에 언제나 목표를 명확하게 파악해야 한다는 사실을 배웠다. "상대방의 관점을 이해하려면 우선 기꺼이 상대방을 한 인간으로 보면서 감정에 휘말리지 않도록 해야 해요. 서로 상대방이 바뀌기를 기대하지 않고 상대방의 관점을 진심으로 이해하려 할 때 건강하게 대화를 나눌 수 있어요."

데일 카네기 원칙 훈련법

다른 사람의 관점을 고려하는 것은 내 삶에 들어온 사람들을 이해하기 위해 내가 할 수 있는 일 가운데 가장 어렵다. 아무리 어려울지언정 모든 사람의 관점이 서로 다르고 내 것을 포함한 모든 준거의 틀이 제한적이라는 사실을 반드시 이해해야 한다. 다른 사람의 관점에 공감하며 자신의 관점을 솔직하게 살펴볼 때 내가 상대방을 보고 이해한다는 느낌이 전해지고 그러면 인간관계가 돈독해진다.

원칙

상대방의 관점으로 보려고 진심으로 노력하라.

행동 단계

○ 공감을 실천한다.

: 사람들이 왜 지금의 사고방식을 가지게 됐는지 생각해 본다. 그들의 전성기는 어땠는가? 어린 시절은 어땠는가? 어떤 믿음을 가지고 있는가? 어떻게 그런 믿음을

갖게 되었는가?

○ 개인적인 경험을 이용해 다른 사람을 이해한다.

: 내 삶의 경험을 생각해 본다. 상대방이 지금 겪는 일에 대해 무엇을 아는가? 비슷한 상황을 접한 개인적인 경험이 있는가? 개인적인 경험을 이용해 상대방에 대한 이해도를 높여라.

○ 적극적으로 경청해 상대방의 감정을 이해한다.

: 사람들의 생각을 정확히 이해하기 위해 더욱 깊이 경청해야 할 때가 있다. 질문을 통해 상대방을 더 정확히 이해하고 상대방의 말을 반복함으로써 내가 정확하게 이해했다는 점을 전달하자. "제대로 이해했군요!"라는 답변이 온다면 내가 제대로 하고 있다는 뜻이다.

○ 계속 마음을 연다.

: 대개 내 관점에서 벗어나는 것이 가장 큰 난제다. 내 관점은 접어 두고 상대방이 내게 공유하는 말에 마음을 연다.

DALE
CARNEGIE
Take Command

DALE CARNEGIE

Take Command

우리의 삶은 세상에
흔적을 남긴다

미래의 주도권을
쥐는 법

우리는 생각과 감정, 인간관계의 주인으로서 주도권을 되찾는 임무를 훌륭히 완수해 이 지점에 이르렀다. 이제 세상에 어떤 영향을 미치고 싶은지 살펴볼 차례다. 어떤 삶의 가치를 원하는가? 어떤 유산을 남기고 싶은가? 매일 내리는 작은 결정들이 삶을 구성하기 때문에, 의식적으로 시간을 쓰지 않으면 그런 순간순간은 빠르게 흐르고 만다. 그러므로 내게 무엇이 가장 중요한지 명확하게 파악하는 것이 세상에 변화를 일으키는 첫걸음이다.

3부의 첫 장에서는 내 가치관과 목적을 정의하고 나를 움직이는 원동력을 명확히 파악할 것이다. 두 번째 장에서는 가치관을 실천하면서 원하는 미래의 세상을 만들기 위한 비전을 창조할 것이다. 앞의 두 장에서는 내가 원하는 삶을 중점적으로 다루는 반면, 세 번째 장은 밖으로 눈길을 돌려 바람직한 공동체로 나아갈 지침을 제공한다. 무언가를 혼자 힘으로 성취하는 사람은 없으므로, 내 비전과 가치관을 공유하는 공동체를 찾을 필요가 있다. 마지막으로, 의미 있고 봉사하는 삶을 살며 크든 작든 상관없이 세상을 변화시키는 일이 어떤 의미인지 살펴볼 것이다.

우리는 주변 세상에 대한 책임을 져야 한다. 수동적인 참여자로 남아서는 안 된다. 가치관과 목적, 비전의 주도권을 쥐고 원하는 세상을 창조해 보자. 미래 세대에 더 나은 세상을 물려주는 도전을 기꺼이 받아들이는 것이다.

chapter
14

목적의식

내게 가장 중요한
우선순위 찾기

다니엘라 페르난데스는 아찔한 산과 아마존 우림, 그리고 갈라파고스 군도로 유명한 에콰도르에서 태어났다. 그녀는 자연과 동식물에 둘러싸여 어린 시절을 보내다가 일곱 살에 시카고로 이사를 갔는데, 아름답고 장엄한 천연 그대로의 생태계를 떠나 미국 한복판의 평원으로 간다는 건 가슴 아픈 일이었다.

열두 살 되던 해 어느 날 다니엘라는 하굣길에 펭귄 사진 한 장을 보게 됐다. 사상 최초로 기후 변화에 대중의 이목을 집중시킨 영화《불편한 진실》의 포스터였다. 포스터의 맥락을 몰랐던 다니엘라는 왜 자신의 최애 동물이 모래 위를 걷고 있는지 궁금했다. 그때를 기점으로 그녀의 인생이 바뀌었다. 영화를 본 뒤 기후 변화와 기후 위기의 현실에 눈을 뜨게 된 때문이다. 그녀는 지구를 보호하기 위해 일조하는 게 자신의 임무라는 걸 느낄 수 있었다.

다니엘라는 환경과학 강좌를 듣고 연구 조사를 하며 환경 변화를 이해하는 일에 몰두했다. 고등학교에 다닐 때는 동아리에 가입하고 학교에 태양 전지판을 설치할 자금을 모금하는 일에 앞장섰다. 그녀가 졸업한 지 한참이 지났으나 모교에서는 여전히 그 태양 전지판을 사용하고 있다. 다니엘라는 그렇게 어린 나이에 변화를 일으키는 데 일조했다는 생각에 자부심과 성취감을 느꼈다.

세상을 바꾸겠다는 다니엘라의 의지는 대학까지 이어졌다. 조지타운대학교 1학년 때 그녀는 유엔으로부터 초대를 받고 해양 생태에 관한 한 회의에 참석했다. 당시 다니엘라는 고작 열아홉 살이었다. 그녀의 주변은 온통 국가 원수와 외국 대사, 유명한 CEO들이었다. 최연소 참석자였던 그녀는 자신에게 전혀 어울리지 않는 자리에 있는 것 같았다.

그 불편한 자리에서 다니엘라는 두 가지 중대한 깨달음을 얻었다. 첫째, 생각해 보면 그녀와 같은 세대(혹은 다른 세대)는 해양 생태에 대한 정보를 꾸준히 접하지 못했다(2014년 이전에는 기후 변화에 대한 다양한 구체적인 데이터를 쉽게 구할 수 없었다). 두 번째 깨달음은 연단에 올라 연설하는 모든 사람이 무시무시한 통계(해양 속의 플라스틱 양이나 빈사 상태 산호초의 수)를 내세우며 상황의 심각성을 이야기했지만 정작 해결책을 거론한 사람은 아무도 없었다는 점이었다. 무엇을 해야 할지에 대한 청사진이나 손을 쓸 수 있을 것이라는 희망이나 가능성을 언급한 사람은 하나도 없었다.

유엔 회의에서 돌아오는 기차에서 다니엘라는 아이디어들이 마구 떠올라 머리가 어지러울 지경이었다. 그녀는 공책을 꺼내 원을 2개 그렸다. 각각 젊은 세대와 권력층을 의미하는 원이었다. 그런 다음 2개의 원을 연결하는 세 번째 원을 그려 넣었는데 그것은 그녀가 설립할 기관, 즉 '지속 가능한 해양 연합', 일명 SOA를 의미했다. 그녀는 의사결정자와 젊은이들이 서로 협력해 해양을 위한 해결책을 마련하도록 양측을 연결하는 다리가 되기로 결심했다.

"무슨 뾰족한 수가 있었던 건 아니었어요. 그건 어려운 문제였고 난 확신이 없었죠. 일을 성사시킬 방법은 몰랐지만 막중한 책임감을 느꼈어요. 난 유엔 회의에 참석해 바다에서 일어나는 오만가지 일을 전해 듣고 대부분 사람이 경험하지 못한 일들을 해 보는 특권을 누렸잖아요. 그냥 외면할 수가 없었던 것 같아요."

다니엘라는 어린 나이부터 세상에 보탬이 되겠다는 목적을 확인하고 키워 나갔다. 10~20대 내내 그 관심사에 몰두했다. 마침내 행동할 기회를 발견했을 때 망설이지 않았다. SOA는 이제 해양 생태계를 보존할 해결책의 개발과 촉진 과정을 지원하는 글로벌 조직이 되었다. 35세 미만의 젊은 해양 지도자들로 구성된 세계 최대의 네트워크를 구축했고 이들은 2015년 유엔이 수립한 14개 지속 가능 개발목표("해양과 바다, 해양자원을 보존하고 지속 가능한 방식으로 이용한다")에 헌신한다. 이 해양의 젊은 리더들은 185개국이 넘는 국가에서 활약한다. 다니엘라는 SOA를 통해 '오션 솔루션 액셀러레이터'를 세계 최초로 출범했다. 이는 지구의 건강을 위협하는 가장 중대한 문제에 대처하도록 창업가들을 지원하는 프로그램이다. 다니엘라의 사연은 의식적인 삶을 살고 매일 목적을 추구하기로 결심한 인물을 보여 주는 환상적인 사례다. 사실 다니엘라는 이 책의 3부에서 살펴볼 여러 개념의 본보기이기도 하다.

나 자신의 '왜'를 발견하는 일

의식적인 삶을 산다는 개념은 매우 효과적이지만 이를 활용하지 못하는 사람이 너무나 많다. 우리는 그날그날 처리해야 할 일에 급급해서 이런저런 일 사이를 오락가락한다. 맡은 임무들을 해치우고 정신을 차려 보면 몇 년이 훌쩍 지나 버린 후다. 의식적인 삶을 산다는 것은 '왜'(나는 무엇을 성취하고 싶으며 무엇이 나를 움직이는가)를 이해한다는 뜻이다. 내 삶의 목적이 무엇인지 스스로 질문한 적이 있는가? 잠시 멈추어 삶의 목표에 대해 생각해 본 적이 있는가? 삶의 심각한 위기를 맞았을 때야 비로소 어쩔 수 없이 삶의 목적이 무엇인지 돌아보는 사람이 많다.

데일 카네기 강좌에서 의식적인 삶을 살펴볼 때 수강생들은 트레이너의 도움을 받아 자신의 '왜'를 확인한다. 한 걸음 물러나 내가 살고 싶은 삶과 하고 싶은 공헌, 그리고 내게 중요한 것을 생각해 보라고 권한다. 실습을 끝내면 사람들은 대개 유쾌한 기분으로 강의실을 나선다. 난생처음 자신과 미래에 대한 매력적인 비전을 얻었기 때문이다. 개인적으로 내게 이 비전은 첫 번째 데일 카네기 강좌에서 얻은 가장 중요한 성과였다. 내가 변호사를 그만두고 사업계에 진출해 이러닝 회사를 창업하고 공감 능력이 뛰어난 사람으로 변모할 수 있었던 것도 이 비전 덕분이었다.

비전을 개발하려면 내 삶, 다시 말해 내가 하고 있는 일과 하지 않는 일을 돌아볼 수밖에 없다. 6장에서 다루었듯이 연구에 따르면 한 일보다는 하지 않은 일을 후회하는 사람이 더 많다. 한 가지 예를 들어 보자. 데일 카네기에 근무할 때 마이클은 세계를 누비며 출장을 다녔다. 수년 동안 일이 먼저였고 가족과 친구는 뒷전이었다. 물론 그들을 깊이 사랑하고 아꼈지만, 직장에서 입지를 다지느라 바쁜 나머지 그리고 일에서 큰 성취감을 느꼈기 때문에 정작 가장 중요한 걸 놓치고 있었다. 어느 날 그는 이 진실을 뼈저리게 깨달았다.

마이클은 출장을 다닐 때면 언제나 딸 니콜에게 엽서를 보냈다. 어느 날, 니콜의 담임 선생님이 동전이나 구슬 등 무엇이든지 간에 다른 아이들과 공유하고 싶은 101개의 수집품을 가져오라고 시켰다. 니콜이 숙제를 위해 물건을 고르는 동안, 때마침 마이클도 집에 함께 있었다. 그는 자기가 보낸 엽서를 모조리 꺼내 거실 바닥에 펼쳐 놓고 가장 좋아하는 엽서 101장을 고르는 딸을 지켜보았다.

그 순간 그는 울컥했다. 엽서가 산더미처럼 쌓여 있었다. 엽서 한 장, 한 장은 그와 가족들이 떨어져 있던 나날들을 의미했다. 그가 4년 동안 출장 다닌 거리는 160만 킬로미터가 넘었고 그것은 딸과의 추억을 그만큼 놓쳤다는 뜻이었다.

그 순간은 경고 사격과 같았다. 이를 계기로 마이클은 의식적인 삶을 살지 못한다는 사실을 스스로 깨닫고 행동에 나섰다. 하룻밤 사이에 극적인 변화가 일어난 것은 아니지만, 마이클은 가족과 의미 있는 시간을 더 많이 보낼 방법을 모색할 수 있었다.

지금 매일 반복하는 일과 원하는 미래 사이의 균형이 깨질 때 위기가 발생한다. 긍정적인 방향으로 삶을 해체하거나 재정리해서 내 목적과 조화를 이루는 일은 힘든 과제임이 분명하지만, 가치관과 목적을 명확하게 정의하면 그런 혼란과 골칫거리를 미연에 방지할 수 있다. 그러니 우선 가치관, 이어서 목적을 정의하는 일부터 살펴보자.

가치관에 대한 정의

가치관이란 행동을 이끌고 동기를 부여하는 근본적인 믿음을 의미한다. 누구나 가치관을 가지고 있지만 시간을 투자해 이에 대해 생각하거나 의식적으로 선택하는 사람은 많지 않다. 사람들은 대개 깊이 생각하지 않은 채 나를 키운 사람들이나 내가 성장한 문화의 가치관을 선택한다. 물론 이런 방식이 자연스럽기는 하지만 내 삶에 그토록 중요한 역할을 담당하는 것이라면 좀 더 신중하게 고려하고 선택해야 한다.

마이클 멀린 해군 제독은 미 해군 작전 참모를 지냈고 5년 동안 미군의 최고위 장교로 복무했다. 그는 다양한 영역의 권위자였는데 그중에서도 가치관 교육을 수십 년간 담당했다. 그는 다음과 같이 지적했다. "요즘처럼 매우 혼란스럽고 사방팔방에서 충격을 주는 세상에서 리더십을 거론할 때는 결정을 내릴 방법이 필요합니다. 자신의 믿음과 가치관을 포함하는 프레임워크를 스스로 구축해야 하죠. 제가 발견한 바로는 자신의 가치관을 돌아본 적이 없다면, 그런 방호책을 마련해 두지 않았다면, 위기에 빠졌을 때 잘못된 결론을 내리게 될 겁니다."

즉, 미리 가치관을 생각해 두어야만 어렵거나 혼란스러운 상황에 빠졌을 때 기준으로 삼을 수 있다. 해군 작전 참모 시절 멀린은 자신의 핵심 가치와 신념(성실성과 책임과 도리)에 대해 세 페이지 분량의 글을 썼다. 그는 함께 일하는 모든 사람에게 이를 직접 공유하며 이렇게 말했다. "여기에 내가 대변하는 가치가 있습니다. 나는 이런 가치들에 책임을 지겠습니다."

당장 시작해 보자. 가치관에 대해 생각해 보라. 지금껏 가치관을 정의해 본 적이 없더라도 당신은 이미 가치관을 가지고 있을 것이다. 시간이 좀 걸리더라도 괜찮다. 진정한 가치관을 명확히 파악하기까지 며칠이나 몇 주가 걸릴 수 있다. 이 실습을 위해 가치관을 기록할 때는 필기도구든, 일기든, 필기 앱이든 상관없이 본인에게 가장 효과적인 도구를 이용하면 된다. 핵심은 발견한 가치를 잊지 않고 기록하는 것이다.

- 내 행동을 돌아본다. 지금 어떤 가치를 기준으로 움직이고 있는가? 이를테면 '솔직함'이나 '성실함', '가족'에 가치를 둘 수 있다. 그러면 그것이 이미 내 선택에서 드러났을 것이다.
- 어떤 경험을 통해 가치관을 형성했는가? 인생에서 가장 어려운 몇 가지 도전에 직면했을 때 어떻게 행동했는가? 그것이 내 가치관의 어떤 면을 보여 주는가?
- 존경하는 세 사람을 떠올린다. 그들은 어떤 가치를 몸소 실천하는가? 그런 가치를 내 삶에 포함시키고 싶은가?
- 의미 있는 삶이란 어떤 것인가? 그런 삶을 살려면 어떤 가치관이 필요한가?

머릿속에 떠오르는 모든 가치를 목록으로 작성한다. 우선 10~20개 정도로 시작할 수 있다. 그런 다음 잠시 접어 둔다. 몇 시간이나 며칠 동안 그 목록에 대해 생각해 본 뒤 마침내 목록을 다시 읽을 준비가 되면, 어떤 가치가 내게 가장 의미가 있는지 어느 정도 가닥이 잡힐 것이다.

그 다음은 목록을 읽으면서 건전한 가치들을 선택한다. 블로거 겸 베스트셀러 작가 마크 맨슨은 이로운 가치와 잠재적으로 해로운 가치의 차이점을 설명했다. 이를테면 성실함, 솔직함, 호기심, 존중은 모두 좋은 가치다. 해로운 가치로는 감정 기반성, 파괴성,

통제 불능 등이 있다. 외모나 지위를 위한 돈이나 과도한 파티 생활, 혹은 소셜 미디어에서 '좋아요'를 가장 많이 받기 등이 나쁜 가치에 속할 수 있다. 그는 다음과 같이 썼다.

"성장과 해악을 가르는 경계는 모호하다. 그래서 이 두 가지는 이따금 동전의 양면처럼 보인다. 그렇기 때문에 소중한 가치가 무엇인지는 대개 왜 그것이 소중한가에 달려 있다. 사람들을 해치는 것이 즐거워서 무술을 소중하게 여긴다면 그것은 나쁜 가치다. 하지만 자신과 다른 사람을 보호하는 법을 배우고 싶어서 무술을 소중하게 여긴다면 그것은 좋은 가치다. 같은 운동이지만 가치는 다르다."

내게 가장 중요한 것을 대변하는 서너 가지 가치를 선택하면, 그것을 메모해서 책상이나 휴대전화 배경화면처럼 눈에 띄는 곳에 보관하는 것도 좋다. 이 가치들이 내가 마주하는 모든 상황의 토대와 길잡이가 된다. 살면서 앞이 잘 보이지 않을 때 가치관을 돌아보며 어떤 사람이 되고 싶고 어떤 성품을 가지고 싶은지 마음에 새긴다.

목적에 대한 정의

'가치관'이 토대라면 '목적'은 영감과 동력을 제공하는 원천이다. 이따금 목적은 우리가 찾거나 발견하는 어떤 것처럼 보일 수 있다. 혹은 확정된 어떤 것으로 보일 수 있다. 이를테면 '이게 당신의 목적입니다! 추가 질문은 사절'이라는 식이다. 마이클과 나는 대체로 목적을 두 가지로 구분한다.

첫 번째 경우는 현재 삶의 상황을 토대로 삼는 목적이다. 이런 유형의 목적은 세부 목표와 비슷한 의미를 지닌다. 이 목적은 사람이 변화하고 성장하듯이 변화하고 성장할 수 있다.

고등학교 시절에는 친구 관계나 좋은 성적이 목적일 수 있다. 청년기에는 직장에서의 성공이나 자부심을 느끼는 삶으로 목적이 바뀔 수 있다. 이제 막 40대에 접어든 사람의 목적은 70대 사람의 목적과 달라질 것이다. 현재 내 목적은 20대의 내 목적과 매우 다르다. 젊은 시절 내 목표는 변호사로서 최대한 성공하고 배우는 것이었다. 그 시절의 내게는 좋은 옷과 근사한 자동차, 내 집, 외식 등 '멋진 것들'이 매우 중요했다. 실제로 가지고 싶었을 뿐만 아니라 가지고 있으면 다른 사람 눈에 내가 멋져 보일 것이라고 여겼다. 그러다 아내를 만나고 아이들이 태어나자 목적이 바뀌기 시작했다. 첫째 딸이 태어난 후 처음으로 그 아이를 품에 안았을 때 내 삶의 무게중심이 바뀌었다. 이 아이를 돌보고, 먹이고, 입히고, 삶의 기술을 가르치는 일이 내 우선순위를 재고하게 만들었다. 다음 8년 동안 아이들이 계속 태어남에 따라 나는 어쩔 수 없이 이기심을 버리고 인내심을 길러야 했다. 예전 같은 수준으로 계속 내게 몰두하려고 애썼다면 아마 나는 폭발하고 말았을 것이다. 그리고 장기적으로, 그러니까 유산과 죽음에 대해 생각해야 했다. 이 목적은 삶의 단계마다 변화했다.

반면에 두 번째 경우의 목적은 약간 다르다. 이 목적에서는 삶의 모든 단계에 나를 인도할 더욱 심오한 무언가를 찾는다. 이 목적은 삶의 다양한 단계에서 성취하려는 목표나 세부 목표보다 훨씬 더 원대하다. 이는 세월이 흐르면 변할 수 있으나 평생 변하지 않을 수도 있다는 뜻이다. 이것이 바로 이 책에서 강조하는 진정한 목적이며, 이후 '목적'이라 함은 두 번째 경우를 의미함을 말해 둔다.

지난 20년 동안 나는 내 목적이 다른 사람에게 봉사하고, 영감을 불어넣고, 그들로부터 최고의 모습을 이끌어 내는 것이라고 결론을 내렸다. 이 목적이 비즈니스 리더, 아버지, 남편, 친구, 연사, 작가 등 내 모든 역할에서 길잡이가 된다. 삶의 상황이 아무리 변하더라도 이 목적은 지속적으로 나를 인도할 것이다.

사회초년병 시절에는 불안감을 느끼기 마련이며 이 불안감이 목적에 대한 마음가짐에 드러날 수 있다. 꿈을 추구하거나 가치관에 따라 살지 못한 채 돈이나 명예를 목적으로 선택할 수 있다. 돈에 관해서 말하자면 누구에게나 돈은 필요하다. 문제는 이런 것들이다. 얼마나 많이 필요한가? 어떻게 사용하는가? 그리고 돈을 위해 무엇을 기꺼이 희생할 것인가? 물질과 인정, 안정을 좇다가 결혼, 가족, 친구, 건강, 의미를 잃어버린 사람이 너무나 많다. 지금 돌이켜 보면 내 목적이 나와 더불어 얼마나 많이 진화했는지 알게 된다. 오해하지 마라. 나는 여느 사람들과 마찬가지로 여전히 '돈과 명예'를 좋아한다. 다만 더 큰 의미를 찾았을 뿐이다.

일과 목적의 상관관계

어떤 문화권이냐 혹은 어떤 요소에 초점을 맞추느냐에 상관없이, 목적은 일정 부분 일과 연관된다. 그러다 보니 중요한 직함이나 모종의 권력이 따르지 않는 일에서는 목적을 실천하지 못한다고 여길 수 있는데, 결코 그렇지 않다. 대부분의 사람에게 직업은 돈을 벌고 생계를 유지하는 방법이다. 그러나 모든 직업에는 일하면서 즐거움과 의미를 얻을 기회가 담겨 있다. 실제로 수행하는 일이 반드시 목적을 반영할 필요는 없지만 일하는 방식에는 목적이 반영될 수 있다.

나는 브라질 상파울루에서 길레르미라는 특출한 웨이터를 만났다. 그는 지금껏 내가 만난 가장 세심하고 자상한 최고의 웨이터였다. 친절했을 뿐만 아니라 손님에게 진심으로 관심을 가졌다. 내게 레스토랑에 대한 좋은 기억을 남기는 것이 그에게 대단히 중요하다는 점을 확실히 느낄 수 있었다. 식사를 마칠 무렵 나는 길레르미와 지배인에게 이렇게 말했다. "길레르미, 이렇게 손님한테 진심을 쏟는 웨이터의 서비스를 받으며 식사를 한 적이 없는 것 같아요. 어떻게 그렇게 할 수가 있나요? 직원교육 때문인가요? 아니면 당신의 가치관 때문인가요? 당신은 어째서 이토록 열정적일 수 있나요?" 그의 답변은 놀라웠다. "인생에서 중요한 건 봉사라고 어머니께 가르침을 받았거든요. 전 다른 사람에게 봉사하고 싶어요. 제가 그들에게 더 나은 하루를 선사할 수 있잖아요. 두 번 다시 못

만날 사람일지는 몰라도 그들의 기억에 의미 있는 경험을 남기고 싶어요." 거창한 역할이나 직함, 책임은 없을지언정 그는 자신의 일에서 강력한 목적을 발견하고 있었다.

나는 일이 돈뿐만 아니라 의미로써 삶을 풍요롭게 만들어야 한다고 굳게 믿는다. 삶은 의미 없는 일로 허비할 만큼 길지 않다. 어떤 일을 하는 사람이건 간에 스스로에게 이렇게 물어보라. '이 일을 하면서 나는 감사함을 느끼는가? 이 일을 하면서 어떤 독특한 재능을 발휘할 것인가?'

스스로 생각하는 내 목적은 무엇인가? 물론 처음에는 정의하기 어렵겠지만 지금껏 경험한 최고의 순간들에 분명히 단서가 산재해 있을 것이다. 지나온 삶을 돌아보자. 어떨 때 성취감을 느꼈는가? 일과 관련해 유난히 특별하게 돋보이는 순간들이 있는가? 최고의 순간은 언제였는가? 그때 봉사하거나 협력했던 사람들을 떠올려 본다. 그들의 어떤 점이 좋았는가? 그들이 내 경험에 담긴 의미에 어떤 영향을 미쳤는가? 그 의미 있는 순간들을 떠올릴 때 나를 포함해 다른 사람과 세상을 개선하는 데 이바지했다고 느끼는가? 어떻게 이바지했는가? 어떤 일을 더 하고 싶은가?

사명 선언문 작성하기

데일 카네기 강좌에서는 사명 선언문을 작성함으로써 목적을 정의한다. 수강생들은 사명 선언문을 토대로 자신의 목적과 자신이 지향하는 삶을 스스로 일깨운다. 사명 선언문은 간단하게 작성해야 한다. 가급적 세 문장을 넘지 않는 것이 좋다. 진도가 나가지 않을 때는 "나는 〔내가 가진 기술을 이용〕함으로써 〔누군가〕가 〔어떤 결과를 성취〕하도록 〔무언가를 할〕 것이다"라는 템플릿을 이용해 보자. 하지만 꼭 틀에 맞출 필요는 없다. 아래의 예를 참고해 영감을 얻을 수 있다.

- "나는 내 말하기 재능을 이용해 사람들에게 영감을 줄 것이다."
- "나는 기금을 모금하는 내 능력을 이용해 지역 비영리단체를 지원할 것이다."
- "내 사명은 소외 계층 아이들을 교육하며 성공의 기술을 가르치는 일이다."
- "지역 주민들을 위해 식량 불안정food insecurity〔건강을 유지하기 위한 식품을 구매하거나 섭취할 수 없는 상태-옮긴이〕을 근절하기."
- "성실과 사랑, 연민을 실천하며 살기."
- "내 목적은 성장하는 딸에게 믿을 만한 지식의 원천이 될 수 있도록 끊임없이 공부하는 것이다."
- "내 목적은 전쟁으로 피폐해진 나라에서 활동하는 국제기구에 자원해 슬픔과 불확실성의 시기에 희망의 원천이 되는 것이다."

○ "내가 할 수 있는 방식으로 세상을 더 나은 곳으로 만들기."

○ "만나는 모든 사람에게 친절하기."

목적의 핵심은 '책임'이다. 바람직한 삶에는 대개 봉사의 요소가 포함된다. 윤리적 농법을 통해 도미니크공화국 산 최상급 카카오 제품을 공급하는 이나루 밸리의 설립자, 재닛 리리아노는 뉴욕시의 카리브해 문화권에서 성장했다. 이 문화권에서는 이웃을 돕고 지원하는 것이 예외가 아닌 표준이었다. 재닛은 다음과 같이 말했다. "부모님은 언제나 '우리는 모두 책임이 있다'고 말씀하셨어요. 서로에게 책임이 있고, 잘못된 일에 책임이 있고, 행복이나 불행에 책임이 있다고요."

재닛은 자신이 사는 우주의 한 모퉁이에 적극적으로 주의를 기울이고 해악에 대항하고자 노력하지 않는다면 해악에 동참하는 것이나 다름없다고 생각한다. 사회적 불의를 접할 때면 그런 폭력을 자행하는 사회에 어떻게 기여할지 생각한다. 그녀는 아버지가 소유한 코코아 농장의 운영 방법을 공부하다가 최저 임금도 벌지 못하는 소규모 자작 농민이 세계 식량의 70퍼센트를 생산한다는 사실을 알게 되었다. 이 사실이 재닛의 뇌리에 박혀 떠나지 않았다. 결국 그녀는 세계를 먹여 살리는 사람들을 결코 가난하게 방치하지 않겠다고 결심했고, 이나루는 농민들에게 수확물의 지분을 분배하고 공정하고 확실하게 수익금을 제공하고 있다.

재닛은 사회활동을 통해 사회 구성원의 책임을 다한다. 이처럼 우리 개개인에게는 의미 있는 변화를 창조할 능력이 있으며, 배경을 막론하고 누구나 세상에 사랑을 더할 수 있다.

데일 카네기 원칙 훈련법

○

문화권에 따라 효율성, 봉사, 가족, 평등, 재산, 시간, 평화, 성공, 아량, 자제 등 소중히 여기는 가치가 다를 수 있다. 내 가치관을 얼마나 자주 평가하는가? 내가 직접 선택한 가치관인가? 아니면 가족이나 지역 사회가 대신 선택한 가치관인가? 내가 특정한 방식으로 삶을 사는 것은 의무감 때문인가? 아니면 더 나은 사람이 되고 싶다는 소망 때문인가?

내 삶은 중요하다. 다른 사람의 가치관을 택함으로써 내 삶을 낭비하지 마라. 내게 무엇이 중요한지 파악하고 고수해야 한다. 그렇지 않으면 말년에 이르러서 못 다한 일에 대한 후회로 가득한 나를 발견할 것이다. 데일 카네기가 말했듯이 "오늘이 인생이다. 당신이 확신할 수 있는 유일한 인생이다. 오늘을 최대한 활용하라." 오늘을 최대한 활용하는 일은 가치관과 목적을 정의하는 일로부터 시작한다.

삶에서 내가 진정으로 원하는 것이 무엇이며 누구를 돕고 싶은지 지금 당장 스스로에게 묻고, 밖으로 나가 실천하도록 하자.

원칙

목적을 키워라.

행동 단계

○ 어떤 사람이 되고 싶은지 생각해 본다.

: 글로 적어서 되도록 명확하게 표현하는 것이 좋다. 생이 끝날 때 사람들이 나에 대해 어떻게 말하기를 원하는가? 무엇을 성취하고 싶은가? 어떤 관계를 맺고 싶은가? 세상에 어떻게 봉사하고 싶은가?

○ 가치관을 정의한다.

• 행동에 대해 생각한다.

• 어떤 경험을 통해 가치관을 형성했는가?

• 존경하는 세 사람을 떠올린다.

• 의미 있는 삶은 어떤 모습인가?

• 내 생각을 글로 적고 시간을 두고 살핀다.

• 상위 서너 가지 가치를 선택해 정리한 뒤 눈에 띄는 곳에 보관한다.

○ 목적을 정의한다.

· 어떨 때 의미와 성취감을 느꼈는가? 최고의 순간은 언제였는가? 어떻게 하면 그 의미와 성취감을 일상생활에서 느낄 수 있을까?

· 사명 선언문을 작성하고 매일 검토한다.

비전

어떻게 원하는 것을
이룰 것인가

모험하라! 모든 삶은 기회다.
가장 멀리 가는 사람은
대개 기꺼이 행동하고 모험하는 사람이다.

데일 카네기

가치관과 목적을 정의했다면 이제 비전을 창조할 차례다. 가치관이 올바른 길에서 탈선하지 않게 하는 난간이라면, 목적은 계속 움직이게 하는 엔진이며, 비전은 목적지다.

샤오호아가 교육과 형평성, 연민을 소중하게 여기게 된 것은 어린 시절의 경험 때문이었다. 그녀의 부모님은 태국과 라오스의 난민 캠프에서 생활하다 미국으로 이주했고, 샤오호아는 이사를 다니느라 전학이 잦았다. 여러 초등학교를 옮겨 다니던 중에 그녀는 어떤 학교에서 5학년에 배우고 있는 내용이 다른 학교에서 이미 2학년에 배운 것임을 알게 되었다. 그녀는 교육 과정이 전국적으로 통일되지 않았음을 깨달았다.

아버지를 따라 밀워키로 이사를 간 샤오호아가 다닌 고등학교는 그야말로 방치 수준이었고 학생들에 대한 기대치가 낮았다. 등교 첫날 교장 선생님은 조회에 모인 학생들에게 "120명의 신입생들은 정신을 차리지 못하면 제도권 밖에서 늙어 갈 것"이라고 말했다. 샤오호아는 등교 첫날 그런 소리를 듣고 당황스러웠는데, 알고 보니 학업에서 연거푸 낙제하는 학생들이 너무 많아서 이번에도 2학년에 진급하지 못하면 쫓아내겠다는 말이었다. 그들에게는 기회가 없었다. 대학은 언급조차 되지 않았으며, 그건 이곳이 수용소라는 통보와 다를 바 없었다.

형평성을 위해 싸우겠다는 샤오호아의 비전이 좀 더 구체화되기 시작했다. "변화가 필요한 게 분명해 보였어요. 그래서 사회운동의 삶을 시작하게 됐죠. 우선 교육위원회에 합류하려고 애썼어요. 이를테면 '지금 이런 문제가 논의되지 않는 상황이라면 나를 위원회에 참석시켜 주십시오'라는 식으로요." 그녀는 대학 재학 시절에 티치 포 아메리카Teach For America[미국 뉴욕 주에 본부를 둔 비영리 단체. 미국 대학의 졸업생들이 교원 면허 소지에 관계 없이 2년간 미국 각지의 교육 곤란 지역에 배치되어 2년간 학생들을 가르치는 프로그램을 운영한다-옮긴이]에 참여해 교육 현장의 경험을 얻고 석사 학위를 취득했다.

샤오호아는 교사로 일하면서 문제 행동으로 애를 먹거나 학과 과정을 따라가지 못해 정서적 지원이 필요한 아이를 무수히 만났다. 모든 문제의 발단은 문해력이었다. 샤오호아는 조사를 거듭한 끝에 8세까지 아이가 읽는 법을 모르면 고등학교를 중퇴할 가능성이 4배 더 높다는 사실을 발견했다. 뿐만 아니라 사회경제적 배경이 상대적으로 더 열악한 아이는 중퇴 가능성이 13배 더 높았다.

그때 그녀는 취약 계층의 7세 아이들을 가르치고 있었다. 무언가 손을 써야 했다. 이때가 바로 그녀의 비전이 구체화된 순간이었다. 문제의 근원, 즉 문맹 문제를 파고들어 교육의 불평등에 대처하는 일 말이다. 그녀는 이 비전을 실천했다. 교육 전문가들과 협력해, 읽기 학습에 도움이 필요한 아이들과 일대일로 수업할 수 있는 교사용 소프트웨어, '리터레이터'를 만들었다. 리터레이터를 이용한 교사의 학생 가운데 60퍼센트가 학년 말에 해당 학년의 읽기 수준을 따라잡았다. 샤오호아가 "충분해. 네가 읽기 능력을 갖추고 그만한 자격이 있는 삶을 누리도록 내가 도울 거야"라고 말한 덕분에 미국 전역에서 학생 수천 명이 졸업할 가능성을 얻은 것이다.

구체적인 비전을 개발하는 방법

이제 나의 비전을 개발해 보자. 비전이란 목적과 가치관을 이용해 세상에 영향을 미치는 방식을 말한다. 가치관과 목적을 위해 이용했던 일기나 앱으로 아래의 실습을 진행한다. 이때 질문에 대한 답변을 머릿속에 떠올리고, '내가 되고 싶은 사람'으로 이미 변한 듯이 글로 적어라. 요컨대 원하는 삶을 시연하는 것이다.

○ 무엇을 원하는가?

: 이는 대단히 단순한 질문이다. 삶을 마감할 때 사람들이

나에 대해 어떻게 말하면 좋겠는가? 무엇을 성취하고 싶은가? 무엇을 경험하고 싶은가? 앞 장에서 '의미 있는 삶'을 살기 위해 어떤 가치들이 필요한지, 그리고 그것이 내 목적을 어떻게 뒷받침하는지 생각해 보았다. 그 가치와 목적의 유형적인 결과는 어떤 모습인가?

○ 내가 가진 기술과 관심사는 무엇이며 내가 원하는 것을 성취하는 데 어떤 역할을 할까?

: 나는 무엇을 잘하는가? 해답의 실마리가 보이지 않는다면 나를 알고 사랑하는 사람들에게 내게 어떤 재능이 있다고 여기는지 물어볼 수 있다. 무엇이 내 눈을 반짝이게 만드는가? 글을 쓰거나 예술을 창작하고 싶은가? 동물 복지에 열정적인가? 훌륭한 비전에는 살아 있다고 느낄 수 있는 활동들이 포함된다.

○ 원하는 것을 성취하려면 어떤 조치를 취해야 할까?

: 원하는 결과를 얻으려면 무엇이 필요한지 반드시 생각해 봐야 한다.

○ 원하는 것을 성취한 이후에 어떤 일상을 보낼까?

: 내가 생각하는 이상적인 세계에서 아침과 오후, 저녁은 어떤 모습인가? 누구와 함께 그 시간을 보내는가? 어디에 사는가? 어떤 종류의 일을 하고 그것이 주변 사람과 세계에 어떤 영향을 미치는가?

○ 그 세계에 무엇이 필요하며 나는 어떤 독특한 방식으로 이

바지할 것인가?

: 세상에는 해야 할 일이 무척 많다. 앞으로 나서서 내가 할 수 있는 일을 해야 한다. 내가 가진 독특한 기술과 열정, 그리고 주변 사람을 도울 수 있는 방법을 떠올려 보라. 내 목적을 어떻게 이용해서 영향력을 발휘할 수 있을까?

비전을 정의할 때는 스스로에게 솔직해야 한다. 이따금 자신이 아니라 다른 사람에게 중요한 것을 비전으로 적는 사람이 있다. 가족이나 사회가 기대한다거나 이미 어떤 길로 들어섰다는 사실 때문에 무언가를 '해야 한다'고 결정할 수 있다. 그러나 이것은 다른 누군가의 비전이다. 우리는 자신이 생각하는 성공의 정의를 내려야 한다. 성공에 대한 다른 사람의 개념이나 기대를 기준으로 성공을 정의하지 말아야 한다. 내가 중요하다고 여기는 가치에 초점을 맞추고 집중해야 한다. 내 가치관과 목적을 계속 돌아보라. 내게 무엇이 중요한가? 어떻게 공헌하고 싶은가?

크게 생각하고 꿈꿀 수 있는 자유를 스스로에게 선사하는 게 중요하다. 수년 전 자메이카에서 미국으로 이주할 무렵, 타마라 플레처와 그녀의 가족은 가난했다. 어머니와 함께 슈퍼마켓에 가던 날, 타마라를 포함한 네 남매는 자메이카에서는 볼 수 없었던 사탕 판매대를 홀린 듯이 쳐다보았다. 하지만 엄마가 언제나 "그쪽으로는 가지 마. 절대 안 돼"라고 말했기 때문에 그들은 그대로 따랐다. 타마라는 엄마의 말뜻을 이해했다. 답은 '안 돼'로 정해져 있으니 시험에 들지 말라는 뜻이었다. 거기에 그들이 살 수 있는 것은 전혀 없었다.

아마추어 자가용 비행사인 그녀는 최근 비행기 격납고에서 열린 하와이 테마의 파티에 참석했다. 사람들은 라이브 음악을 즐겼고 주변은 온통 축제 분위기로 장식되어 있었다. 그녀는 파티 주제가 무척 마음에 들어서 조종사 동아리 파티의 계획을 도왔던 친구 엘리야를 돌아보며 말했다. "우리 파티도 이렇게 해 보자. 이렇게 재미있는 파티를 열어야 해. 훌라 무용수뿐만 아니라 모든 게 다 갖추어진 파티 말이야."

그는 "타마라. 우린 그럴 여유가 없어"라고 대답했다.

"여유가 없다니 무슨 뜻이야? 밴드 출연료가 얼만지 먼저 알아봐야 하지 않아? 장식에 얼마나 들었는지랑 비눗방울 기계 정보도 알아보고. 일단 금액을 확인해야 우리에게 그럴 만한 여유가 있는지, 자금을 모아야 할지 말지를 결정할 수 있잖아."

엘리야는 계속해서 그럴 만한 여유가 안 된다고 우겼다.

타마라는 친구에게 사탕 판매대 이야기를 들려주었다. 성인이 되어 안정된 직업을 가진 후에도 한동안 그녀는 2달러짜리 막대 사탕을 살 여유가 없다고 굳게 믿었다. "네가 이 하와이식 파티를 열 여유가 없다고, 안 된다고 말하는 건 이미 할 수 없다고 단정했기 때문이 아닐까? 내가 안 된다고 믿었던 사탕 판매대처럼 말이야." 그제야 엘리야는 타마라의 뜻을 받아들였고, 밴드 출연료를 알아보겠다며 자리를 떴다.

타마라는 다음과 같이 말한다. "우리는 삶의 많은 것을 '사탕 판매대'처럼 취급해요. '난 할 수 없어. 그런 일은 일어나지 않을 거야'라고 말합니다. 시도하지도 않고 할 수 없다고 결론부터 내리는 거죠." 흔히 내 생각이 내 앞길을 가로막는다. 사실 나를 가로막을 것은 아무것도 없다.

비전은 방향을 알린다

비전을 창조할 때는 한껏 크고 높게 생각하라. 내 잘못을 지적하거나 할 수 없다고 말할 사람은 없다. 유일한 한계는 자신이다. 사회초년병 시절 소규모 팀을 이끌 때 마이클은 직접적인 경험을 통해 이 사실을 터득했다. 당시 상사는 어이없게도 마이클이 기본적인 자원을 요청해도 들어주지 않았다. 마이클은 만반의 준비를 하고 아이디어를 설명했다. 그는 '이런 요청을 거부할 수 있는 사람은 없을 것'이라고 자신했다. 그랬기 때문에 안 된다는 상사의 말에 마이클은 너무 분통이 터진 나머지 할 말을 잃었다.

그는 사무실로 돌아와 문을 신경질적으로 닫았지만 방금 일어난 일을 곱씹지 않았다. 대신 포스터 크기의 플립 차트를 꺼내 맨 위에 '내가 최고 권력자라면 하고 싶은 일'이라고 적었다. 팀을 성공으로 이끌기 위한 비전을 90분 동안 적고 나자 마음가짐이 달라졌다. 글로 적은 아이디어를 보고 가슴이 설렜다. 대부분은 상사의 승인조차 필요하지 않은 아이디어였다. 그날을 기점으로 마이클의 팀은 5년 동안 기록적인 성공을 거두었다.

처음부터 완벽한 비전일 필요는 없다. 이전의 실습과 마찬가지로 비전을 완성하기까지 몇 시간, 며칠, 혹은 그보다 더 오랜 시간이 걸릴 수 있다. 그러는 동안 비전 가운데 각별히 중요한 부분이 눈에 띌 것이다. 가치관과 목적처럼 매일 볼 수 있는 곳에 비전을 보관하도록 한다.

한 가지, 비전이 변하는 것을 염두에 둘 필요가 있다. 스티븐 클래스코 박사는 펜실베이니아주 앨런타운의 산부인과 의사인데, 자신의 비전을 처음 바꿨던 일을 생생히 기억한다. 당시는 산부인과 의사가 전부 남자이던 시절이었다. 가장 일반적인 수술이 자궁절제술이었고 그 다음이 제왕절개일 정도로, 출산을 끝낸 여성에게는 자궁이 필요 없다는 게 당시 의학계의 통념이었다. 이 통념에 의문이 생겼을 때 스티븐은 수련의였다. 어느 날, 펜실베이니아주립대학교에서 자궁절제술의 필요성에 관한 강의를 들은 뒤였다. 서점을 돌아다니면서 논픽션 부문 상위 10위권의 베스트셀러를 훑어보는데, 《자궁절제의 속임수》 같은 제목들이 그의 눈길을 끌었다. 자궁절제가 어떻게 여성의 삶을 파괴했는지에 대한 책이었다. 그 순간 그는 동료 의사들과 환자 사이에 커다란 단절이 존재한다는 사실을 깨달았다.

그의 비전은 줄곧 최고의 산부인과 의사가 되는 것이었다. 그런데 의학계의 중대한 관행이 환자를 보살피기는커녕 오히려 해롭게 한다는 사실을 그날에야 확실히 알게 되었다. 당시 그의 한 가지 비전은 환자를 많이 보살피는 것이었으나 깨달음을 얻은 후에 그는 이대로는 안 된다고 판단했다.

자궁절제술의 심리적, 성적 영향에 대해 연구하면서, 스티븐은 자궁절제술이 환자들에게 초래하는 끔찍한 결과를 발견했다. 그는 자궁절제술을 자제하고 다른 치료 방법을 시도하는 의사들을 찾아 나섰고, 같은 비전을 가지고 업계를 변화시키기 위해 노력하고 있는 다른 사람들과 협력하기 시작했다. 헌신적인 소수의 사람이 어떻게 패러다임을 바꿀 수 있는지가 가시화되기 시작했다. 마침내 그와 사업 파트너들은 통합적인 건강에 중점을 두는 '여성의 정신'이라는 사업체를 설립했다.

어떤 면에서 보면 서점에서 보낸 그 시간이 스티븐에게 결정적인 순간이었다. 그의 첫 비전은 가능성을 기준으로 정의되었다. 그때 이후 그는 자신의 행보를 '한계 없음' 접근방식이라고 부른다. 가능하다고 여기는 일에서 벗어나 불가능의 미학을 발견하는 것이다. 실제로 그는 서점에서 결정적인 순간을 경험한 후에 비전과 인생 계획을 여러 차례 바꾸었고 누구라도 자부심을 느낄 만한 수많은 성과를 거두었다. 그는 2개 의과대학의 학장을 지냈고 3개 학술 건강 센터를 통솔했으며 토머스제퍼슨대학병원의 대표 겸 CEO으로 재직했다. 제퍼슨대학병원에 근무하는 동안 그는 필라델피아대학교와 합병을 진행해 의과대학의 디자인 씽킹 커리큘럼을 최초로 완성했다.

비전은 방향을 알린다. 그것은 북극성이고 길잡이다. 하지만 삶의 무언가가 바뀌었다면 비전을 바꾸어도 무방하다. 가치관이 변하거나 원하는 삶에 대한 깨달음을 얻었다면 비전을 바꾸어 명확한 방향을 재설정하는 것은 매우 자연스러운 일이다. 비전을 설계하는 이유는 자신을 속박하고 더 이상 공감하지 않는 가치에 계속 헌신하는 대신 의식적인 삶을 영위하는 데 있다.

비전을 바꾸거나 재평가할 때

이따금 비전이 삶의 궤도에서 벗어나는 바람에 마치 실패한 것 같은 기분을 느낄 때가 있다. 그런데 실패의 정의는 무엇일까? 대부분 실패란 기대에 부합하지 못하는 무능력이나 성공의 부재, 필요한 조치를 취하지 못하는 상황이라고 말할 것이다. 이는 실패를 보는 매우 편협한 방식이다.

가령 내 목적이 형사 사법제도의 개혁에 일조하는 거라고 하자. 내 비전은 로스쿨 입학이지만 여의치 않을 것 같다. 이따금 '계속 노력하기'가 답일 때가 있으나 어떤 목표들은 전체적인 인생 계획과 무관할 수 있음을 인정해야 할 때가 있다. 그러면 그것이 실패처럼 보일 수 있다. 그러나 변호사가 되지 않아도 형사 사법 제도를 개혁할 수십 가지 방법이 존재한다. 당신의 목적은 여전히 유효하다. 하지만 목적을 성취할 비전은 변경해야 한다.

비전을 실현할 때는 중심을 잡아야 한다. 어떤 시점에 성취하고 픈 목표뿐만 아니라 목적에 주목해야 한다. 그러면 비전을 바꾸거나 재평가할 때가 왔을 때 오로지 한 가지 방식으로 비전을 성취하겠다고 고집하지 않을 수 있다. 그리고 기억하라. 행복을 비전의 한 요소로 삼아야 한다. 이미 들어선 길이라도 더 이상 행복하지 않다면 그냥 다른 길이나 목적을 찾아도 괜찮다.

인생 계획을 미루기보다는 되도록 빨리 세우는 편이 바람직하다. 하지만 비전을 창조하기에 앞서 심사숙고할 시간과 공간이 필요한 사람이 있다. 10장에 등장했던 미리엄 두아르테는 확실한 삶의 목표가 없이 정처 없이 떠돌았다. 몇 가지 핵심 가치가 있었고 분명히 목적을 정의할 수 있었건만 그러지 않았다. 하지만 스물다섯 살에 죽을 뻔한 경험이 그녀에게 삶을 더 진지하게 생각할 전환점이 되었다. 그 무렵 그녀는 포르투갈에 거주하며 서핑 강사로 일했다. 서핑 학교에서 답답한 하루를 보낸 후에는 스트레스를 해소할 거리가 필요했다. 어느 날 파도가 부서지는 속도가 빠른 썰물일 때 파도를 타러 나갔다. 두 번의 파도를 탔다. 모두 거대한 파도였다. 그런데 세 번째 파도를 타고 일어서다가 고꾸라졌고, 곧바로 무언가 잘못되었다는 느낌이 왔다. 다시 일어섰을 때 물에 피가 흘러 있었다. 하지만 더 많은 파도가 밀려오고 있어서 그녀는 큰 물결을 피하기 위해 몇 번이고 거듭 물속으로 뛰어들어야 했다.

미리엄은 뇌진탕과 척수 손상, 뇌출혈 진단을 받았다. 어마어마한 통증에 시달렸고 평생 불편함과 손상을 감수해야 할지도 몰랐다. 이후 6개월 동안 하루에 16시간씩 잠만 잤으며, 회복을 위해 독일로 거주지를 옮겼다.

그녀는 1년 동안 걷지 못했다. 난생처음 과거의 선택들을 돌아볼 시간이 많이 생겼다. 그때껏 해온 일들이 실제로 하고 싶던 일과 일치한 적이 없다는 사실이 눈에 보였다. 왜 그런 선택들을 반복한 건지 확실한 이유를 찾을 수 없었다. 그녀는 애써 목적을 피하거나 아니면 목적이 뭔지 몰랐다. 외부 요인들이 그녀의 삶과 삶의 결과를 좌지우지하게 내버려 둔 것이다. 예를 들어 그냥 살아보고 싶다는 이유로 스위스에서 일자리를 구하는 식이었다. 즐거운 시간을 보냈으나 결국에는 남는 게 없다는 느낌이 들었다.

그녀는 좀 더 의식적으로 행동하기로 결심했다. 한 번뿐인 인생인데 그걸 하마터면 잃을 뻔했다. "지난 날 내가 사랑했던 것에 대해 돌아봤어요. 그러자 채용 담당 인턴으로 일하던 시절에 사람들과 협력하고 교육을 지원하는 일이 좋았다는 생각이 들더군요." 미리엄은 혼자 힘으로 비전을 창조했다. 그것은 바로 사람들과 협력하며 변화하도록 돕는 일이었다. "그래서 트레이너가 됐어요. 지금껏 5년 반 동안 계속하고 있죠. 이건 내가 정말로 좋아한 첫 번째 일일 뿐만 아니라 1년 넘게 계속한 유일한 일이에요." 비전 덕분에 미리엄은 다른 사람에게 봉사하며 성취감을 느낀다. 그녀는 성찰할 시간을 가지고, 목적을 결정하고, 스스로 비전을 창조하고, 행동에 옮겼다.

공유할수록 비전이 명확해지는 이유

1990년대 말 나는 현역 변호사에서 정상급 부동산 회사의 개발 담당 이사로 전향했다. 단기 임원 교육 프로그램의 일원으로 참여해 2년 동안 두 차례 승진했고 내 일과 동료들이 무척 좋았다. 그래도 마음 한구석에는 이러닝 회사를 창업하겠다는 비전을 품고 있었고, 나는 내 아이디어를 요약해서 제대로 된 사업계획서를 작성하자고 마음먹었다. 몇 달 동안 아무에게도 말하지 않고 혼자서 씨름했다. 내가 무엇을 하는지 아는 사람은 아내 케이티뿐이었다. 나는 사람들이 내 아이디어를 알면 이렇게 말할 것이라고 지레짐작했다. "스타트업을 세우겠다고 환상적인 직장을 떠날 생각을 하다니 제정신이 아니군요. 얼마나 많은 회사가 5년 안에 망하는지 알기나 합니까? 거의 다 망합니다. 뭐가 문젭니까? 바보같이 굴지 마세요."

계획서 작성을 끝냈을 때, 나는 계산된 위험을 감수하기로 결정했다. 친한 친구 랜들 캐플런에게 계획을 공유한 것이다. 랜들은 언제나 나를 응원하고 최선을 다하라고 격려하는 사람이었다. 내가 법조계를 떠나기로 마음먹었을 때 이미 경험자인 그는 본보기가 되었으며, 본인이 재계 지도자들과 네트워크를 형성할 때 썼던 혁신적인 접근방식을 알려 주었다. 랜들은 또한 대단히 성공한 사업가였다. 그가 공동으로 창립한 인터넷 회사는 1999년 상장했을 때 역사상 가장 성공한 기업 공개 사례로 손꼽혔다. 그런 한편으로 랜들은 잔인할 만큼 솔직해서 아이디어가 마음에 들지 않으면 주저 없이 그렇다고 말할 사람이었다. 전화로 내가 아이디어를 설명했을 때, 랜들이 지지해 줘서 마음이 놓였다. 오해는 마라. 사실 그는 이의를 제기하고 개선할 방법을 제안했다. 그리고 아이디어를 추진할지 여부에 대해서 이렇게 말했다.

"인생은 한 번뿐이야. 모험 좀 해도 되지 않겠어? 네가 사업계획서를 보강할 수 있다면 내가 투자에 참여하고 초기자금 모금까지 진행해 볼게. 그러면 다른 투자가를 확보하는 데도 확실히 보탬이 될 거야. 그리고 이건 알아 둬. 난 너를 믿어, 조. 네가 볼 베어링이나 이쑤시개 회사를 차린다 해도 지지할 거야." 나는 믿을 수가 없었다. 완전히 감동을 받았다. 랜들은 계속해서 이렇게 덧붙였다. "그리고 데이비드 폴틴을 만나 봐. 똑똑한 친구거든. 인맥도 넓고. 아이디어가 마음에 들면 너를 도울 수 있을 거야." 데이비드 폴틴이라고? 그는 미시건주의 일류 변호사였다. 랜들의 소개로 만난 적이 있었고 대단히 존경하는 사람이었으나 당시에는 절친한 사이가 아니었다. "랜들, 절대 안 돼. 그가 어리석은 아이디어라고 생각하면 어떡해? 데이비드에게 무시당하기는 싫어."

"괜찮을 거야. 그냥 전화해. 설령 데이비드가 나쁜 아이디어라고 생각한다 해도 지금, 네가 직장을 그만두기 전에 그 사실을 알게 됐으니 더 좋은 거잖아." 나는 긴장이 되었지만 데이비드를 점심 식사에 초대했다. "데이비드, 제 생각에 교육 프로그램의 큰 문제점 가운데 하나는 사람들이 프로그램을 끝내고 후속 조치를 취하지 않는 겁니다. 그러니까 배운 내용을 써먹지 않는 거죠. 제 아이디어는 사람들이 수업을 들은 다음에 이용할 수 있는 인터넷 기반 시스템입니다. 예를 들어 리더십이나 세일즈 프로그램이라고 하면, 오랜 시간에 걸쳐 사람들이 그 정보를 조금씩 나누어 이용하도록 알림을 보내 자극하는 거죠. 강좌에서 배운 내용을 강화해서 습관으로 만드는 게 목표에요. 리더십 프로그램에 참석하는 사람들은 더 강한 리더가 될 겁니다. 세일즈 강좌 수강생들은 더 유능한 세일즈맨이 되겠죠."

데이비드는 말했다. "마음에 드네요. 저도 그런 경험이 있어요. 수요가 있을 것 같군요." 그러더니 그는 연달아 질문을 던졌고 나는 하나씩 대답했다. "대단합니다. 제가 도울 수 있을 거 같네요." 나는 속으로 이렇게 생각했다. '와, 데이비드 폴틴이 날 돕는다고? 정말 놀라운 일이야.' 실로 놀라웠다. 데이비드는 자문으로서 회사 설립과 자금 모금 과정의 법무를 처리했다. 개인적으로도 친구가 되었다. 지금 그 시절을 돌아보건대 랜들과 데이비드가 아니었다면, 그리고 내가 다른 사람에게 이야기하는 것이 두려워서 계속 입다물고 있었다면, 내 첫 회사는 실현되지 않았을 것이다.

삶의 비전을 개발한 이후 다음 단계는 다른 사람과 공유하는 것이다. 무슨 일이든 간에 혼자 성취할 수 있는 사람은 없다. 친구와 사랑하는 사람들의 도움을 받을 때 훨씬 더 멀리 갈 수 있다.

사람들과 공유하면 비전이 훨씬 더 명확해진다. 아이디어를 뒷받침할 통찰을 제공하거나 심지어 돕겠다는 사람이 있을 것이다.

꿈을 공유하면 최소한 어느 정도 책임감이 생긴다. 내 비전을 공유한 상대방이 꿈을 포기하지 않게끔 나를 도울 수 있다.

누구에겐가 내 아이디어를 얘기할 때는 언제나 위험이 따른다. 나를 드러내면 약자가 되는 기분이 든다. 불편하다. 마치 놀림감이 되기로 자처하는 것 같아서 불편할 수 있다. 솔직히 말해 그럴 가능성도 없지 않다. 하지만 행동하지 않고 두려워하기만 하면 좋은 결과를 얻을 가능성이 아예 없다. 우리는 다른 사람의 도움을 받을 때 비로소 위대한 성과를 거둘 수 있다. 파트너나 가장 친한 친구 등 신뢰하는 사람부터 시작해 보자.

비전을 달성하고 다른 사람을 동참시키는 열쇠는 '열정enthusiasm' 이다. 우리는 주변의 에너지에 반응한다. 랜들 캐플런과 데이비드 폴틴에게 사업 아이디어를 공유했을 때 나는 창업할 생각에 마음이 설렜고 그들은 이를 알아차렸다.

그렇다면 열정이란 정확히 무엇일까? 열정이란 '내면의 신'을 뜻하는 그리스어 '엔테오스entheos'에서 유래했다. 그리스인들은 마치 '신에게 홀린' 것처럼 열성적으로 이야기하는 사람들을 이 단어로 묘사했다. 그들은 개개인에게 강력한 방식으로 살아 움직이는 내면의 에너지가 있다는 사실을 터득했다.

마치 '신에게 홀린' 것처럼 비전을 공유하는 사람이라면 어떻게 행동할까? 목소리는 어떨까? 말투는 어떨까? 표정은 어떻게 보일까? 자세는 어떨까? 청중 앞에 서서 꿈꾸는 세상을 온 마음을 다해 전달하는 내 모습을 상상해 보라. 청중을 똑바로 바라보고 미소를 짓는다. 목소리는 힘차고 자신만만하다. 양팔은 활짝 펼친다. 모든 사람이 홀린 듯이 열중한 채 내 말을 경청한다. 감정 몰입은 자극을 일으키는 원료로써 다른 사람의 행동을 이끌어 낸다.

함께 완성하는 비전의 진화

미치아 로르센의 회사는 업계 최초로 '프로디지'라는 소프트웨어를 개발했다. 자동차 대리점에서 몇 시간씩 허비하지 않고 집에서 몇 분 만에 자동차를 살 수 있는 소프트웨어였다. 미치아는 자신의 조직원 가운데 자동차 대리점의 매출을 높이는 데 이바지하겠다고 열정을 불사르는 사람이 하나도 없다는 사실을 누구보다 잘 알고 있었다. 그러니 비전을 제대로 세우지 못하면 오로지 월급 때문에 직장을 다니는 사람만 가득할 터였다. 그는 돈이 유일한 목적인 회사를 만들고 싶지 않았다.

그러던 어느 날, 그는 초대장 없이는 입장할 수 없는 아주 호화로운 회의에 참석했다. 실리콘 밸리의 한 회사 CEO가 연설을 하는데, '우리 회사의 현 시가총액은 200억 달러이며 2년 뒤에는 400억 달러가 될 것이다'는 내용이었다. 연설을 들은 그는 이런 생각이 들었다. '당신네 회사가 200억에서 400억 규모가 된다고 누가 신경이나 쓰겠어? 성장하는 기업이라면 모름지기 사회에 공헌해야 하는 게 아닐까.'

그는 긍정적인 영향력을 발휘하는 일이 자신의 과제임을 깨달았고, 조직원들에게 이런 비전을 전달해야 한다고 생각했다. 많은 사람을 비전에 동참시키려면 비전이 살아 있어야 했다. 그렇게 해서 한 이니셔티브가 탄생했다. 그들은 플랫폼을 통해 자동차 한 대를 판매할 때마다 불우이웃에게 열 끼의 식사를 기부하기로 결정했다. 이 사실을 따로 홍보하거나 회사 밖에서 거론한 적은 없지만 사람들은 이 일을 중요하게 여겼다. 전 직원이 미치아의 비전에 열의를 보이면서 동참하고 싶어 했다. 이렇게 그들은 특히 어려운 시기에 변화의 주역이 되었다. 현재 그들이 기부한 식사는 총 18만 9천 끼에 이른다. 소프트웨어의 목적은 단순했어도, 그들은 힘을 모아 의미 있는 비전을 창조하고 공유하며 이웃을 돕는 방식으로 생명을 불어넣었다.

비전을 공유할 때 그것은 진화하고 성장한다. 미치아는 그냥 가만히 앉아 조직원들에게 계획을 전달하지 않았다. 그들은 서로 협력하고 의논하면서 미치아의 독창적인 아이디어를 토대로 가슴이 설레는 비전을 얻었다.

자기가 떠올린 아이디어에 애착을 가지다 보면 도움이 될 만한 피드백을 은연중에 차단할 가능성이 있다. 하지만 다른 사람의 도움을 받아야 성취할 수 있는 비전이라면 그들에게도 공헌할 기회를 주어야 한다. 다른 사람으로부터 얻을 수 있는 아이디어와 정보를 흔쾌히 받아들일 때 한 집단으로서 모든 사람의 가슴을 설레게 하는 비전을 창조할 수 있다.

데일 카네기 원칙 훈련법

○

가치관과 목적은 삶의 '왜', 즉 내면의 꿈을 구성한다. 하지만 행동하지 않으면 가치관과 목적은 잠들어 있을 것이다. 비전은 '어떻게', 다시 말해 꿈을 실현할 외적인 계획을 구성한다. 내가 설렘과 가능성을 느끼는 비전이라면 크든 작든 상관없이 비전의 잠재력이 다른 사람에게 한층 더 효과적으로 전달될 것이다. 스스로 비전을 창조하고 키워 나갈 때 내가 원하는 영향력이 생긴다.

원칙

비전을 키우고 공유하는 일에 전념하라.

행동 단계

○ 다음 질문의 답을 최대한 자세하게 묘사해 보자.

· 무엇을 원하는가?

· 내 기술과 관심사는 무엇이며 그것은 내가 원하는 결과를 성취하는 데 어떻게 도움이 되는가?

· 원하는 결과를 성취하려면 어떤 조치를 취해야 할까?

• 일상 속에서 내 비전은 어떤 모습인가?
• 세상이 원하는 것은 무엇이며 나는 어떤 식으로 독자적인 공헌을 할 것인가?

○ 이제 첫 비전은 접어 두고 두 번째 비전을 적어 본다.
: 첫 번째보다 더 원대한 비전을 세우고 세부사항을 다듬는다. 그러면 핵심 비전과 어울리지 않는 것 같아도 내 삶에 이로운 다른 아이디어들이 떠오를 것이다.

○ 이제 세 번째 비전을 적는다.
: 처음에는 불가능하거나 손에 닿지 않는 일처럼 느껴지더라도 앞선 두 비전보다 더 원대해야 한다. 마음껏 떠올려라. 아무리 어려워 보여도 떠오르는 대로 적어야 한다. 자신이나 다른 사람이 가능하다고 여길지에 얽매여선 안 된다. 마음껏 큰 꿈을 꾸어라.

○ 세 비전을 비교한다.
: 무엇이 눈에 띄는가? 세 번째 비전이 앞선 두 비전보다 창의적일 수 있다. 각 비전에서 어떤 점이 마음에 드는가? 어떤 점이 놀라운가? 어떤 점에 가슴이 설레는가?

○ 세 비전에서 가장 감동적인 점들을 선택한다.

: 가치관을 추구하고 목적을 수용하며 세상에 긍정적인 영향을 미칠 수 있는 일관된 모습을 떠올리며, 각 결과를 통합한다.

○ 비전을 다른 사람과 열정적으로 공유해 명확하게 파악한다.

: 앞으로 2주 동안 최소한 세 번 이상 비전을 당당하게 밝히고, 사람들의 반응을 눈여겨본다. 사람들의 말 때문에 비전을 바꾸지 말고, 비전을 공유할 방식을 다시 검토한다. 계속 비전을 다듬는다.

○ 힘을 합쳐 비전을 성취한다.

: 동일하거나 비슷한 비전을 가진 사람들을 찾아 비전을 실현할 방법을 창조한다.

chapter
16

공동체

나와 같은 생각을
하는 사람들

내가 상대방에게 베푼 일은 기억하지 마라.
상대방이 내게 베푼 일은 잊지 마라.

데일 카네기

'네트워킹'이라는 말을 들으면 무슨 생각이 떠오르는가? 이 책을 쓰기 위해 사전 조사를 할 때 우리가 만난 사람들은 대부분 네트워킹을 긍정적으로 생각하지 않았다. 이 단어는 명함을 돌리고, 도움을 받을 수 있는 누군가를 찾고, 오로지 자기만 생각하고, 진정한 관계를 맺는 일은 안중에도 없는 사람들로 가득한 회의실 이미지를 연상시킨다. 아니면 '연결'을 누르라고 요청하며 무언가를 판매하려는 낯선 사람의 링크드인 메시지를 떠올리게 한다. 이런 유형의 네트워킹은 이기적으로 보일 수 있으며 실제로 그렇다.《혼자 밥 먹지 마라》의 작가 키이스 페라지는 우리가 네트워킹을 싫어하는 이유는 '네트워킹 꼴통Networking Jerk'이 떠오르기 때문이라고 말한다. 양손에 마티니와 명함을 나눠 들고 기회만 되면 미리 연습한 엘리베이터 피치[엘리베이터를 타고 이동하는 정도의 매우 짧은 시간 동안 제품, 서비스, 계획 등에 대해 요약하여 설명하는 말하기 방식-옮긴이]를 시작하는 사람. 행사가 있을 때마다 눈독을 들이며 더 큰 물고기를 낚아 요리하려고 끊임없이 탐색하는 수다의 달인. 진정성이 없고 야심이 실로 어마어마하며 매우 외향적인 사람. 그러나 이는 우리가 선망하는 대상이 아니다. 이런 사람이 되고 싶은 사람은 아무도 없다. 우리는 이런 사람으로 비칠까 봐 네트워킹을 피한다.

하지만 인간 만사의 많은 부분은 다른 사람과 의미 있는 방식으로 관계를 맺는 일에 좌우되며, 이런 공동체 형성의 과정은 목표를 공유하는 사람들을 찾는 일이 관건이다. 이때 공동체 형성이란 상호 성장을 도모하는 사람들과 의식적으로 인간관계를 맺는다는 뜻이다. 분명 이렇게 생각하는 사람이 있을 것이다. '왜 공동체가 필요하지? 난 사람 만나는 걸 안 좋아해. 새로운 곳에 가는 걸 즐기지 않아. 그런 게 편하지 않거든.' 사실 공동체를 형성하는 방법에 대해서는 온종일 얘기할 수도 있지만, 그보다 더 중요한 것은 공동체를 형성하는 게 왜 중요한지를 이해하는 일이다. 우리가 목표를 이루려면 다른 사람과 협력해야 하며, 관심사와 가치관, 비전이 합쳐질 때 핵심 목표를 중심으로 공동체가 형성될 수 있다. 서로 돕는 공동체에서는 누구나 삶의 비전으로 향하는 추진력을 창조할 수 있다.

사람들은 '홀로서기'를 좋아하며, 그래서 간혹 도움을 청하는 것이 나쁘다고 여기는 사람들이 있다. 마이클의 딸 니콜 역시 20대 초반에는 도움의 손길을 무조건 거부했다. 하지만 대학원에 진학해 석사 학위를 취득하고 졸업할 무렵, 그녀는 돈독한 인간관계를 맺었고 친구 공동체가 서로 챙겨 주는 것을 받아들였다. 니콜의 친한 친구 베스가 졸업 후에 대형 컨설팅 회사에 지원했다. 그런데 합격 통지를 받았을 때 그녀는 이미 다른 일자리를 구한 상태였고, 회사 대표에게 니콜을 추천했다. 마이클의 딸은 지금 그 일(친구가 지원했던 일)을 하고 있으며 몹시 좋아한다. 물론 니콜의 자질이 부족했다면 고용되지 않았을 테지만, 회사에서 먼저 마음에 들어 했던 친구 베스가 추천한 덕분에 니콜은 기회를 얻었다.

공동체를 형성할 때 알아야 할 것들

내 팟캐스트에 출연한 키이스 페라지는 네트워킹과 진정한 인간관계 형성에 관해 자신이 얻은 가장 중요한 교훈을 공유했다. 그가 말하는 공동체 형성의 핵심은 사람들로부터 무엇을 얻을 수 있는가가 아니다. 반대로 '내가 무얼 줄 수 있을까?'가 핵심이다. 이 사람을 위해 무얼 할 수 있을까를 고민하며 진심을 다해야 한다는 것이다. 인간 대 인간으로 관계를 맺을수록 속마음을 털어놓게 되고 이는 상대방도 마찬가지다.

애덤 햄스는 시간과 노력을 아낌없이 베푸는 사람의 대표적인 예다. 몇 년 전 애덤은 카탈리나섬 해변의 오두막에서 평생 우러러보던 두 우상과 함께 즐거운 시간을 보냈다. 그들은 전설적인 탐험가이자 환경운동가 장 미셸 쿠스토와 해양생태학자 리처드 머피였다. 쿠스토는 바다를 지키기 위해 싸우는 한편 스쿠버와 해양 과학 분야에서 아버지의 뒤를 잇고 있었다. 머피는 쿠스토의 오른팔 격인 인물로, 쿠스토의 환경 운동에 적극적으로 참여했다. 두 사람 의 비전은 환경보호라는 애덤의 비전과 일치했다.

그들은 자신들이 개발한 '환경 사절단'이라는 환경 교육 프로그램에 대해 이야기해 주었다. "아이들을 가르치는 일에 초점을 맞춘 프로그램이에요. 세계의 주역인 아이들에게 봉사하는 일을 우리의 비전으로 정했거든요. 하지만 부모들을 교육시키지 않으면 아이들이 가정에서 자신이 원하는 일을 할 자율성이 충분히 보장되지 않죠. 상황이 조금씩 변하고 있지만 만족할 만큼 큰 변화는 아직이네요."

애덤은 점점 흥미가 생겼다. "그렇다면 성인 대상 환경 교육이 필요한 건가요? 전 도시의 전문직 젊은이들을 대상으로 문화 교류 아이디어를 낸 적이 있거든요. 그게 도움이 될까요?" 애덤의 질문에 그들은 이렇게 답했다. "그렇죠. 그게 변화를 일으킬 수 있는 멋진 방법이 될 겁니다."

애덤의 머리가 돌아가기 생각했다. 그는 일자리를 찾아 도시로 이주해서 관심사가 같은 공동체를 찾는 사람들을 겨냥해 비영리 단체 설립을 구상한 경험이 있었다. 음악, 맛있는 맥주, 오락 등 전형적으로 효과적인 매개체를 알았으니 환경 교육만 결합시키면 됐다. 그는 당시 20대 중반이었고 전문직 젊은이들이 인간관계를 원한다는 사실을 알고 있었다.

애덤이 환경계의 두 우상에게 자신의 아이디어를 전하자 그들은 당장 실행에 옮겨야 한다고 답했다. 애덤으로서는 약간 의외의 반응이었다. 그는 이를테면 그랜드케이맨섬 같은 다른 멋진 곳에서 그들을 위해 계속 일할 계획이었는데 정작 그들은 어디로든 떠나서 비전을 실현하라고 말하고 있으니 말이다. '내가 정말 존경하는 사람들이 멋진 아이디어라고 했어. 그럼 난 이제 어떻게 해야 하나? 못 들은 척하고 계속 태평하게 살까? 아니면 행동에 옮겨야 하나?'

몇 주 동안 고민한 끝에 애덤은 고향 아이오와주 디모인으로 돌아가서 커뮤니티를 조직하기로 결심했다.

시동을 걸기까지 어느 정도 시간이 걸렸다. 그가 '도시의 사절단'이라고 이름 붙인 비영리단체를 설립하는 동안 생계를 유지하기 위해 세 곳에서 알바를 뛰어야 했다. 젊은 전문직 종사자로서 첫해를 보내면서 비영리단체의 출범 과정을 공부했다. 지역 행사에 참석하고, 교육을 받고, 관심사가 비슷한 사람들과의 네트워크를 넓혔다. 아울러 지속 가능성 분야에서 활동하는 모든 지역단체를 수소문했다. 지역 사회를 변화시키고자 열정적으로 노력하는 소규모 집단은 많았지만 모두 폐쇄적이었다. 청정에너지에 집중하는 사람들이 있는가 하면 친환경 건물, 수자원 보호, 쓰레기 감량, 지속 가능한 운송 등에 초점을 맞춘 사람들도 있었다. 모두 대단한 일을 하고 있었으나 협력은 수월하지 않았다.

애덤은 규모는 작지만 힘이 막강한 이사회를 구성하고 웹사이트를 개설해 도시 전역에서 진행되는 모든 활동을 도표로 작성했다. 서서히 소규모 조직들의 이름과 활동이 나란히 배열되기 시작했고, 공동 목표를 향해 나아가는 거대한 하나의 물결이 조성되었다. 애덤과 팀원들은 '디모인에게 부족한 것'이라는 명칭의 자원봉사 행사를 조직했다. 디모인 전역에서 사람들이 행사에 참석해 다양한 지속 가능성 분야에서 일하는 모든 단체와 행사에 대해 대화를 나누었다. 대화는 지역에 부족한 요소들에 대한 토론으로 이어졌다. 더 많은 사람이 서로 관계를 맺었고 새로운 협업 프로젝트가 등장했다. "우리는 프로젝트를 관리하며 부족한 요소들을 채워 가기 시작했어요. 이미 봉사에 관심이 있는 사람들이었기 때문에 그들이 시간과 에너지를 투자해서 봉사할 분야를 찾아 주는 것이 우리의 임무였죠. 중복되는 부분을 되도록 줄이면서 여러 가지 활동을 진행했어요. 바꾸어 말하면 비전을 공유하는 모든 사람의 영향력을 극대화한 거죠."

애덤은 수많은 위원회와 비영리조직, 단체를 설립하지 않고도 비전을 성취했다. 이미 주변에서 활동하는 단체들을 확대하고 각자의 비전을 성취하도록 지원하는 일을 목표로 삼은 덕분이었다.

애덤은 공동체에 아낌없이 베풀고 자신과 주변 사람을 위한 연결점을 제공했다. 이때 그가 염두에 둔 원칙들은 모든 사람이 명심해야 할 인간관계의 핵심이다. 첫째, 사람들을 만날 때 반드시 따뜻하게 대할 것. 미소를 띠고 상대방의 이름을 부르면 관계를 맺는 데 매우 효과적이다. 둘째, 사람들을 만난 후에는 반드시 후속 조치를 취할 것. 함께 나눈 대화에 대한 개인적인 의견이나 감사의 표시를 할 수 있다. 페이스북 메시지나 이메일을 보내는 간단한 방법으로도 충분하다. 어떤 매체를 이용하든지 상대방과 친분이 생겼다는 사실이 내게 중요하다는 뜻을 전달하면 된다.

네트워킹 행사의 전형적인 이미지가 그토록 만연한 것은 그것이 사람들을 만나는 유일한 방법이었던 환경 탓이다. 하지만 이제 시대가 변했다. 인터넷은 관심사를 공유하는 사람이나 집단, 조직과 관계를 맺는 방식을 바꿔 놓았다. 진심으로 관계를 맺을 한 사람을 만나려고 온갖 행사에 참석하지 않아도 된다.

한동안 만나지 못했거나 이야기를 나누지 못한 사람들에게 연락을 해 보자. 4장에서 소개한 포르샤 마운트는 작가, 연사, 어머니, 그리고 〈포춘〉지 선정 500대 기업의 마케팅 컨설턴트로서 바쁘 생활하는 중에도 매주 일정표에 시간을 정해 놓고 사람들에게 연락한다. 그녀는 같은 커뮤니티의 구성원에게 관심 분야의 기사를 보내거나 한동안 연락이 뜸했던 사람에게 문자로 안부 인사를 묻곤 한다. 데일 카네기의 조언을 기억하라. "웃음을 지어라. 그리고 사람들은 이름을 불러 주면 무척 좋아하고 자신이 중요한 사람이라는 인정을 받고 싶어 한다."

어떤 목적을 공유하는가

에두아르도는 아버지로부터 서로 이로운 인간관계의 중요성을 배웠다. 눈썰미가 남다른 그는 아버지가 다른 사람과 상호작용하는 모습을 눈여겨보았고, 아버지의 대화 방식에 매료되었다. 어느 날 에두아르도가 아버지에게 고객이나 친구, 자녀의 생일이 왜 중요한지 물었을 때, 아버지는 "그들이 사람이니까. 그리고 사람은 중요하니까"라고 답했다. 뻔한 대답이었지만 에두아르도가 자라면서 발견한 바로는 모든 사람이 그렇게 생각하지는 않았다.

성년이 되어 구글에 입사한 그는 구글의 다른 라틴계 직원들과 친분을 쌓고 싶어서 직장 친구 몇 명과 함께 직원 커뮤니티를 처음 결성했다. 직원들이 친분을 쌓기 어려운 대기업이다 보니, 커뮤니티는 관계를 형성하는 데 크게 일조했다. 시간이 흐르자, 그가 만든 커뮤니티는 인간관계를 맺는 것은 물론이고 경력 발전을 원하는 사람들에게 기회를 제공하는 거대한 집단으로 진화해 갔다. 현재 이 커뮤니티는 세계적으로 회원이 수천 명에 이른다. 회원들은 모임을 통해 서로 협력하고 배운다. 회사 내에서 직급이 낮거나 다른 업무를 찾는 직원들에게 기회를 제공하며 특히 전 세계의 라틴계 사람들을 지원한다. 허리케인 마리아가 푸에르토리코의 일부 지역을 파괴했을 때는 자원봉사단을 파견해 복구 활동을 돕기도 했다. 에두아르도는 이 조직의 구성원들이 선한 영향력을 행사할 때 만족감을 느낀다.

이에 반해 포르샤 마운트는 커뮤니티를 형성하는 것에 대해 좀 더 가볍고 편안하게 접근한다. "한 가지 예를 들자면 〈하버드 비즈니스 리뷰〉에서 흥미로운 칼럼을 발견하고 트위터에 리트윗을 한

적이 있었어요. 그랬더니 그 칼럼 작성자가 대화를 나눠 보자고 댓글을 달더군요. 그들의 웹사이트를 살펴보니 내가 하는 일과 밀접한 관련이 있었어요. 신기하지만 드문 일은 아니었고 그걸 계기로 정말 멋진 대화가 시작됐죠. 그들의 기사를 공유하는 단순한 일을 계기로 말이에요. 살다 보면 그런 게 필요한 것 같아요. 진정한 관계, 호기심, 관계를 맺겠다는 의지 같은거요."

때로는 커뮤니티 활동을 할 때, 선택과 집중을 적절히 활용할 수도 있다. 모든 사람의 비전이 비슷하지는 않다. 7장에서 언급한 네긴 아지미는 어린 시절부터 커뮤니티를 설립했다. 그녀는 본인의 삶에 가치를 부가하지 않는 물건이나 활동에 마음이나 시간을 쓰지 않는 법을 일찌감치 터득했다. 소셜 미디어에서 많은 사람을 팔로우하지 않기로 마음먹었고 그래서 지금도 가치관이 다른 사람과 인간관계를 이어 가지 않는다. "지금보다 더 어렸을 때는 친구가 더 많으면 좋겠다고 생각했어요. 하지만 지금은 많은 사람과 진정한 관계를 맺을 시간이 없어요. 그래서 가치관이 같은 소수의 사람을 선택해서 좋은 관계를 맺으려고 해요."

다른 사람을 위한 기회를 창조하는 것 역시 공동체의 공동 목표가 될 수 있다. 살다 보면 누군가의 도움을 받을 때가 분명 있을 것이다. 그러니 사회의 취약 계층을 돌보거나 다른 사람들에게 도움을 베풀면서 자신이 받은 것을 잊지 않고 돌려주는 것도 중요하다.

모세 음베세하는 가족과 공동체 구성원들 속에서 자랐다. 그는 여러 사촌과 더불어 대가족으로 살았고 친구들과도 왕래가 잦았다. "어린 시절 우리는 모든 걸 공유했어요. 그건 무엇이든 나눠 가지는 방법일 뿐만 아니라 친목과 조화를 이루는 방법이기도 했죠." 모세는 고등학교 YMCA에서 자원봉사를 했고 그의 가족은 일요일마다 예배가 끝나면 브런치를 대접했다. 부모님이 출장을 자주 다녔기 때문에 모세는 다른 사람에게 도움을 청하는 법을 배웠다. "곁에 있는 사람들의 공동체가 내 삶의 기둥이었어요. '축구하고 싶니? 해 보자. 차 태워 줄 사람이 필요하니? 내가 태워 줄게. 이거 어떻게 하는지 배워야 되니? 내가 가르쳐 줄게.' 모든 게 이런 식이었죠." 그에게 이런 품앗이는 흔한 일이었고, 그 역시 언제나 기꺼이 돕는 태도를 배울 수 있었다.

모세가 가족을 떠나 독립한 후에도 이런 마음가짐은 사라지지 않았다. "언제나 날 인도하는 사람들이 있었어요. 그래서 대학에 입학했을 때 이렇게 생각했죠. 좋아, '누굴 도울 수 있을까? 어떤 일로 더 많이 베풀 수 있을까? 내가 가진 자료 중에서 초보자가 이용할 수 있는 게 있을까?'" 20대 중반에 모세는 대학 친구들과 함께 '컨셔스 커넥트'를 공동으로 창립했다. 컨셔스 커넥트는 저소득 가정의 아이들에게 기회를 제공하고 교육, 문화, 의료, 안전 분야에서 아이들의 평등을 위해 활동하는 단체다. 그들은 문화와 연령 면에서 적절한 여러 작가의 책을 기부함으로써 '책 사막(아동 300명 당 책이 한 권 밖에 없는 미국의 지역들)'을 문학의 오아시스로 변모시키는 일부터 시작했다. 2015년부터 시작해서 오하이오주 그레이터 마이애미 밸리 지역 전역에 6만 권이 넘는 책을 기부했다. 변화라고 해서 꼭 '세상을 바꾸는 일'일 필요는 없다. 이웃과 공동체가 당면한 문제를 고민하고 앞장서서 대처하는 자세만으로도 충분하다.

서번트 리더십 효과

공동체 형성 과정에는 리더십이 요구되는 측면이 있다. 마이클과 내가 생각하는 리더란 다른 사람으로부터 최고의 모습을 이끌어 내고 그 과정에 공동체를 형성하는 사람이다. 리더로서 성공할 때 핵심은 개인이 아니다. 더 큰 선을 위해 주변 사람과 협력함으로써 자신이 할 수 있는 일을 실천해야 리더로서 성공할 수 있다.

이따금 가장 존경하는 리더가 누구냐는 질문을 받을 때면 나는 언제나 보잉과 포드의 전 CEO인 앨런 멀러리라고 답한다. 그는 긍정적인 협력 문화를 창조해 빈사 상태의 여러 기업을 승승장구하는 기업으로 탈바꿈시켰다. 〈시애틀 타임스〉는 그를 "미스터 나이스 가이Mr. Nice Guy"라고 일컬었는데 그들의 눈은 정확했다.

앨런은 9/11 사건 이후 재정적으로 붕괴한 보잉 상용기를 회생시켰고, 협력과 건전한 직장 문화의 상징으로 변모시켰다. 그다음 그는 포드자동차로부터 전화 한 통을 받는다. 당시 앨런은 9/11 이후 항공기 제조회사보다 더 곤경에 처한 분야는 없다고 생각했지만, 그것은 오산이었다. 포드는 파산을 목전에 두고 있었고 기적이 필요했다.

빌 포드 회장은 포드사의 당시 상태를 앨런에게 숨김없이 솔직하게 전했다. 그는 자신을 포장하려고 실태를 듣기 좋게 꾸미지 않았다. 빌은 자존심보다 회사의 운명을 더 중요하게 여겼고 앨런에게 앞장서 달라고 부탁했다. 빌의 솔직함과 책임감에 감복한 앨런은 그의 태도를 조직 전체에 확산시키고 싶었다. 그는 솔직함과 책임감을 직원들의 두 가지 목표로 삼았다. 첫째, 더 이상 비밀은 없다. 둘째, 직책과 상관없이 전 직원이 과정에 참여해야 한다. 포드를 구렁텅이에서 끌어올리려면 전 직원의 힘이 필요했다.

앨런은 한동안 회사를 주의 깊게 관찰하고, 경쟁 자동차 제조회사를 연구하고, 헨리 포드의 고유한 가치관을 되살리고, 무엇보다 질문을 던졌다. CEO라는 직함을 가진 그였지만 자신은 해답을 모른다고 여겼다. 전 직원의 의견이 필요했다. 앨런은 다음과 같이 설명했다. "겸손의 반대말은 오만입니다. 모든 답을 알고 있으며 다른 사람에게 이래라저래라 명령하는 것이 자신의 일이라고 생각한다는 점에서, 오만은 독약이죠. 리더라면 누구나 자신이 다른 사람보다 잘 모른다는 사실을 깨닫는 순간이 올 겁니다. 그러니 사람들에게 명령하기보다는 질문하고, 관심을 가지고, 호기심을 품어야 해요."

그렇게 정보를 수집한 앨런은 상세한 계획을 세우고 회사와 비전을 공유했다. 그러는 동안 팀원들은 지속적으로 계획에 공헌하고 앨런은 끊임없이 소통했다. 상황을 바로잡는 것이 그의 임무였으나 그는 최고 경영인인 동시에 최고 응원 단장이었다. 앨런은 직원 전원을 응원한다는 뜻을 전달하고 회사의 성공을 위해 싸웠으며 공개석상에서 회사의 변화를 긍정적으로 표현했다. 앨런은 포드사를 믿었고 그러자 회사 전체가 믿기 시작했으며 곧이어 온 나라가 뒤를 이었다. 앨런이 수습에 나서서 고작 3년이 지났을 때 포드사의 상황은 파산 직전에서 연간 수익이 27억 달러에 달하는 기업으로 변모했다. 2년 후 포드사는 최고의 수익을 거두는 자동차 제조회사가 되었다.

앨런은 주변 사람을 믿고 협력해야 훌륭한 리더가 된다는 교훈을 얻었다. "리더는 문화의 분위기를 결정합니다. 내가 발견한 가장 중요한 사실은 다른 무엇보다도 한 인간으로서 당신의 참된 모습이 리더로서의 능력을 좌우한다는 겁니다." 앨런이 이런 사실을 깨달은 것은 어린 시절 어머니의 말씀 덕분이었다. 어머니는 아침상에 앉은 아들에게 "사람들과 함께 일하는 법을 배우면 진짜 거대한 변화가 일어난다"고 일러 주었다.

앨런은 훌륭한 리더의 핵심적인 특성을 몸소 보여 준다. 신뢰감을 주고, 공감하고, 포부가 크고, 끊임없이 배운다. 그는 괄목할 만한 성과를 거둔 것은 물론이고, 모든 사람을 참여시키고 한 팀으로 협력하도록 이끌며 최고의 모습을 이끌어 낸다. 그것이 마이클과 내가 신봉하는 유형의 서번트 리더십servant leadership[봉사자로서 직원과 고객, 공동체를 먼저 생각하고 그들의 니즈를 만족시키고자 헌신하는 리더십-옮긴이]이다.

한 인간으로서 내가 어떤 사람인지(그리고 주변 사람과 어떻게 협력하는지)가 직함보다 한층 더 중요하다. 남달리 영감을 불어넣는(영향력이 큰) 일부 리더는 진정성으로 이끌고 다른 사람을 먼저 생각한다. 또한 사람들 역시 한 인간으로서 관계를 맺고, 자신에게 진실하고, 도덕을 토대로 삼고, 다른 사람에게 초점을 맞추는 리더를 더 기꺼이 따른다.

데일 카네기 원칙 훈련법

공동체가 참여해야 비전을 실현할 수 있다. 홀로 일하는 사람은 아무도 없다. 나를 돕고 내게 도움을 받는, 나와 생각이 같은 다른 사람이 필요하다. 데일 카네기 연구소에서는 "사람들은 본인이 창조 과정에 참여했던 세계를 지지한다"고 즐겨 말한다. 사람들이 협력하는 과정에서 공동체의 힘과 영향을 대체할 수 있는 것은 없다.

원칙

공동 목적을 찾아라.

행동 단계

○ 지금 내 삶에 존재하는 사람들에 대해 생각해 보자. 비전과 가치관이 비슷한 사람은 누구인가? 어떻게 서로 도와서 비전을 성취할 수 있을까?

○ 시간을 투자할 계획을 세운다. 나와 다른 사람의 비전을 세우기 위해 얼마나 많은 시간을 투자할 수 있

는가?

○ 다른 사람을 위한 기회를 창출해 보자. 다른 사람이
목표를 성취하도록 어떻게 문을 열어 줄 수 있을까?
어떤 소개를 통해 누군가의 삶의 궤도를 바꿀 수 있
을까?

○ 상호 성장을 도모하는 공동체를 추진한다. 예를 들어
내 주변의 여러 친구 집단을 떠올려 보자. 그들이 내
목표를 지지하는가? 추구하는 비전이 있는가, 아니
면 평생 정처 없이 떠돌고 있는가? 만일 후자라면 내
목표와 가치관에 부합하는 커뮤니티나 사회단체, 조
직을 조사한다. 성장하고 발전하도록 응원하는 사람
들과 어울려라.

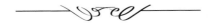

의미 있는 삶

세상에
선한 영향력을 끼치다

우리 아버지는 이렇게 말씀하시곤 했다. "인생을 최대한 활용하렴. 잊지 마라, 살아서 떠나는 사람은 아무도 없다는걸." 그가 옳았다. 하루하루에는 새로운 즐거움과 관계, 공헌과 의미를 위한 잠재력이 담겨 있다. 그리고 하루가 지날 때마다 남은 시간이 줄어든다. 부정적이거나 우울해지라고 하는 말이 아니다. 이는 그냥 사실이다. 어느 날 내가 사라질 것이라는 점은 너무도 분명한 일이다. 그렇다면 내게 주어진 시간을 어떻게 쓰고 싶은가? 내가 처음 세상에 왔을 때보다 더 나은 세상을 남기고 싶지는 않은가?

이 시점까지 우리는 결의를 다지고, 생각과 감정을 관리하고, 용기와 회복 탄력성을 키우고자 노력했다. 아울러 더욱 돈독하게 인간관계를 쌓는 법을 배웠고 의미 있는 삶을 산다는 것이 어떤 것인지 중점적으로 다루었다. 이 책의 모든 것이 우리를 여기까지 이끌었다. 그럼 이제 삶에 진정한 변화를 일으키는 일에 대해 이야기해 보자. 이는 대부분의 사람이 꿈꾸는 일이다. 우리는 세상을 더 나은 곳을 만드는 데 일종의 족적을 남기기를 꿈꾼다. 그러나 그러려면 먼저 주인의식을 가져야 한다. 책임은 막중한 말이지만 책임이 없다면 유산을 남기기 어렵다.

다른 사람을 돕고 싶다는 마음

후안 파블로는 과테말라에서 보낸 어린 시절을 "2차 고통으로 가득했다"고 묘사한다. 후안의 친구들 주위에는 마약 중독과 조직 폭력배의 폭력으로 고통받는 가족이 많았다. 조직폭력배 생활은 후안의 친구들이 성장기에 꿈꾸던 삶이 아니었다. 그들은 축구선수가 되어 가족과 친구들을 보살필 수 있는 돈을 벌면서 멋지게 살고 싶었다. 그러나 그런 삶을 창조할 자원이 거의 없었다. 안전하게 지켜 줄 보호자가 없던 그들에게는 거리가 놀이터였다.

후안의 가족은 풍족하지는 않았어도 안정적인 기반을 마련하기에는 부족함이 없었다. 아버지는 교사였고 어머니는 전도사였다. 부모님은 자녀들에게 가치관을 심어 주었으며 후안의 곁에는 언제나 그를 보살필 사람과 먹을 음식이 있었다. 하지만 친구들에게는 이런 것이 항상 허락되지는 않았다.

후안은 대학에 입학했으나 학업의 부담이 너무 커서 첫 학기에 애를 먹었다. 하루는 심리학 수업을 듣는데 강사가 질문을 너무 많이 한다며 후안에게 나가라고 말했다. 그 순간 그는 자신의 삶이 이런 종류의 학교와 어울리지 않는다는 걸 깨달았다. 그는 강사에게 이것이 대학이 제공할 수 있는 최고의 교훈이라니 고맙다고 말했다. 그리고 자리를 뜨기 전에 덧붙였다. "언젠가 모든 아이들이 원하는 만큼 질문할 수 있는 학교를 세울 겁니다."

후안은 삶의 목적을 발견했다. '친구들 중에는 교도소에 수감되거나 조직폭력배에게 목숨을 잃은 애들이 많아. 개중에는 그냥 사라진 애들도 있지.' 그는 그 오래된 똑같은 거리에서 뛰어놀고, 똑같은 폭력과 마약 문제에 시달리는 아이들을 보았다. 누군가 범죄에 대처하지 않으면 다음 세대, 또 그다음 세대에도 똑같은 일이 일어날 게 분명했다. 그는 아이들의 목숨을 구하고 그들의 미래에 희망을 심어 주고 싶었다.

다만 아이들이 구속당한다고 느끼는 엄격한 교육 제도에 속하고 싶지는 않았다. 그러다가 아이디어를 떠올렸다. 지금껏 그에게 가장 안전한 곳은 자기 집이었다. 꽃과 오렌지 나무가 있고 부모님의 사랑이 가득한 소박하고 낡은 집. 그는 부모님에게 집에서 학교를 열고 싶다고 말했다.

부모님은 "제정신이냐?"고 물었다.

후안은 설명했다. "부모님이 우리 집을 안전한 공간으로 만들었듯이 다른 아이들에게도 이곳이 안전한 공간이면 좋겠어요. 기회가 없는 거리의 아이들을 위해 반드시 해야 할 일이라고 생각해요. 우리가 이 아이들에게 무언가 베풀지 않으면 그들에겐 미래가 없어요."

아들이 이토록 열정을 보이자 부모님은 집을 사용해도 좋다고 허락했다. 후안의 표현을 빌자면 "그건 누군가 내게 베풀어 준 가장 아름다운 사랑의 행위"였다.

하지만 처음에 아이들은 전혀 관심을 보이지 않았다. 3주가 지나도 아무 성과가 없자 방법을 어떻게 바꿀지 고민하며 밤을 보냈다. 그는 아이들에게 원하는 게 뭐냐고 묻기로 마음먹었다. 다음 날 그는 동네 아이들에게 다가가 이야기했다. "여기에는 공간도 있고 먹을 것도 있으니 언제든 환영이야. 뭘 하고 싶니?" 배가 고팠던 아이들은 먹을 것이 있다는 말에 솔깃해했다. 아이들은 그냥 텔레비전을 봐도 되냐고 물었다. 그날 세 아이가 왔다. 다음 주에는 10명이 왔다.

후안은 아이들에게 기본부터 가르쳐야 했다. 아이들에게는 매일 굶주린 배를 채우는 것이 급선무였고 의지할 만한 부모나 친척이 없었다. 후안은 그들에게 장보기와 요리, 설거지 같은 생활에 필요한 기술을 가르쳤다. 예술에 초점을 맞추어 아이들이 스스로 창의적이고 자유롭다고 느끼도록 도왔다. 그들은 음악을 연주하고, 그림을 그리고, 시를 낭송하고, 브레이크댄스를 배웠다. 그렇게 아이들이 성취감과 기쁨을 경험한 후에 비로소 교육이 시작되었다.

6개월이 지나 후안의 학교는 만원이 되었다. 후안은 자원봉사자를 찾고, 기금을 모금하고, 학생 전원을 수용할 수 있는 부지를 찾아 나섰다. "비전을 전달하는 게 항상 능사는 아니에요. 다른 사람에게 귀를 기울이고 그들에게 무엇이 필요한지 먼저 들어야죠." 이후 8년 동안 그와 점점 늘어 가는 직원들은 교과과정을 수립하고 학교를 'El 파토지스모'라는 조직으로 성장시켰다. 소외된 청소년들이 대인관계와 전문 분야, 학업과 관련된 기술을 습득하도록 돕는 조직이다. 후안은 그의 업적을 인정받아 CNN 선정 2014년 올해의 10대 영웅 중 한 사람으로 지명되었다.

후안은 그에게 행동하도록 영감을 불어넣은 아이들에게 공을 돌린다. "배가 고프다고, 두렵다고, 부모에게 매를 맞았다고, 거리를 헤맨다고, 먹을 게 없다고 말하는 아이들 덕분이죠. 이 모든 말을 듣고 전 연민이 아니라 분노가 차올라 마음이 아팠어요. 분노했으면 그다음에는 사랑해야죠. 그래야 나를 움직이게 하는 소망이 생기니까요. 내가 그들을 치유하기 위해 무언가 할 수 있다는 기대를 품고, 또 그들이 자신의 고통을 털어놓은 덕분에 내게 소망이 생긴 겁니다."

단순한 목표가 세상을 더 나은 곳을 만드는 과정의 첫걸음이 될 수 있다. 후안은 처음부터 리더가 되어 세계적으로 주목을 받을 조직을 창설할 생각은 아니었다. 자기 집을 개방해 음식과 휴식처를 제공함으로써 동네 아이들의 삶을 개선하고 싶었을 뿐이다. 그렇게 다른 사람을 돕고 싶다는 열망을 이루기 위해 노력하는 과정에서, 그는 수많은 재능(예술성, 음악, 창조적인 비전)을 표현할 배출구를 발견하고 성취감과 기쁨을 얻었다.

무엇이 내 삶을 의미 있게 만드는가

내 삶을 의미 있게 만들기 위해 무엇을 할 수 있을까? 〈뉴욕타임스〉 칼럼니스트 데이비드 브룩스는 그의 두 번째 책인《두 번째 산》에서 대부분의 사람이 맞닥트릴 인생의 산 두 가지에 대해 이야기한다. 첫 번째 산은 일반적으로 성공과 동일시하는 것들이다. 학교에 다니고, 직업을 선택하고, 가정을 꾸리고, 정체성을 찾고, 돈을 번다. 그는 다음과 같이 썼다. "첫 번째 산의 목표는 우리 문화가 지지하는 통상적인 목표들이다. 인정받고, 적절한 사교 모임에 초대받고, 개인의 행복을 경험하는 일들."

그런 다음 세상살이가 시작된다. 희망적으로 생각하고 감정과 협력하는 연습을 하지 않으면 우리는 실패나 관계로 인한 슬픔과 단절을 경험함으로써 첫 번째 산에서 떨어진다. 심지어 성공이 전부가 아니라는 사실을 깨닫는 순간 그 산에서 떨어질 수도 있다. 이런 시간은 고통스러울 것이다. 하지만 그 전쟁 같은 시간에 운이 좋으면 두 번째 산의 존재를 발견할 수 있다. "두 번째 산은 첫 번째 산의 반대가 아니다. 이 산을 오른다고 해서 첫 번째 산을 거부한다는 의미는 아니다. 두 번째 산을 오르는 방법은 첫 번째 산과 다르다. 첫 번째 산은 정복한다. 두 번째 산에서는 정복당한다. 어떤 부름에 무릎 꿇는다. 그 부름에 응답하고 목전에 보이는 문제와 부당함에 대처한다." 두 번째 산의 관건은 봉사와 헌신이다.

행운이 따른다면, 그리고 의식적인 삶을 산다면 '두 번째 산' 유형의 인간으로 거듭날 수 있다. 세상을 더 나은 곳으로 만드는 의미 있는 삶이 허락된다. 세상에 보탬이 되는 일에 일생을 바칠 때 다른 길에서는 깨닫지 못했을 법한 내면의 목적을 발견한다. 능력이 부족하다고 고민할 수도 있다. 하지만 변화를 일으키고 봉사하는 삶을 산다면 (이런 삶을 향해 하루하루 고작 작은 발걸음을 내딛을지언정) 내가 지구상에 머물다간 시간을 넘어 오랫동안 남을 유산을 창조할 수 있다. 이 장을 다 읽을 때쯤이면 당신이 어떤 식으로든 변화를 일으킬 수 있다는 믿음과 세상 밖으로 나가 실천할 수 있는 용기를 얻기 바란다. 사람들은 걸핏하면 작금의 세태에 긍정적인 영향을 끼칠 수 없다고 믿는다. 《불가사리를 던지는 사람》이라는 로렌 아이슬리의 '불가사리 이야기'가 떠오른다. 이야기는 이렇게 시작된다. 한 사내가 심한 태풍이 훑고 간 해변을 따라 산책하고 있었다. 드넓은 해변에 눈이 닿는 먼 곳까지 불가사리가 양쪽 방향으로 어지럽게 흩어져 있었다.

저 멀리 물가를 따라 걷고 있는 한 소년이 눈에 들어왔다. 소년은 해변에서 무언가를 주워서 바다로 던지고 있었다. 사내가 말을 붙였다. "안녕! 지금 뭐 하고 있는 건지 물어도 될까?"

소년이 올려다보며 대답했다. "불가사리를 바다에 던지고 있어요. 파도가 얘들을 해변으로 쓸어 올려서 혼자서는 바다로 돌아가지 못하거든요. 바다로 던져 보내지 않으면 햇볕이 뜨거워졌을 때 말라죽을 거예요."

사내는 말했다. "하지만 이 해변에 있는 불가사리가 족히 수만 마리는 될 텐데. 네가 그리 큰 도움이 될 것 같지 않아서 걱정이구나."

소년은 불가사리 한 마리를 집어 들고 바다를 향해 힘껏 던졌다. 그리고는 사내를 보고 웃음 지으면서 이렇게 말했다. "저 애한테는 큰 도움이 되겠죠!"

우리는 각자 '불가사리를 던지는 사람'이 될 수 있다. 친구, 직장 동료, 리더, 부모, 시민의 한 사람으로서 말이다. 매일 우리는 오로지 나만이 베풀 수 있는 재능과 연민, 친절이 필요한 사람들을 만난다. 《인간관계론》에 따르면 데일 카네기는 거울에 이런 문구를 붙여놓고 매일 바라보며 행동의 자극제로 삼았다. "내가 이 길을 지나는 것은 한 번뿐이다. 그러니 내가 할 수 있는 선행이나 내가 보여 줄 수 있는 친절을 지금 베풀어라. 이 길을 다시 지나지 않을 테니 미루거나 소홀히 하지 마라." 기회를 찾고, 최선을 다해 주어진 상황을 개선하는 일에 전념하며, 결과와 상관없이 도울 수 있는 곳에서 돕는다면, 우리는 이미 더 나은 세상에 이바지하는 셈이다.

내가 할 수 있는 작은 일들

율켄디 밸디즈는 앨턴 스털링이라는 흑인 남성에 대한 뉴스를 접하고 사회 정의 옹호자가 되기로 마음먹었다. 스털링은 루이지애나주 배턴루지에서 경찰관들에게 목숨을 잃었다. 그녀는 기차로 출근하는 중에 이 뉴스를 듣고 눈물을 터뜨렸다. 그런 뉴스는 율켄디에게 특별히 파문을 일으킨다. 그것은 그녀가 학교를 졸업했던 미주리주 퍼거슨에서 몇 년 전에 흑인 청년 마이클 브라운이 경관의 총에 맞아 목숨을 잃었기 때문이다. 그녀는 인종 차별적인 폭력이 일상적으로 일어나는 세상에서 살고 싶지 않았다.

율켄디는 그 무렵 혁신 컨설팅 기업에서 수습사원으로 일하고 있었고, 정규직 전환을 위해 면담을 하던 중이었다. 그런데 앨턴 스털링에 관한 나쁜 뉴스를 듣고 나서 출근했을 때 그녀는 동료들의 무관심에 충격을 받았다. 그들의 관심은 고객에게 프레젠테이션을 하고, 주목을 받고, 발전하는 일상적인 업무에만 쏠려 있었다. 그녀는 자신의 세계가 무너진 것만 같았다.

율켄디는 처음에 자기가 어떤 변화를 일으킬 수 있을지 의문스러웠다. 인종 차별은 아주 광범위한 구조적인 문제라 한 사람이 미칠 수 있는 영향력이 얼마나 될지 확신이 서질 않았다. 그런 한편으로 자신에 대한 기대 때문에 부담감을 느꼈다. 그녀의 가족은 도미니크공화국에서 미국으로 이주했다. 그녀는 졸업하면 곧바로 직장을 구해서 가족의 생계에 보탬이 되어야 한다고 생각했다. 아울러 남동생만큼은 돈 걱정에서 벗어날 수 있도록 제몫을 다하고 싶었다.

회사와 최종 면담이 잡혔을 무렵 그녀에게 다양성 분야의 교육자와 활동가를 LA에서 만날 기회가 생겼다. 초대는 물론이고 후원까지 받았기 때문에 그냥 참석만 하는 되는 자리였다. 그녀는 첫 번째 산과 두 번째 산으로 갈라지는 선택의 길목에서 치열하게 갈 등했다. 하지만 결국 두 번째 산을 밀어내지 못했다. "무언가 절 사로잡았어요. 난 내가 있어야 '할' 면담 장소에 가는 대신 사회적 기업가 정신에 대한 커리큘럼 구축에 일조하고픈 마음으로 LA행 비행기에 올랐죠." 꿈의 힘이 의심의 힘을 압도한 것이다. 물론 가족들이 실망할지 모른다는 생각이 들었지만, 그녀는 LA로 향하는 도중에 진정한 소명을 발견했다. 이 소명에 전념해 유색 인종의 젊은 전문가를 돕고 기업 경영진에게 포용적인 리더십 기술을 제공하는 회사를 만들기로 결심했다.

그녀는 추가 면담을 거절하고 대학 졸업반 기간 내내 입사 지원을 하지 않았다. 대신 자기 회사인 포어프런트를 키웠고 사업 파트너를 얻었다. 2019년 그녀는 '2018 카멜백 벤처스 펠로십'으로 선정되었고 2020년에는 〈포브스〉 선정 30세 미만 30대 사회적 기업가로 지명되었다.

우리는 자원봉사자나 재능기부자로 비영리단체와 협력하거나, 사회적 기업을 창업하거나, 내 가치관에 부합하는 직업을 선택하는 등 다양한 방식으로 봉사할 수 있다. 매년 재산의 일부를 기부해 내 비전과 맞닿아 있는 단체를 후원할 수도 있다. 하지만 영향을 미친다고 해서 반드시 거창한 규모로 행동해야 하는 것은 아니다.

우리 아버지는 알코올 중독에서 회복 중인 환자였다. 무려 51년 동안 그랬다. 어린 시절 내게 아버지는 알코올 중독자라고 밝히지 못했다. 일주일에 두세 번씩, 실제로는 알코올 중독자 갱생회에 참석하면서, 지방자치 회의에 간다고 말할 뿐이었다. 그때마다 나는 아버지가 시민의식이 투철하다고 생각했고 그 사실이 자랑스러웠다. 훗날 어머니에게 정치에 대한 관심을 처음으로 일깨운 사람이 아버지라고 농담조로 말할 정도였다. 모든 사람이 정치에 그토록 적극적이라고 생각하는 계기가 되었으니 말이다. 내가 어느 정도 나이를 먹었을 때 아버지는 자초지종을 설명했고 나는 그가 자신의 과거를 얼마나 부끄러워했는지 이해했다. 내가 충격을 받았던 건 2017년 아버지가 세상을 떠났을 때였다. 장례식 조문객들이 차례로 내게 다가와 우리 아버지가 그들에게 생명의 은인이라고 말했다. 알고 보니 아버지는 알콜 중독자 갱생 지역 단체의 전설이었다. 아버지는 50년 넘게 술을 단 한 방울도 입에 대지 않았고, 술과 씨름하는 사람들에게 그날 하루만 버티자고 용기를 주었다. 사회생활을 하는 동안 남달리 바빴음에도 아버지는 다른 사람을 위한 시간을 냈다. 전화를 걸어 안부를 묻고, 만나서 커피를 함께 마시고, 용기가 되는 말을 건넸다. 아버지는 다른 사람에게 희망을 심어 주었는데 내 짐작으로는 자신이 그들에게 얼마나 큰 영향을 미치는지 꿈에도 몰랐을 것이다. 그는 자신의 참모습에 충실하고 그대로 드러냄으로써 주변 사람에게 영감을 불어넣었다.

알츠하이머병이라고 진단받았을 때 스콧 스티브츠는 절망과 슬픔을 느꼈다. 하지만 그는 절망에 빠져 긴긴 시간을 허비하지는 않았다. 진단을 받고 얼마 지나지 않아 남은 삶을 충실하게 살기로 마음먹었다. 스콧은 스페인의 바르셀로나처럼 예전에 살았던 곳이나 테네시주 멤피스처럼 항상 가고 싶었던 곳으로 가족과 함께 여행 갈 계획을 세웠다. 물론 그런 여행도 그에게 큰 의미가 있었으나 가장 중요한 것은 자원봉사였다. 여력이 있을 때 되도록 많은 사람을 돕고 싶었다. 희귀한 혈액형이었던 스콧은 몇 년 동안 190리터나 되는 혈액을 헌혈했다. 임시보호자로 동물들을 돌보았다. 여유가 되지 않는 사람들이 잭 리처의 최신작을 읽을 수 있도록 다 읽은 애독서를 도서관에 기부했다. 알츠하이머 중증 환자들을 위해 자원봉사를 했다. 그들을 병원에 데리고 다니고 집안 살림이나 반려동물 치다꺼리를 거들었다. 인간관계를 무엇보다 소중히 여기면서 힘이 닿는 한 오랫동안 다른 사람을 보살폈다. 그가 실천한 이 모든 일은 지역에서 소규모로 이루어졌지만 그는 몇십 명에 이르는 주변 사람에게 깊은 영향을 미치고 그들의 삶을 더 나은 방향으로 변화시켰다. 이처럼 생애 마지막 순간을 맞이한 사람이라도 다른 사람을 위해 봉사하며 어떤 식으로든 돕겠다고 선택할 수 있다.

진정으로 사람에게 영향을 미치는 것은 무엇보다 진실한 자기 모습을 보이는 것과 무관하지 않다. 내 참모습 그대로 진심을 다해 생활할 때 세상에 의미 있는 영향력을 발휘할 수 있다.

데일 카네기 원칙 훈련법

○

우리에게는 세상을 더 나은 곳을 만들기 위해 각자의 몫을 다해야 할 책임이 있다. 독특한 재능을 이용해 변화를 일으키는 것이 삶의 핵심이며 받은 만큼 돌려주어야 한다. 가치관을 막론하고 인간은 개인적으로 성장하고 공감하며 주변 사람에게 의미 있게 공헌하고자 노력해야 한다. 이런 가치들을 확실히 이해한다면 삶의 주도권을 지니는 길이 열릴 것이다.

원칙

내 삶을 중요하게 만들어라.

행동 단계

○ 봉사의 삶은 내게 어떤 의미인가? 어떤 모습이 그려지는가?

○ 삶의 첫 번째 산과 두 번째 산에 대해 생각해 보자. '두 번째 산' 유형의 인간이 된다는 게 어떤 의미인가?

○ 나는 지금 어떻게 사람들을 돕고 있는가? 어떻게 하면 더 도울 수 있을까? 도움을 줄 수 있는 다른 방법은 없을까?

○ 지역 사회를 돌아보고 봉사할 수 있는 방법을 찾아보자. 그 방법을 실천할 계획을 세운다.

○ 최선을 다해 각자의 몫을 다하는 데 전념한다.

이 책을 쓰는 내내 마이클과 나는 수백 명의 젊은이와 이야기를 나누었다. 면담 대상자들은 재능과 교양을 겸비하고 세상을 더 나은 곳으로 만드는 일에 헌신적인 사람들이었다. 우리는 그들이 역경에 직면해서도 어떻게 강인한 마음가짐과 흔들리지 않는 용기, 그리고 강력한 회복 탄력성을 개발했는지 알고 싶었다. 우리와 마찬가지로 당신도 이들의 이야기로부터 삶의 주도권을 갖겠다는 동기를 부여받기를 바란다.

또한 책에 소개한 '데일 카네기 원칙 훈련법'을 실천하며 인간관계가 더욱 풍요로워지길 바란다. 아울러 삶의 방향을 더욱 명확하게 결정하고, 정신과 감정을 옥죄는 모든 구속으로부터 자유로워지기 바란다. 이 글을 쓰는 동안 나는 이 책에 담은 내용을 실천해 더 강인한 사람으로 성장한 내 모습을 직접 목격했고, 책을 읽는 당신 역시 그 결실을 거둘 거라고 믿는다.

마지막으로, 내용에 공감하고 실천할 때 세상에 의미 있는 변화를 일으키는 사고방식과 습관을 기를 수 있다. 삶의 비전을 창조하고 배운 점을 공유하며 다른 사람에게 본보기가 될 수 있다. 그런 의미에서 이 책의 가장 큰 포부는 공동체를 육성하고 세상을 더 나은 곳으로 변화시키는 데 일조하는 것이다.

'이걸로 그치고 싶지 않다. 어떻게 하면 계속 진행하고 성장할 수 있을까? 내가 할 수 있는 일이 더 없을까?'라고 생각하는 독자가 있을지 모른다. 그런 이들은 데일 카네기 강좌를 수강하거나 그의 책을 정독하길 권한다. 아니면 나와 마이클이 운영하는 테이크 커맨드Take Command 커뮤니티에 가입할 수도 있다. 어떤 방법을 택하든 간에 여기서 여정을 멈추지 마라. 계속 훈련하고 성장하며 삶의 주인이 되어라!

감사의 말

우선 프리실라 페인턴, 에밀리 사이먼슨, 브리트니 애덤스, 하나 박을 포함해 사이먼 앤 슈스터의 편집부에 고마움을 전하고 싶다. 이들은 사고방식을 바꾸고 그간 보지 못했던 것을 보라며 우리를 밀어붙였고 도전의식을 일깨웠다. 우리는 데일 카네기의 방식으로 이 책의 수준을 높인 그들의 지원에 평생 감사할 것이다. 그들은 유쾌하게, 서로 도우며, 화기애애하게, 적극적으로 프로젝트를 진행한 숨은 공신들이다. 사이먼 앤 슈스터가 데일 카네기의 첫 책을 세상에 선보인 출판사라는 사실은 우리에게 큰 의미가 있으며 그들과 협력해 그 전통을 이을 수 있어서 고마울 따름이다. 처음부터 우리가 겨냥한 독자층과 소통할 방법을 고민하라고 과제를 내준 스튜어트 로버츠에게 특별한 감사의 말을 전한다. 그의 조언 덕분에 우리의 접근방식은 의미심장하고 극적으로 변화했다.

뛰어난 재능과 헌신, 대처능력으로 이 책의 완성에 기여한 두 협력자, 사라 스티비츠와 페이스 스미스-플레이스에게도 감사를 표한다. 그들은 마이클과 나와 함께 우리의 비전을 실현시키는 경이로운 일을 해냈다. 힘겹게 작업했던 수개월이 여러분 덕분에 즐거운 시간이 되었다. 멋진 대화, 비공개에 붙인 이야기, 활기찬 토론,

그리고 '스우퍼swoopers[글을 쓸 때 일단 어떤 식으로든 빨리 쓰고 나서 꼼꼼하게 검토하는 사람-옮긴이]'와 '배셔bashers[글을 쓸 때 한 문장을 정확하게 쓰고 나서 다음 문장으로 넘어가는 사람-옮긴이]'의 차이를 알려 준 두 사람에게 고마움을 전한다. 진심으로 감사한다.

도나 데일 카네기, 처음부터 이 프로젝트를 응원한 당신에게 고마움을 표한다. 당신은 부친의 유산에 대한 열정과 흔들림 없는 헌신으로 항상 우리를 고무시킨다. 젊은 독자들에게 부친의 지혜를 전달하자는 아이디어에 당신이 일찍이 보여 준 열의는 우리에게 결정적인 힘이 되었다.

우리 친구이자 멘토이며 진정성, 진실성, 아량, 겸손, 사랑, 봉사로써 끊임없이 우리를 고무시키는 앨런 멀러리에게, 데일 카네기와 우리의 열렬한 지지자인 당신에게 감사한다.

데일 카네기에 대한 역사적인 정보를 확인한 브렌다 리 존슨, 자문위원회를 공동으로 이끌며 상당량의 봉사활동을 원활하게 조율한 크리스 코펠, 그리고 이따금 고양이들을 몰고 다니는 기분이 들었을 텐데도 우리가 이 프로젝트 내내 옆길로 새지 않도록 유쾌하게 끈기를 발휘한 클리프 헤크먼에게 특별히 감사의 말을 전한다.

카네기 마스터이자 데일 카네기 연구소의 부소장으로, 우리가 '불꽃의 수호자'라고 일컫는 어셀 찰스. 카네기 정신을 보존하고 매번 참신한 아이디어와 에너지를 가지고 등장하는 당신에게 고마움을 표한다.

크리스틴 부스카리노, 당신의 경청하는 자세와 사려 깊은 통찰,

끊임없는 지원에 감사한다.

그리고 사연을 기고한 모든 사람이 있다. 애덤 햄스, 앨런 멀러리, 알렉스 슈바츠코프, 앨리 러브, 앤디 진스마이스터, 아티스 스티븐스, 브라이언 자블론스키 존슨, 캘런 쇼브, 캐머런 맨, 카밀 창 길모어, 카를로스 쿠비아, 다니엘라 페르난데스, 데이비드 바리오스, 데보라 앤 맥, 에두아르도 퀸테로 크루스, 재닛 리리아노 제니수, 제시카 산티아고, 존과 베트 몹스, 후안 파블로 로메로 푸엔테스, 카라 누난, 케이티 딜, 키이스 페라지, 커스티 택, 레아 가브리엘, 루크 맥과이어 암스트롱, 마셜 골드스미스, 마이클 멀런, 미치아 로르센, 미리엄 두아르테, 모세 음베세하, 네긴 아지미, 니콜 크롬, 포르샤 마운트, 론 카터, 라이언 첸, 스티븐 클래스코, 타마라 플레처, 팀 라일리, 웬디 왕, 샤오호하 미셸 칭, 예세니아 아귀레, 율켄디 밸디즈, 유리 크루먼. 그리고 익명을 원하는 다른 사람들. 우리가 받은 모든 사연을 실을 수는 없었지만 성공과 실패, 지혜와 마음을 공유한 모두에게 심심한 고마움을 전한다. 여러분은 스스로 생각하는 것보다 훨씬 더 많은 영감의 산실이었다. 우리에게 미래에 대한 설렘을 선사했다. 여러분은 우리가 평생 대화를 나눈 사람들 가운데 가장 재미있는 사람들이다. 우리는 여러분이 태산을 움직이고 세상에 진정한 변화를 일으킬 것이라고 생각한다. 자신의 경험을 허심탄회하게 공유한 여러분에게 감사한다. 여러분의 진정성이 이 책에 생명을 불어넣었다.

더할 나위 없이 경이로운 우리의 자문위원회들도 빼놓을 수 없다. 브라이언 자블론스키 존슨, 캐머런 만, 대릴 피커링, 다이애나 메넨데스, 개위드 엘 내킵, 제시카 산티아고, 카라 누난, 카디쟈 게랍, 커스티 택, 미리엄 두아르테, 나탈리 글레인먼, 니콜라스 맥멀런, 츠베텔리나 케마로바, 웬디 왕. 여러분은 모두 특별했다. 이미 일정이 빡빡했음에도 많은 시간을 내 준 덕에, 이 책의 원칙과 구성, 초점을 다듬을 수 있었다. 여러분은 열정과 진심 어린 배려로써 데일 카네기의 원칙을 실천한 본보기다. 개개인에게 진심으로 감사한다.

데일 카네기 프랜차이즈와 그 팀원들, 그리고 데일 카네기 연구소 팀원들에게도 고마움을 표한다. 서로 협력해 데일 카네기의 지혜를 전 세계 사람들에게 전달하고 날이면 날마다 그의 꿈을 생생하게 살리는 사람들이다. 이 비전에 파트너가 되어 준 여러분에게 무한한 감사를 전한다.

이 책의 응원단이며 우리 브랜드의 열렬한 옹호자이자 신봉자인 주주단과 이사회, 우리에 대한 여러분의 믿음에 감사한다.

마지막으로 자신의 위대함을 이끌어 낼 것이라고 믿는 모든 고객에게, 우리가 이 일을 하는 이유는 바로 여러분이다. 여러분의 여정에 동반자가 되어 성공에 이바지할 수 있다는 것은 감사하고 영광스러운 일이다.

조가 전하는 말

가족(아내 케이티, 우리 아이들, 애비, 엘리, 매기, 메리 케이트, 토마스, 조너선, 어머니 로잘리, 동생 브라이언)들에게 고마움을 전하고 공을 돌리고 싶다. 이들을 내 가족이라고 부를 수 있어서 자랑스럽다. 이 책을 완성하기까지 어마어마한 시간과 헌신이 필요했는데 그 응원과 희생에도 감사를 표하고 싶다. 짧지 않은 시간 동안, 곁에 없는 배우자, 아버지, 아들, 형을 감내해야 했다는 사실을 결코 잊지 않을 것이다.

아버지 조에게. 당신이 아들과 이 책을 얼마나 자랑스러워할지 잘 알고 있습니다. 아버지가 몹시 그립네요. 어머니에게. 언제나 내 곁에 있어 준 그 사랑과 헌신에 감사드려요. 케이티, 언제나 그랬듯이 당신은 믿을 수 없을 만큼 열렬한 응원을 보내 주었지. 내가 지금 이 일을 할 수 있는 것은 모두 당신 덕분이야. 온 마음을 다해 당신을 사랑해.

마이클이 전하는 말

처음부터 내가 이 프로젝트를 맡기를 응원하고 간절히 바랐던 아내 낸시에게 감사를 전한다. 내가 이 책에 엄청나게 시간을 투자했는데도 인내심을 가지고 끝까지 보내준 격려에 많은 에너지를 얻을 수 있었다. 내 딸 니콜, 초안을 읽고 페이지마다 책에 대한 의견과 아이디어를 공유한 네게 고마움을 전한다. 네가 보내 준 응원은 실로 놀라웠다. 아들 알렉스, 이 책의 아이디어와 원칙에 대한 독자들의 반응을 예상하고 의견을 공유해 줘서 고맙다. 마지막으로, 평생 의식적인 삶을 사는 법에 대해 영감을 불어넣고 경이로운 본보기가 되어 준 부모님, 올리와 로즈멜리 크롬에게 감사한 마음을 보낸다.

DALE
CARNEGIE

Take Command

옮긴이 이미숙

계명대학교 영어영문학과를 졸업하고 동 대학원에서 영어영문학과 석사학위를 취득하였다. 한국외국어대학교 통번역대학원에서 수학했고, 현재 출판번역 전문 에이전시 베네트랜스에서 전문 번역가로 활동하고 있다. 옮긴 도서로는 《데일 카네기 인간관계론》, 《피터 드러커의 위대한 통찰》, 《하루 24시간 어떻게 살 것인가》, 《금융혁명 2030》 외 90여 권의 도서가 있다.

데일 카네기의
주도권 수업

1판 1쇄 인쇄 2023년 7월 5일
1판 1쇄 발행 2023년 7월 20일

지은이 조 하트 & 마이클 크롬
옮긴이 이미숙

발행인 황민호
본부장 박정훈
책임편집 김순란
기획편집 강경양 김사라
마케팅 조안나 이유진 이나경
국제판권 이주은 한진아
제작 최택순

발행처 대원씨아이㈜
주소 서울특별시 용산구 한강대로15길 9-12
전화 (02)2071-2017
팩스 (02)749-2105
등록 제3-563호
등록일자 1992년 5월 11일

ISBN 979-11-7062-684-8 03320